DIREITO BANCÁRIO

Dados Internacionais de Catalogação na Publicação (CIP)
(Câmara Brasileira do Livro, SP, Brasil)

Roque, Sebastião José
 Direito bancário / Sebastião José Roque. -- 1. ed. -- São Paulo : Ícone, 2013. -- (Coleção elementos de direito)

 Bibliografia.
 ISBN 978-85-274-1215-5

 1. Direito bancário 2. Direito bancário - Brasil I. Título. II. Série.

12-10848   CDU-347.734

Índices para catálogo sistemático:

1. Direito bancário : Direito comercial   347.734

Sebastião José Roque

Bacharel, mestre e doutor em Direito pela Universidade de São Paulo;
Advogado e assessor jurídico empresarial;
Árbitro e mediador;
Professor de Direito;
Presidente do Instituto Brasileiro de Direito Comercial "Visconde de Cairu";
Presidente da Associação Brasileira de Arbitragem – ABAR;
Especialização nas Universidades de Bolonha, Roma e Milão e na de Panthéon-Sorbonne de Paris;
Professor da Universidade de Cosenza (Itália);
Autor de inúmeros artigos sobre Direito Empresarial e outros temas nos *sites* jurídicos da Internet;
Autor de mais de 40 obras jurídicas.

DIREITO BANCÁRIO

1ª edição
Brasil – 2013

Ícone editora

© Copyright 2013
Ícone Editora Ltda.

Coleção Elementos de Direito

Capa e diagramação
Richard Veiga

Revisão
Juliana Biggi
Saulo C. Rêgo de Barros

Proibida a reprodução total ou parcial desta obra, de qualquer forma ou meio eletrônico, mecânico, inclusive por processos xerográficos, sem permissão expressa do editor (Lei nº 9.610/98).

Todos os direitos reservados à:
ÍCONE EDITORA LTDA.
Rua Anhanguera, 56 – Barra Funda
CEP: 01135-000 – São Paulo/SP
Fone/Fax.: (11) 3392-7771
www.iconeeditora.com.br
iconevendas@iconeeditora.com.br

Ao colocar a lume este compêndio de Direito Bancário, o autor deseja dedicar homenagem à formidável equipe do Departamento Jurídico do COMIND – Banco do Commercio e Industria de São Paulo, infelizmente eliminado do cenário nacional por injunções políticas. Foi o fórum em que se desenvolveu a eficaz aplicação do Direito Bancário e se forjaram ideias e discussões sobre os grandes temas desse ramo do Direito Empresarial. Aos seus principais componentes a nossa lembrança.

Nassaralah Schain Filho
Lauro Muniz Barreto
Mauricio Cavalieri D'Oro
Marcial Barreto Casabuona
Durval Moreira Cintra
Paulo Guilherme
Juliano Parollo
Lucia Helena Feijó
Célia Maria Kolly
Lucia Helena Hyppolito
Patrícia Giacometto

In memoriam:
Geraldo Melfi
José Bonifácio de Mello Britto
Mario Fray Molina
Fernando Rudge Leite

ODE AO ACADÊMICO

O PODER DA MENTE

Pobre de ti se pensas ser vencido;
Tua derrota é um caso decidido.
Queres vencer, mas como em ti não crês
Tua descrença esmaga-te de vez.
Se imaginas perder, perdido estás;
Quem não confia em si, marcha para trás;
A força que te impele para frente
É a decisão firmada em tua mente.

Muita empresa esboroa-se em fracasso
Inda antes de dar o primeiro passo;
Muito covarde tem capitulado
Antes de haver a luta começado.
Pensa grande e teus feitos crescerão,
Pensa pequeno e irás depressa ao chão.
O querer é poder arquipotente,
É a decisão firmada em tua mente.

Fraco é quem fraco se imagina;
Olha ao alto quem ao alto se destina;
A confiança em si mesmo é a trajetória
Que leva aos altos cimos da vitória.
Nem sempre quem mais corre a meta alcança,
Nem mais longe o mais forte o disco lança,
Mas se és certo em ti, vai firme, vai em frente
Com a decisão firmada em tua mente.

S. J. ROQUE

ÍNDICE

1. ASPECTOS CONCEITUAIS A RESPEITO DE BANCOS, 19
- **1.1.** A moderna conceituação de bancos, **21**
- **1.2.** Natureza jurídica, **23**
    - **1.2.1.** Empresa mercantil, **24**
    - **1.2.2.** Atividade econômica, **24**
    - **1.2.3.** Atividade organizada, **25**
    - **1.2.4.** Profissionalismo, **25**
    - **1.2.5.** Habitualidade, **26**
- **1.3.** As atividades bancárias, **26**
    - **1.3.1.** Cobrança de títulos, **27**
    - **1.3.2.** Garantias, **27**
    - **1.3.3.** Transferência de recursos, **27**
    - **1.3.4.** Recebimento de tributos e contas, **27**
- **1.4.** Tipos de bancos, **27**
    - **1.4.1.** Banco de Desenvolvimento, **28**
    - **1.4.2.** Banco Central, **28**
    - **1.4.3.** Banco de Investimento, **29**
    - **1.4.4.** Sociedade de Financiamento, Crédito e Investimento, **29**
    - **1.4.5.** Caixa Econômica, **29**
    - **1.4.6.** Cooperativa de Crédito, **29**

1.5. A relevância dos bancos, **30**
1.6. A legislação bancária, **31**

2. O DIREITO BANCÁRIO, 35
2.1. Simbiose de direito público e privado, **37**
2.2. Características, **38**
    2.2.1. Caráter técnico e formal, **38**
    2.2.2. Tendência ao cosmopolitismo, **39**

3. ORIGEM E EVOLUÇÃO HISTÓRICA, 41
3.1. Os primeiros bancos, **43**
3.2. Os primórdios na antiguidade, **44**
3.3. A atividade bancária no Brasil, **44**

4. DAS OPERAÇÕES BANCÁRIAS, 47
4.1. Aspectos conceituais, **49**
4.2. Tipos de operações, **50**
    4.2.1. Quanto à posição creditória, **51**
    4.2.2. Quanto ao tipo de função, **51**

5. FONTES DO DIREITO BANCÁRIO, 53
5.1. As fontes, seus fundamentos e espécies, **55**
5.2. A lei, **57**
5.3. Normas paralelas e subsidiárias, **58**
5.4. Complexidade das fontes, **59**
5.5. Os costumes, **59**
5.6. Usos e práticas mercantis, **60**
5.7. A analogia, **61**
5.8. A doutrina, **62**
5.9. A jurisprudência, **62**
5.10. O direito comparado, **62**
5.11. Os tratados internacionais, **63**

6. DO CONTRATO DE CONTA-CORRENTE, 65
- 6.1. Aplicação do contrato, **67**
- 6.2. Conceito de conta-corrente bancária, **68**
- 6.3. Conta conjunta, **70**
- 6.4. Conta-corrente salário, **70**
- 6.5. Contrato ínsito de depósito, **72**
- 6.6. Operação bancária passiva, **74**
- 6.7. Mandato inserido, **74**
- 6.8. Fechamento da conta, **75**

7. O MÚTUO BANCÁRIO: EMPRÉSTIMO DE DINHEIRO, 77
- 7.1. Conceito e partes, **79**
- 7.2. Caracteres do contrato, **80**
- 7.3. Paralelismo com o comodato, **81**
- 7.4. Os diversos contratos de mútuo bancário, **82**

8. ABERTURA DE CRÉDITO BANCÁRIO, 83
- 8.1. Conceito e características, **85**
- 8.2. Tipos de abertura, **87**
- 8.3. Obrigações do cliente creditado, **90**
- 8.4. Extinção do contrato, **90**

9. O DESCONTO BANCÁRIO, 93
- 9.1. Conceito, **95**
- 9.2. Características, **96**
- 9.3. Títulos descontáveis, **98**
- 9.4. Vendor: o desconto ampliado, **99**
- 9.5. O redesconto, **100**
  - 9.5.1. Conceito, **100**
  - 9.5.2. Tipos de redesconto, **101**
  - 9.5.3. Histórico do redesconto, **102**

10. A ANTECIPAÇÃO BANCÁRIA, 103
- 10.1. Conceito, **105**
- 10.2. Características, **106**
- 10.3. Títulos próprios para garantia, **108**
- 10.4. O seguro da mercadoria, **111**
- 10.5. Variação do valor da mercadoria, **112**
- 10.6. Modalidades de antecipação, **113**
  - 10.6.1. Própria, **113**
  - 10.6.2. Imprópria, **113**
- 10.7. Extinção do contrato, **114**

11. FINANCIAMENTO BANCÁRIO POR CÉDULAS E NOTAS DE CRÉDITO, 117
- 11.1. O contrato de mútuo destinado, **119**
- 11.2. Cédula e nota de crédito industrial, **120**
  - 11.2.1. Garantias cedulares, **121**
  - 11.2.2. Requisitos, **121**
  - 11.2.3. Seguro dos bens em garantia, **122**
  - 11.2.4. Averbação da cédula no registro público, **122**
- 11.3. Cédula e nota de crédito à exportação, **126**
- 11.4. Cédula e nota de crédito comercial, **130**
  - 11.4.1. Análise crítica, **132**

12. CÉDULA DE CRÉDITO BANCÁRIO, 133
- 12.1. Conceito, **135**
- 12.2. Figuras intervenientes, **136**
  - 12.2.1. Beneficiário, **137**
  - 12.2.2. Emitente, **137**
- 12.3. Natureza jurídica, **138**
- 12.4. Valor da CCB, **140**
- 12.5. Requisitos da CCB, **142**
  - 12.5.1. Requisitos obrigatórios:, **142**
  - 12.5.2. Requisitos pactuados, **143**
- 12.6. A circulação da CCB, **144**
- 12.7. Das garantias, **144**

12.7.1. Tipos de garantia, **144**
12.7.2. Constituição da garantia, **145**
12.7.3. Cláusula **constituti, 145**
12.7.4. Seguro dos bens, **146**
12.7.5. Substituição das garantias, **146**
12.8. Certificado da CCB, **147**
12.8.1. Conceito, **147**
12.8.2. Requisitos do certificado, **147**
12.8.3. Condições gerais do certificado, **148**
12.9. Protesto e execução, **149**
12.10. Alienação fiduciária em garantia, **149**
12.11. Redesconto da CCB, **151**

13. TÍTULOS DE FINANCIAMENTO RURAL, 153
13.1. Conceito, características gerais e regulamentação, **155**
13.2. Cédula rural pignoratícia, **157**
13.3. Cédula rural hipotecária, **158**
13.4. Cédula rural pignoratícia e hipotecária, **158**
13.5. Nota de crédito rural, **158**
13.6. Nota promissória rural, **159**
13.7. Duplicata rural, **160**
13.8. Cédula de produto rural, **162**
13.8.1. Conceito, **162**
13.8.2. Requisitos, **163**
13.8.3. Garantias cedulares, **164**
13.8.4. Aditivos externos, **165**
13.8.5. O endosso, **165**
13.8.6. Responsabilidade pela entrega dos produtos, **166**
13.8.7. Averbações da cédula, **167**
13.8.8. A cobrança da cédula, **167**
13.8.9. Responsabilidade penal, **168**
13.8.10. Incolumidade dos bens em garantia, **168**
13.8.11. Negociação da cédula, **169**

14. FINANCIAMENTO IMOBILIÁRIO, 171
- 14.1. Conceito e natureza jurídica, **173**
- 14.2. Letra imobiliária, **174**
- 14.3. Cédula hipotecária, **175**
- 14.4. Letra hipotecária, **176**
- 14.5. Letra de crédito imobiliário, **177**
  - 14.5.1. Requisitos da LCI, **177**
  - 14.5.2. Garantias da letra, **178**
  - 14.5.3. Transferência por endosso, **178**
- 14.6. A cédula de crédito imobiliário, **179**
  - 14.6.1. Conceito e natureza jurídica, **179**
  - 14.6.2. Requisitos da CCI, **179**
  - 14.6.3. As garantias, **180**
  - 14.6.4. Emissão e negociação, **180**
  - 14.6.5. Cédula escritural, **181**
- 14.7. A securitização da cédula, **181**

15. CRÉDITO DOCUMENTÁRIO, 183
- 15.1. Conceito e partes contratantes, **185**
- 15.2. A Carta de Crédito, **187**
- 15.3. O documentário, **187**
  - 15.3.1. Guia de exportação, **188**
  - 15.3.2. **Commercial invoice** (fatura comercial), **188**
  - 15.3.3. **Bill of lading** (conhecimento de transporte), **189**
  - 15.3.4. **Packing list** (romaneio), **189**
  - 15.3.5. **Origin certificate** (certificado de origem), **189**
  - 15.3.6. **Phytosanitary certificate** (Certificado fitossanitário), **190**
- 15.4. Regulamentação, **190**
- 15.5. Utilidade do crédito documentário, **191**
- 15.6. Modalidades de crédito documentário, **194**

16. CONTRATO DE CÂMBIO, 197
- 16.1. Conceito e características, **199**
- 16.2. Natureza jurídica, **204**

17. COFRES DE SEGURANÇA, 205
- 17.1. Aspectos conceituais, **207**
- 17.2. Características do contrato, **208**
- 17.3. Obrigações das partes, **212**
- 17.4. Extinção do contrato, **213**

18. PRESTAÇÃO DE INFORMAÇÕES, 215
- 18.1. Aspectos conceituais, **217**
- 18.2. Limites à execução do serviço, **218**
- 18.3. O teor das informações, **221**
- 18.4. Responsabilidade do banco pelas informações, **221**

19. A COBRANÇA DE TÍTULOS, 223
- 19.1. Aspectos conceituais, **225**
- 19.2. Despesas do serviço, **226**
- 19.3. O aceite de títulos, **228**

20. CUSTÓDIA DE TÍTULOS E VALORES MOBILIÁRIOS, 231
- 20.1. Aspectos conceituais, **233**
- 20.2. Administração dos valores depositados, **234**
- 20.3. Custódia de ações fungíveis, **234**

21. O SIGILO BANCÁRIO, 237
- 21.1. Aspectos conceituais, **239**
- 21.2. Princípios informadores do sigilo, **240**
  - 21.2.1. Princípio da privacidade, **240**
  - 21.2.2. Princípio da publicidade, **240**
- 21.3. As normas legais pertinentes, **241**
- 21.4. A nova regulamentação, **243**
- 21.5. Isenção da inviolabilidade, **244**
- 21.6. Deveres do BACEN – Banco Central do Brasil, **245**
- 21.7. Convênios com entidades estrangeiras, **246**
- 21.8. Informações ante Comissão Parlamentar de Inquérito, **247**

21.9. Dever de informar ao Fisco, **247**
21.10. Possível existência de crimes, **249**
21.11. Ação em conjunto dos dois órgãos reguladores, **250**

22. O BANCO MUNDIAL, 251
22.1. O Tratado de Bretton Woods, **253**
22.2. O FMI – Fundo Monetário Internacional, **254**
22.3. Organização do FMI, **256**
22.4. Natureza jurídica, **257**
22.5. Foro competente, **258**
22.6. DES – Direitos Especiais de Saque, **258**
22.7. O Banco Mundial, **259**
22.8. O BIRD – Banco Internacional de Reconstrução e Desenvolvimento, **261**
22.9. A AID – Agência Internacional de Desenvolvimento, **261**
22.10. A CFI – Corporação Financeira Internacional, **261**

23. BID – BANCO INTERAMERICANO DE DESENVOLVIMENTO, 265
23.1. Categoria do BID, **267**
23.2. Funções básicas, **268**
23.3. A organização financeira, **270**
23.4. Política operativa básica, **271**
23.5. Os objetivos estratégicos, **272**

24. SISTEMA FINANCEIRO NACIONAL, 275
24.1. Organização e atribuições, **277**
24.2. Constituição do SFN, **278**
   24.2.1. Órgãos públicos normativos, **278**
   24.2.2. Órgãos públicos operacionais, **279**
   24.2.3. Comissões consultivas, **279**
24.3. Do CMN – Conselho Monetário Nacional, **279**
   24.3.1. Funções, **279**
   24.3.2. Atividades de sua competência, **279**

24.4. O BACEN – Banco Central do Brasil, **281**
    24.4.1. Aspectos conceituais, **281**
    24.4.2. Competência do banco, **281**
    24.4.3. Administração do BACEN, **283**
24.5. O Banco do Brasil, **283**
    24.5.1. Competência privativa, **284**
    24.5.2. Competência não privativa, **284**
    24.5.3. Administração do Banco do Brasil, **285**
    24.5.4. As receitas, **285**
24.6. Das instituições financeiras, **285**
    24.6.1. Aspectos conceituais, **285**
    24.6.2. Instituições financeiras públicas, **286**
    24.6.3. Instituições financeiras privadas, **287**

25. INTERVENÇÃO E LIQUIDAÇÃO EXTRAJUDICIAL DE BANCOS, 289

25.1. Aspectos conceituais, **291**
25.2. A intervenção extrajudicial, **292**
    25.2.1. Motivos da intervenção, **292**
    25.2.2. Período de intervenção, **293**
    25.2.3. Efeitos da intervenção, **294**
    25.2.4. Final da intervenção, **295**
    25.2.5. Obrigações do interventor, **295**
    25.2.6. Obrigações dos ex-administradores, **296**
    25.2.7. Consequências do relatório do interventor, **296**
25.3. A liquidação extrajudicial, **297**
    25.3.1. Conceito e finalidade, **297**
    25.3.2. Efeitos da liquidação, **298**
    25.3.3. O procedimento da liquidação, **299**
    25.3.4. Final da liquidação, **300**

26. REGIME DE ADMINISTRAÇÃO ESPECIAL TEMPORÁRIA, 301

26.1. Conceito e causas, **303**
26.2. Situação do banco sob o regime especial, **304**

26.3. O conselho diretor, **304**
26.4. Os recursos necessários ao regime especial, **306**
26.5. Possível mudança de regime, **307**
    26.5.1. Transformação, **308**
    26.5.2. Incorporação, **309**
    26.5.3. Fusão, **309**
    26.5.4. Cisão, **310**
26.6. Recuperação dos recursos públicos, **311**
26.7. Responsabilidade dos administradores do banco, **312**
26.8. Cessação do regime, **312**

27. RESPONSABILIDADE DOS ADMINISTRADORES DOS BANCOS, 313

27.1. Consequências dos regimes de intervenção administrativa, **315**
27.2. Tipos de responsabilidades do banco, **316**
27.3. Os responsabilizados, **317**
27.4. Indisponibilidade dos bens, **318**
27.5. Bens não atingidos, **319**
27.6. Submissão a inquérito, **319**
27.7. Restrições aos ex-banqueiros, **321**
27.8. Apuração das responsabilidades, **322**
27.9. Medidas saneadoras do BACEN, **323**
27.10. A desapropriação de ações, **325**
27.11. O PROER, **325**

28. O ACORDO DE BASILEIA, 327

28.1. Surgimento do Acordo, **329**
28.2. Os princípios basilares, **330**
28.3. Componentes do Acordo, **331**
28. 4. Conveniência do Acordo, **332**

29. LEI Nº 4.595, DE 31 DE DEZEMBRO DE 1964, 333

1. ASPECTOS CONCEITUAIS A RESPEITO DE BANCOS

    1.1. A moderna conceituação de bancos
    1.2. Natureza jurídica
        1.2.1. Empresa mercantil
        1.2.2. Atividade econômica
        1.2.3. Atividade organizada
        1.2.4. Profissionalismo
        1.2.5. Habitualidade
    1.3. As atividades bancárias
        1.3.1. Cobrança de títulos
        1.3.2. Garantias
        1.3.3. Transferência de recursos
        1.3.4. Recebimento de tributos e contas
    1.4. Tipos de bancos
        1.4.1. Banco de Desenvolvimento
        1.4.2. Banco Central
        1.4.3. Banco de Investimento

- **1.4.4.** Sociedade de Financiamento, Crédito e Investimento
- **1.4.5.** Caixa Econômica
- **1.4.6.** Cooperativa de Crédito
- **1.5.** A relevância dos bancos
- **1.6.** A legislação bancária

1.1. A moderna conceituação de bancos

Nos estudos jurídicos importa saber inicialmente o que se vai estudar. Se quisermos estudar um instituto jurídico, necessitamos saber do que se trata; qual é o nosso objeto de estudo. Destarte, queremos fazer estudo sobre bancos: nosso primeiro passo, portanto, é saber, de forma bem precisa, o que é um banco, embora se saiba vulgarmente do que se trata. Basta andar no centro de uma cidade para se notar a existência de vários estabelecimentos identificados como banco. São vistos nomes como Bradesco, Itaú, Santander; todos eles são bancos.

Em análise mais profunda veremos que a questão é mais complexa do que parece. Que papel desempenha um banco? No que consiste sua atividade? Como vive ou sobrevive? A resposta a essas perguntas nos faz analisar muitos aspectos da vida econômica de um país e de um cidadão. Cada um de nós luta na vida para obter os valores necessários ao seu sustento. Ao receber esses valores o cidadão os aplica na aquisição de bens necessários ao seu bem-estar. Procura, entretanto, não aplicar tudo, deixando uma sobra de garantia ou para ser aplicada em outra ocasião. Esta sobra é chamada de poupança. A poupança é, portanto, o excedente dos ganhos de uma pessoa que ficou reservado para uso em outra ocasião.

O que fazer com esse dinheiro sem uso? Pode ser usado de vários modos, mas o ideal é seu dono procurar um banco e entregar esse dinheiro para que o banco o guarde e o administre, até o momento em que o dono precise dele e o peça de volta. Essa operação de guarda de dinheiro é chamada de **depósito bancário**. Assim, o banco é um estabelecimento destinado a guardar dinheiro que seus clientes disponham em excesso.

Esse depósito é disputado pelos bancos concorrentes e por esta razão o banco que o receber vai remunerar o depositante com pequena taxa de juros, fazendo com que a poupança renda lucros. Para obter recursos com que possa pagar a taxa de juros sobre o depósito, o banco aplica o dinheiro depositado, obtendo inclusive lucros para suas atividades. Há destarte outra faceta na atividade do banco: é ele que aplica o dinheiro do depositante, geralmente o emprestando à iniciativa que precisa de recursos. Essa nova atividade do banco é chamada de operações bancárias, ou operações de crédito.

Pelas considerações retrocitadas, vemos então que o banco é o intermediário do mercado de dinheiro. Ele recolhe o dinheiro da poupança pública, ou seja, o excedente do ganho de muitos poupadores, e depois aplica esse dinheiro na atividade de outras pessoas que dele necessitam. Nessas aplicações o banco cobra juros com taxa superior à taxa paga aos depositantes. Esse é o lucro do banco. Ele vive do crédito; seu negócio é o crédito.

Esse conceito de banco é também adotado pela lei bancária brasileira, conforme se vê no artigo 17 da Lei 4.595/64, a chamada Lei da Reforma Bancária:

> *Consideram-se instituições financeiras, para os efeitos da legislação em vigor, as pessoas jurídicas públicas ou privadas, que tenham como atividade principal ou acessória a coleta, intermediação ou aplicação de recursos financeiros próprios ou de terceiros, em moeda nacional ou estrangeira, e a custódia de valor de propriedade de terceiros.*
>
> ***Parágrafo único.*** *Para os efeitos desta lei e da legislação em vigor, equiparam-se às instituições financeiras as*

pessoas físicas que exercem quaisquer das atividades referidas neste artigo, de forma permanente ou eventual.

Embora diga a definição dada pelo artigo 17, no parágrafo único, que é banco uma pessoa física, o Banco Central do Brasil afirma que não há no Brasil pessoa física registrada como banco e ninguém requereu carta patente para essa atividade. Não há, pois, banqueiro. Quem é considerado banqueiro é o dirigente do banco, ou seja, o membro da Diretoria e do Conselho de Administração.

Vê-se assim que o banco tem as mesmas características previstas na lei para a empresa: economicidade, profissionalidade, atividade, habitualidade, organização.

1.2. Natureza jurídica

No tocante à natureza jurídica, o banco é uma empresa. Sua atividade é empresarial e se amolda plenamente nos conceitos de empresa, mormente no que tange ao artigo 966 de nosso Código Civil:

É empresário quem exerce profissionalmente atividade econômica organizada para a produção ou a circulação de bens ou de serviços.

A expressão *empresário* é utilizada para designar a empresa individual, mas se aplica também à empresa coletiva, vale dizer, a uma pessoa jurídica.

Todos os bancos se revestem da forma societária de *sociedade anônima*; por isso, ele é *sociedade empresária*, na classificação de nosso Código Civil, ou, na linguagem mais comum, *sociedade mercantil*, embora se trate de prestadora de serviços. Como se sabe, o atual Direito Empresarial brasileiro prevê dois tipos de sociedades: a *sociedade empresária* para servir de forma às *sociedades mercantis*, vale dizer, que trabalham com mercadorias, e a *sociedade simples* para as empresas prestadoras de serviços.

1.2.1. *Empresa mercantil*

Assim, a empresa pode ser *civil* ou *mercantil* quanto a sua natureza e quanto a sua forma societária; sob esse aspecto, o banco é uma *sociedade empresária, uma empresa mercantil*, por ser sociedade anônima. É mercantil por força ou autoridade da lei. Assim diz o artigo 2º da Lei das Sociedades por Ações:

> *Pode ser objeto da companhia qualquer empresa de fim lucrativo, não contrário à ordem pública e aos bons costumes.*
>
> *Qualquer que seja o objeto, a companhia é mercantil e se rege pelas leis e usos do comércio.*

A própria lei declara o banco uma empresa mercantil. Contudo, há outros fatores que irão indicar o caráter empresarial do banco: em concordância com o artigo 966 do Código Civil ele exerce profissionalmente atividade econômica organizada para a produção de bens e de serviços.

1.2.2. *Atividade econômica*

Atividade é um conjunto de atos concatenados, previamente dispostos para um fim; o simples fato de o banco angariar depósitos e aplicar os valores arrecadados na atividade revela atividade produtiva, composta de ações diversas, umas correlacionadas com as outras. O banco, como toda empresa, exerce atividade caracterizada por atos empresariais não considerados *per se*, mas num conjunto de atos para se atingir um objetivo. Esse conjunto imenso de atos precisa de coordenação, para atingir um objetivo comum.

O banco exerce **atividade econômica**; essa expressão é considerada no seu valor social, no interesse da coletividade. O termo **econômico**, aqui aplicado, interpreta-se como atividade criadora de riquezas, pois os serviços produzidos pelo banco devem representar um acréscimo ao patrimônio social. Os serviços bancários representam um valor econômico; são patrimonialmente avaliáveis. Seus serviços engrandecem a riqueza nacional, aumentando a produtividade. O banco mobiliza o crédito; estimula as atividades produtivas, com sensíveis reflexos na economia do país.

1.2.3. *Atividade organizada*

Adiantando a interpretação conceitual da empresa, vemos que ela exerce **atividade econômica organizada.** O termo *organizada* é repetido no Código Civil e vem sendo considerado pelo direito de vários países. Todavia, a ciência da organização vem sendo emprestada pelo direito de outra ciência surgida no mundo moderno: a ciência da **Administração de Empresas**. O termo organização está intimamente ligado à produtividade, baseada no binômio: custo-benefício. Representa a coordenação do capital com o trabalho, sempre tendo em vista a lucratividade. Organização é sinônimo de tecnologia e recebe no direito também o nome de *aviamento*.

A organização implica a ordenação e concatenação de atividades e recursos, com vista a atingir os objetivos e resultados programados para empresa, e deve atingir esses resultados com segurança, eficiência e economia. Implica ainda a estrutura organizacional da empresa, com poderes e responsabilidades claramente descritos e definidos para cada componente da empresa e um sistema de comunicação entre todos os componentes da empresa e entre esta e a coletividade em que atua. Segue-se ainda o aproveitamento harmônico de todos os recursos humanos, com mão de obra especializada, treinamento e aprimoramento constante da mão de obra e melhor aproveitamento de matéria-prima, evitando-se tempo ocioso.

É opinião dos bancos estrangeiros que os bancos brasileiros primam pela organização, empregando tecnologia de trabalho superior aos seus congêneres estrangeiros. Justificam assim a aplicação da atividade organizada exigida pela lei.

1.2.4. *Profissionalismo*

Devemos citar ainda uma característica que antecede aos demais no artigo 966, quando ele diz que a empresa exerce **profissionalmente** atividade. Vários aspectos se enquadram nessa expressão: *profissionalmente* tem vários sentidos. Um deles é a busca do lucro, do ganho. Profissional é quem exerce atividade remunerada, com o fim de ganhar dinheiro, ou não é profissional. Se o advogado, o médico e outros profissionais trabalham é para garantir seu sustento: todos têm o intento lucrativo. Se assim não for, não são profissionais.

O banco é profissional, como toda empresa: visa ao lucro. Ninguém monta um banco por diletantismo, ou para ter uma posição social, ou para fazer caridade. Quem adquire ações de um banco pretende participar dos lucros que ele proporcionar; visa aos dividendos que ele distribuir. Ele investiu dinheiro, tempo e esforço no banco para fazê-lo gerar lucros e distribuí-los aos que inverteram dinheiro nele. A lucratividade do banco é exigência legal; se seu estatuto disser que ele não tem fim lucrativo, não poderá ser registrado nos órgãos competentes, por não ter amparo legal, pois lhe falta a *profissionalidade*, característica essencial de toda empresa. Se os acionistas não ganharem dinheiro, não deveriam então arcar com os prejuízos caso o banco soçobrasse.

1.2.5. *Habitualidade*

Outro sintoma da profissionalidade é a habitualidade, o exercício continuado da atividade. Não caracteriza a empresa a prática de um ou de alguns atos, mas que a atividade seja permanente, seguindo o caminho traçado. A atividade empresarial é, então, constituída de longa série de atos isolados, coordenáveis entre si com vista a um objetivo. A prática de atos isolados não forma a atividade empresarial, portanto, não caracteriza a empresa. Nem mesmo a simples repetição, mas a repetição continuada e regular de certos atos concatenados. Um estudante que vende um livro a seu colega não é um vendedor de livros.

1.3. As atividades bancárias

Para se ter melhor conceito de banco é conveniente examinar o que ele faz; no que consiste sua atividade. Já tivemos oportunidade de discorrer a este respeito; a principal atividade é a intermediação do dinheiro. Os bancos captam dinheiro da poupança popular, para aplicá-lo na atividade produtiva; realiza assim a prestação de serviços de sua especialidade. Todavia, vai mais além a gama de operações próprias dos bancos e iremos estudá-las com os devidos pormenores, mas, para maior compreensão do conceito de banco, daremos algumas pinceladas sobre as tarefas adicionais.

1.3.1. *Cobrança de títulos*

Os bancos realizam cobrança de títulos vários, como duplicatas, em todo o território nacional, depositando o valor desses títulos na conta do cliente.

1.3.2. *Garantias*

Os bancos concedem garantias a contratos, como, por exemplo, fiança em contratos de aluguel de imóveis. É muito ativo esse serviço nas operações internacionais.

1.3.3. *Transferência de recursos*

É realizada pelos bancos a transferência de recursos de um lugar para outro por serviço de Ordem de Pagamento. Se alguém deseja enviar dinheiro a qualquer lugar do Brasil, basta pedir transferência de sua conta para a conta do favorecido em qualquer lugar e será prontamente transferido.

1.3.4. *Recebimento de tributos e contas*

Pagamento de guias de impostos, água, gás, luz e várias outras pode ser feito nas caixas dos bancos, que depois o recambia ao Fisco.

1.4. Tipos de bancos

O enorme desenvolvimento e a ampliação das atividades bancárias, e a crescente importância dos bancos na economia dos países, provocaram o desmembramento da gama de operações bancárias, com o surgimento de bancos paralelos. À primeira vista, parece que ao se falar em banco imagina-se o banco de depósitos, também chamado banco comercial, ou de varejo, como é o caso das numerosas agências que são vistas pelas cidades.

Todavia, há várias espécies de bancos diferentes entre si nas suas operações e outros que nem sequer recebem o nome de banco. Cada um tem funções específicas, que o distinguem do banco de depósitos. Outros não adotam o nome de banco, embora tenham funções de captar poupança pública e aplicá-la no financiamento de operações ou atividades creditícias. Vamos examinar rapidamente os principais deles, todos com regulamentação legal. Realizaremos depois estudo específico deles.

1.4.1. *Banco de Desenvolvimento*

Trata-se de banco público, ou seja, pertencente ao Poder Público, constituído sob a forma de S.A. Tem que utilizar o nome de banco de sua finalidade: Banco de Desenvolvimento. Sua sede é na capital do Poder Público que detém seu controle, como, por exemplo, Banco Nacional de Desenvolvimento Econômico e Social – BNDES, que é federal e tem sua sede em Brasília, e o Banco de Desenvolvimento de Minas Gerais – BDMG, com sede em Belo Horizonte. São regulados pela Resolução CMN. 394/70, do Conselho Monetário Nacional.

Sua missão é a de financiar iniciativas e atividades que resultem em desenvolvimento de determinada região ou projetos específicos de certos segmentos de mercado, como indústria alimentícia. Procura captar dinheiro de várias formas, com empréstimos externos, emissão de cédulas hipotecárias, cédulas pignoratícias de debêntures e outros títulos, podendo também apelar para depósitos a prazo.

1.4.2. *Banco Central*

É também banco público, como é o caso do Banco Central do Brasil, autarquia do Governo Federal. Suas funções são de caráter administrativo, como a disciplina, inspeção e controle das diversas espécies de bancos. Ele concede licença para abertura e funcionamento dos estabelecimentos de crédito, como também promove a intervenção ou liquidação deles. É chamado às vezes de banco emissor por caber só a ele decidir sobre a emissão de papel-moeda. Também é chamado de Banco dos Bancos, em vista de exercer fiscalização sobre as entidades financeiras. Faremos, neste compêndio, estudo mais pormenorizado dele.

1.4.3. *Banco de Investimento*

Foi regulamentado pela Resolução CMN. 2.624/99 do Conselho Monetário Nacional, sendo instituição financeira privada. Destina-se a financiar a atividade produtiva com investimento no capital fixo das empresas, como também financia o capital de giro delas. Sua forma societária é da sociedade anônima e sua denominação deve trazer a indicação de seu tipo: *Banco de Investimento*. Seu dinheiro é arrecadado na captação de empréstimos externos, depósitos a prazo, fundos de investimento colocados ao público.

1.4.4. *Sociedade de Financiamento, Crédito e Investimento*

Não recebe o nome de banco, mas é um tipo de banco, conhecida também como *Financeira*. Destina-se a financiar a aquisição de bens duráveis. É de enorme aplicação na aquisição de automóveis e outros veículos automotores, como também utilidades domésticas nos magazines, como geladeiras, fogões, computadores, etc. É regulamentada pela Portaria 309/59 do Ministério da Fazenda e se reveste da forma de S.A. Capta recursos principalmente da colocação de letras de câmbio no mercado financeiro.

1.4.5. *Caixa Econômica*

É instituição financeira pública, podendo ser federal ou estadual. Atualmente só existe a Caixa Econômica Federal – CEF, pois a outra que havia, Caixa Econômica do Estado de São Paulo – CEESP, foi transformada em banco e está sendo absorvida pelo Banco do Brasil. Sua principal captação é a poupança pública. Trabalha com depósitos em C/C, como os bancos. Seus recursos financeiros são direcionados principalmente para financiar obras públicas, aquisição de casa própria por pessoas mais modestas, financiamento da construção de casas populares.

1.4.6. *Cooperativa de Crédito*

É estabelecimento de crédito peculiar, pois capta dinheiro de seus cooperados e o empresta a eles próprios. Os depositantes vão formando um tipo de pecúlio e, se necessitarem de dinheiro urgente, levantam empréstimo na cooperativa, que é dinheiro deles. Geralmente pagam juros bancários normais, mas esses juros se revertem para o próprio cooperado, escoimado da parte destinada a cobrir as despesas e a manutenção da cooperativa. Está regulamentada pelo Decreto 60.597/67 e se sujeita à rigorosa inspeção do BACEN (Banco Central do Brasil).

1.5. A relevância dos bancos

As instituições financeiras adquiriram, no mundo moderno, importância primordial, assumindo papel de preponderância, impondo-se na economia que se define como **economia creditória**, por ser essencialmente baseada no crédito. Essa proeminência é observada não só no campo nacional como internacional. Basta examinar o balanço anual das empresas publicados nos jornais. No lado passivo vê-se o alto montante de compromissos, como títulos a pagar, que representam débitos para com bancos; destarte, têm as empresas financiamento bancário para suas operações. Ao revés, no lado ativo nota-se a existência de muitos créditos da empresa, como duplicatas a receber, títulos com que ela levanta dinheiro em bancos, financiando suas vendas.

Os bancos e as demais instituições financeiras atuam em muitas áreas do crédito especializado, como, por exemplo, com o Banco de Crédito Imobiliário, financiando construção e compra de imóveis residenciais. O Banco de Crédito Agrário financia a produção agropecuária. Até mesmo fora da área creditória sente-se a ação dos bancos; as companhias seguradoras em grande parte pertencem aos conglomerados bancários. As empresas de armazéns gerais seguem a mesma tendência, como ainda as áreas de hotelaria e de turismo. As sociedades corretoras de valores mobiliários e as Sociedades Distribuidoras de Valores Mobiliários, em sua grande maioria, pertencem a conglomerados bancários e dominam o mercado de valores mobiliários, de tal forma que até se afirma que o Direito do Mercado de Capitais está situado no campo do Direito Bancário.

Outro fator indicativo da relevância dos bancos é a excessiva preocupação do Poder Público no controle e acompanhamento das atividades deles, com legislação bem abrangente e órgãos de controle de grande poder. Podemos citar como exemplo o Brasil, com rígida atuação do Banco Central do Brasil – BACEN no controle da moeda e do crédito e das operações bancárias. Quase todos os países conhecidos têm seu Banco Central e sua regulamentação. Observa-se também a constante ingerência do Poder Público sobre os bancos, às vezes com medidas de proteção e intervenção nos bancos e no setor bancário. O ano de 2009 foi marcado por violenta crise bancária nos EUA, levando o Governo americano a injetar vultosas somas no sistema bancário. Em menor escala essa inversão ocorreu também no Brasil.

As pressões políticas dos bancos em todos os países é fator de sua relevância. Os órgãos de comunicação de massa apontam constantemente o financiamento de campanhas eleitorais pelos estabelecimentos de crédito; alguns elegeram Presidentes da República e até depuseram, pelo menos um deles. Essas pressões se notam no cenário internacional, como, por exemplo, por meio do Banco Mundial.

1.6. A legislação bancária

A legislação bancária no Brasil parece estar concentrada na chamada Lei da Reforma Bancária, que dispõe sobre a Política e as instituições monetárias, bancárias e creditícias, cria o Conselho Monetário Nacional e dá outras providências. Entretanto, essa lei pouco fala dos bancos, sua estrutura, suas operações, concentrando-se mais em normas do direito público, como as do Sistema Financeiro Nacional, Conselho Monetário Nacional, Banco Central do Brasil e Banco do Brasil, assim como disposições penais. Entretanto, prevê algumas disposições para as instituições financeiras, como estas:
- **Cap. IV** – Das instituições financeiras – arts. 17 e 18.
- **Seção III** – Das instituições financeiras públicas – arts. 22 a 24.
- **Seção IV** – Das instituições privadas – arts. 25 a 41.

Há minuciosa regulamentação das operações e dos procedimentos bancários pelo Banco Central do Brasil, por meio do MNI – Manual de Normas e Instruções, muito flexível e móvel, razão pela qual não nos basearemos muito nele, uma vez que essas normas se modificam com extrema rapidez. Normas com as mesmas características são também as emanadas do Conselho Monetário Nacional.

É fato público e notório que nosso Código Civil se baseou no seu congênere italiano; este traz a regulamentação dos principais contratos utilizados pelos bancos, na parte referente aos contratos. Contudo, nosso código eliminou os capítulos referentes aos contratos bancários. Esses contratos ficaram assim inseridos no Código Civil italiano:

- **Cap. XVI** – Da conta-corrente – arts. 1.823 a 1.833.
- **Cap. XVII** – Dos contratos bancários – arts. 1.834 a 1.860.
  - *Seção I* – Dos depósitos bancários – arts. 1.834 a 1.838.
  - *Seção II* – Do serviço bancário de caixa de segurança – 1.839 a 1.841.
  - *Seção III* – Da abertura de crédito bancário – arts. 1.842 a 1.845.
  - *Seção IV* – Da antecipação bancária em conta-corrente – arts. 1.846 a 1.851.
  - *Seção V* – Das operações bancárias em conta-corrente – arts. 1.852 a 1.857.
  - *Seção VI* – Do desconto bancário – arts. 1.858 a 1.861.

Há correspondência quase perfeita com a lei bancária francesa, como também com a prática costumeira no Brasil e as normas ditadas pelo Manual de Normas e Instruções do Banco Central do Brasil. Há portanto uniformização internacional nesse sentido. Por esta razão faremos neste compêndio estudo mais aprofundado da legislação italiana em conjunto com a francesa.

Integram também a legislação brasileira algumas leis que tratam de problemas específicos, atingindo instituições financeiras. A mais importante é a Lei 6.024/74, que dispõe sobre intervenção e liquidação de instituições financeiras. Sobre este assunto dedicaremos atenção especial.

A Lei 9.447/97 integra-se igualmente no Direito Bancário, por cuidar da responsabilidade solidária dos controladores de instituições financeiras. Embora se trate de lei de natureza penal, atingindo especificamente os dirigentes das instituições financeiras. Liga-se a esta lei e ela faz referência ao Decreto-lei 2.321/87, que institui, em defesa das finanças públicas, regime de administração temporária nas instituições financeiras privadas e públicas não federais.

Deve ser incluída ainda na legislação do Direito Bancário a Lei Complementar 105/2001, que dispõe sobe o sigilo das operações de instituições financeiras. Esta lei, de caráter constitucional, considera como instituição financeira, além dos bancos de qualquer espécie: – Distribuidora de Valores Mobiliários – Corretora de Câmbio e Valores Mobiliários – Sociedade de Financiamento, Crédito e Investimentos, Sociedade de Crédito Imobiliário – Administradora de Cartões de Crédito – Sociedade de Arrendamento Mercantil – Administradora de Arrendamento Mercantil – Administradora de Mercado de Balcão Organizado – Cooperativa de Crédito.

2. O DIREITO BANCÁRIO

2.1. Simbiose de direito público e privado
2.2. Características
    2.2.1. Caráter técnico e formal
    2.2.2. Tendência ao cosmopolitismo

2.1. Simbiose de direito público e privado

Acabamos de examinar os aspectos conceituais de banco e das demais instituições financeiras e discorremos sobre a legislação atinente a essas instituições. As instituições são regidas por um conjunto de princípios, normas, decisões jurisprudenciais, doutrina, práticas mercantis e outras fontes que formam o Direito Bancário. É, portanto, o Direito Bancário esse conjunto que rege a estrutura, o funcionamento, a atividade, as operações dos bancos e demais instituições bancárias. É um ramo especial do direito, mas integrado no campo do Direito Empresarial. Se o banco é uma empresa, o direito que o rege deverá fazer parte do Direito Empresarial.

Vamos repetir que o termo *banco* tem sentido *strictu sensu* e *latu sensu*. *Strictu sensu* é o banco de depósitos, também chamado banco comercial ou banco de varejo. *Latu sensu* representa toda a gama de instituições financeiras, que tenham tipo de atividade parecida com a de bancos e sejam apontadas pela lei como empresas dessa categoria, tais como bancos de investimentos, de desenvolvimento, sociedades de financiamento e outras.

É ramo autônomo do direito, por ter objeto próprio, legislação própria, tipo de atividade bem específica e que o distingue de outras atividades empresariais, embora forme um dos ramos do Direito Empresarial. Se está integrado no Direito Empresarial será forçosamente de direito privado: o banco é uma empresa privada e, ainda que seja sociedade de economia mista, como o Banco do Brasil, é regido por normas do direito privado. O que acontece, entretanto, é que o BACEN – Banco Central do Brasil traz o nome de banco, mas não o é; ele não recebe depósitos nem faz empréstimos; também não pratica outros atos próprios de bancos, como a cobrança de títulos. É órgão de administração pública e suas funções são administrativas.

Todavia, sofre forte influência do direito público, devido à constante intervenção do Poder Público na atividade bancária e submissão de suas atividades às normas emanadas dos órgãos da administração pública, como o BACEN e o CMN – Conselho Monetário Nacional. Por outro lado, observa-se nítida penetração dos bancos na administração pública: grande parte dos ministros de estado são banqueiros ou então assessores bancários.

A conotação pública do Direito Bancário é proveniente da incisiva influência das atividades bancárias na economia do país, o que exige constante atenção do Poder Público no controle e na regulamentação do sistema bancário. Como diz a Lei 4.595/64, os órgãos públicos federais procuram formular a política da moeda e do crédito, objetivando o progresso econômico e social do País. Por isso, a ação deles não pode ser executada livremente.

2.2. Características

2.2.1. *Caráter técnico e formal*

É um direito de caráter técnico e formal, porquanto a atividade bancária processa-se dentro de determinados esquemas, constituindo quase uma rotina. Há sensível harmonia no trabalho executado por bancos diversos. Se o funcionário de um banco for trabalhar em outro, no mesmo setor, não precisará de pré--ambientação, pois seu trabalho segue idêntico esquema. Essa harmonização, quase uniformização, é ditada pelas mesmas normas do Direito Bancário. Muitos dos contratos de operações são do tipo de módulos ou formulários: são contratos de adesão.

Se examinarmos esses contratos impressos e compará-los com os de todos os bancos, notaremos a semelhança entre eles.

O Direito Bancário não regulamenta operações isoladas, mas em série, caracterizadas pela constância, repetitividade, prestada e um público massivo. Por essa razão é um direito técnico e formalista e suas operações uniformizadas e de força atrativa do Poder Público.

2.2.2. *Tendência ao cosmopolitismo*

Os usos e técnicas bancárias têm nítida conotação internacional; os contratos são os mesmos; as mesmas operações. Os títulos de crédito normalmente utilizados nas operações bancárias são os mesmos utilizados por vários países, como a nota promissória, a letra de câmbio, o cheque, o *warrant*; a duplicata ou fatura. Esses títulos, como se sabe, são regidos pela LUG – Lei Uniforme de Genebra, adotada por todos os países conhecidos. Outras convenções internacionais contribuem para a uniformização do Direito Bancário e das operações bancárias. As operações bancárias muito se assemelham

A tendência ao cosmopolitismo do Direito Bancário se deve à internacionalização da economia mundial, levando consigo as transações bancárias. Há meio século o Brasil era um país economicamente isolado. Hoje, entretanto, é um país exportador de produtos industrializados e agropecuários. O intenso movimento de exportação acarreta também o de importação e, consequentemente, de financiamento internacional, e, em todos esses casos, é exigida a participação bancária.

Por esse motivo, foram envidados esforços para a convenção que uniformizou as regras jurídicas referentes ao cheque, título eminentemente bancário. Como o cheque é um meio por excelência de pagamento e muitas vezes é emitido num país e apresentado para pagamento em outro, urgia a adoção de uma lei uniforme para que esse título não ficasse submisso a leis diversas. Surgiu assim a LUG – Lei Uniforme de Genebra a respeito de cheques. Pelos mesmos motivos tinha surgido a Lei Uniforme de Genebra a respeito da letra de câmbio e da nota promissória. Destarte, quase todos os países ficaram com uma lei idêntica regulamentando o cheque.

É bem conhecida a ação da CCI – Câmara de Comércio Internacional, organização não governamental (ONG), sediada em Paris e formada por empresas de todo o mundo. Entre as diversas funções dessa ONG figura a luta pela harmonização do Direito Empresarial entre os países. Nesse sentido, ela deu contribuições, como a criação dos INCOTERMS, a regulamentação do Crédito Documentário, contrato bancário de larga aplicação, e várias outras. De uns anos para cá a CCI vem-se dedicando à elaboração de contratos padronizados para todas as operações bancárias e regulamentação dos serviços prestados pelos bancos. Trata-se de importante passo para a uniformização do Direito Bancário, que sempre revelou essa tendência.

Infelizmente, um trabalho da CCI não vem prosperando no Brasil: a recomendação para que as divergências surgidas no setor bancário sejam resolvidas por arbitragem ou mediação, evitando-se contendas judiciais. No mundo inteiro essa tendência foi bem recebida e praticada, mas no Brasil vem encontrando sérias resistências por parte dos bancos, em vista da orientação adotada por eles. Os bancos preferem resolver seus conflitos laborais na Justiça do Trabalho e esta dificulta a solução rápida e eficaz das pendências, por ser a Consolidação das Leis do Trabalho elaborada em 1942 e calcada na Carta Del Lavoro, o código do direito do trabalho da Itália fascista, muito antiquada e formalista, baseada na vinculação com o Estado e com os sindicatos, como acontecia na era fascista. Por outro lado, a Justiça do Trabalho não aceita o sistema de resolução rápida de litígios, por influência da Caixa Econômica Federal, por ter de liberar rapidamente o Fundo de Garantia.

3. ORIGEM E EVOLUÇÃO HISTÓRICA

3.1. Os primeiros bancos
3.2. Os primórdios na antiguidade
3.3. A atividade bancária no Brasil

3.1. Os primeiros bancos

A intermediação do dinheiro deve ter surgido desde que a moeda foi criada, mas os bancos, na versão moderna, só surgiram no final da Idade Média, ou no início da era moderna. Em 1472, surgiu na Itália, na cidade de Siena, terra natal de Dante Alighieri, um banco importante, que existe até hoje, funcionando em imponente palácio, no centro da cidade, com o nome de **Banco Pasco di Siena**. O nome mudou depois para **Banca Monte dei Paschi di Siena**. É atualmente o banco mais antigo do mundo, uma vez que o **Banco di San Giorgio**, que lhe é anterior, não mais existe. Seu estatuto deu início ao moderno Direito Bancário.

Mais importante, embora de vida mais breve, foi o **Banco di San Giorgio**, que apareceu na cidade de Gênova, conhecido também como Casa di San Giorgio. Foi fundado em 1407 e seria assim o primeiro banco. Não mais existe, tendo sido dissolvido em 1805 por ordem de Napoleão Bonaparte, quando este dominou a Itália. Existe hoje em Gênova um **Banco di San Giorgio**, criado um século depois, mas não é considerado sucessor do primeiro, tendo apenas aproveitado o nome.

Daí por diante foram surgindo vários bancos e em vários países. Em 1661 foi lançado o Banco de Estocolmo e em 1694 o Banco da Inglaterra; em 1609 o Banco de Amsterdã, de Hamburgo e outros. Em 1765 Frederico II fundou o Banco da Prússia.

Em 1800, Napoleão Bonaparte criou o Banco da França. A essas alturas, a atividade bancária ingressou nos EUA, com a criação do Banco de Boston em 1784; esse banco manteve sucursais no Brasil até pouco tempo.

3.2. Os primórdios na antiguidade

Os rudimentos da atividade bancária devem ter surgido desde o surgimento da moeda e da troca de várias moedas; o cambista já realizava função depois assumida pelos bancos e, na troca das moedas, passou a conceder prazo, fazendo nascer o crédito. A economia monetária e as transações de câmbio devem ter aparecido na antiga Babilônia, pois há referências nesse sentido no Código de Hamurabi. No Egito antigo há notícias mais amplas; no Museu de Berlim existem papiros documentando a existência de bancos e operações bancárias, como também na Grécia. Os banqueiros, ou seja, os operadores de moeda eram chamados de *trapezistas* e as operações *trapézios*. Chegamos depois a Roma, em que os *trapezistas* recebiam o nome de *argentarii*, todos ligados à circulação do dinheiro (na época em moedas).

O nome de *banco* surgiu na Idade Média, mais precisamente nas feiras de produtos, muito populares em toda a Europa. Banca era uma mesa de madeira, em que as moedas ficavam expostas à venda; quem quisesse realizar operações monetárias, as realizava nessas bancas.

3.3. A atividade bancária no Brasil

O início das atividades bancárias no Brasil tem época certa: foi a criação do Banco do Brasil, em 1808, antes portanto de nossa independência. Essa iniciativa de D. João VI, que instalara no Brasil a sede da corte portuguesa, por influência do insigne homem público Visconde de Cairu, não representa apenas a criação de um banco, mas as bases do Direito Bancário brasileiro. O estatuto do Banco do Brasil definia a estrutura do banco e dos demais bancos que haveriam de ser criados. O Régio Decreto da criação apontava as operações a que se dedicaria, ou seja, planejou as atividades bancárias. Constava das suas atribuições definir a política financeira do País, servindo de Banco Central.

Em 1945, importante passo foi dado, com a criação da **SUMOC – Superintendência da Moeda e do Crédito**, que retirou do Banco do Brasil o encargo de supervisionar a organização do crédito e a circulação da moeda. A área mais importante era a supervisão e o controle das atividades bancárias; exercia inspeção constante nos bancos e corrigia as distorções do sistema financeiro nacional. A SUMOC foi depois transformada no Banco Central do Brasil.

Na primeira metade do século XX realçaram-se o BRADESCO e o ITAÚ, que foram se ampliando e absorvendo os demais. Ao entrar no século XXI, nota-se a predominância dos dois bancos sobreviventes, formando um duopólio, acompanhado de bancos estrangeiros.

Desde a criação da SUMOC, que se transformou no Banco Central do Brasil, a evolução dos bancos e do Direito Bancário representa a sucessão de leis e outras normas dentro do sistema bancário. A principal delas foi a Lei 4.595/64, chamada de **Lei da Reforma Bancária**. Essa lei criou o **Sistema Financeiro Nacional**, o **Conselho Monetário Nacional**, transformou a SUMOC no **Banco Central do Brasil**, delineou o funcionamento das instituições financeiras públicas e privadas. Grande parte de nosso estudo será o desdobramento dessa lei.

Passo sugestivo foi a Lei 6.024, de 1974, regulamentando a intervenção e liquidação de instituições financeiras. Surgiu numa época em que proliferavam ainda várias instituições financeiras, e a liquidação delas representava sério problema, tanto que há várias delas em regime de liquidação há muitos anos, de trabalhoso deslinde. Um banco tem geralmente milhares de depositantes e vultoso crédito concedido a seus clientes, cuja liquidação é difícil e trabalhosa.

Em 1987 surgiu o Decreto 2.321/87, instituindo o *regime de administração especial temporária nas instituições financeiras públicas e privadas*, não federais, visando à defesa das finanças públicas. Essa medida veio minorar as consequências funestas da liquidação de um banco, evitando o mal maior, conseguindo normalmente a recuperação de um banco que revelava sinais de abalo financeiro.

A Lei 9.447, de 1997, complementa a Lei 6.024/74, estabelecendo a *responsabilidade solidária de controladores de instituições financeiras* que entraram em liquidação, por atos de infração às normas bancárias e à orientação das autoridades monetárias. Os bens dessas pessoas podem ser declarados indisponíveis.

Bem recente, de 2001, foi a Lei Complementar 105/2001, garantindo o sigilo das operações bancárias. Surgiu numa época em que a polícia, a Justiça, a imprensa e outros interessados invadiam constantemente a privacidade das pessoas. O comentário vulgar da época era o de que essa lei visava a proteger políticos e aventureiros de alto escalão. Entretanto, o desrespeito à privacidade pode atingir a qualquer um e favorecer concorrentes e invejosos, colocando em risco o relacionamento entre bancos, empresas e empresários.

Sugestivo passo no sentido da internacionalização do Direito Bancário foi dado em 1998, com o Acordo de Basileia, uma convenção internacional aplicada a mais de cem países que dela participaram, entre eles o Brasil. O Acordo de Basileia só foi adotado oficialmente em 1994, graças à Resolução 2.099/94 do Conselho Monetário Nacional. Esse acordo visou à segurança e higidez dos bancos e se assentou em três pilares. O primeiro foi a exigência de um capital mínimo; o segundo à supervisão das autoridades sobre os bancos; a terceira sobre a disciplina do mercado financeiro. Faremos, neste compêndio, estudo pormenorizado sobre o Acordo de Basileia.

4. DAS OPERAÇÕES BANCÁRIAS

4.1. Aspectos conceituais
4.2. Tipos de operações
    4.2.1. Quanto à posição creditória
    4.2.2. Quanto ao tipo de função

4.1. Aspectos conceituais

Tínhamos falado que um banco, como toda empresa, exerce atividade econômica organizada. A atividade é um conjunto de atos coordenados com vistas a determinado fim. Vamos nos ocupar desses atos, que recebem várias outras designações. O Código Civil chama-os de **negócio jurídico**; no Direito Bancário são chamados de **operações bancárias**. As operações bancárias são, portanto, atos praticados pelos bancos no exercício de sua missão. Entretanto, não é o ato isolado que nos interessa: é o conjunto dele para formar a atividade bancária.

A operação bancária formaliza-se por meio de contratos; por isso os contratos bancários constituem as operações bancárias. Nem todos os contratos, contudo, são operações bancárias, mas só aqueles que são precípuos da atividade bancária. Por exemplo: um banco celebra contrato com um empreiteiro para que este realize reformas no prédio de sua sede: não é contrato bancário porquanto fazer reformas em edifícios não é função precípua de bancos; não é objeto da atividade bancária.

Fator que caracteriza as operações bancárias é que elas são operações em massa, praticadas em série. Quantos cheques, por exemplo, são pagos pelos bancos diariamente? Os contratos bancários são essencialmente de caráter empresarial, de natureza mercantil; onerosos e bilaterais.

4.2. Tipos de operações

Se um banco abre uma conta-corrente, empresta dinheiro ao seu cliente, dá garantia bancária, transfere dinheiro de uma agência para outra ou para outro banco, estará praticando operação bancária. Vários desses contratos, ou operações bancárias, são bem definidos, apontados no Código Civil italiano: conta-corrente, depósitos bancários, saques por cheque, desconto, abertura de crédito, antecipação bancária. São operações bancárias típicas ou fundamentais, constantes da atividade profissional do banco, de intermediação do dinheiro, isto é, do crédito, em que o banco ora exerce a função de credor (operação ativa), ora de devedor (operação passiva). Outras operações existem, podendo ser criadas pelos bancos, independentemente da lei, desde que façam parte da atividade bancária e tenham os requisitos essenciais do negócio jurídico.

Além dessas operações próprias, típicas ou fundamentais, o banco exerce ainda operações acessórias, prestando serviços ao público, como a custódia de valores, cobrança de títulos, pagamento ou recebimento de impostos e outras contas, caixa de segurança, serviços de informações. Não são operações fundamentais da atividade bancária; não são operações creditícias; nelas o banco não recebe nem concede crédito. É o que pensa o insigne comercialista Giuseppe Ferri, sucessor do inolvidável Tullio Ascarelli na cátedra de Direito Empresarial da Universidade de Roma "La Sapienza", manifestando-se no seu magnífico *Manuale di Diritto Commerciale*:

> L'attività attuale delle banche risulta di una duplice categoria di operazioni:
> Quelle essenziali alla funzione che delle banche è propria (esercizio del credito), e che consistono da uni lato nella raccolta dei capitali presso i risparmiatori (operazione passive) e d'altro lato nella distribuzione dei capitali (operazioni attive);
> Quelle che consistono nella prestazione di determinati servizi (cosiddetti servizi bancari) a favore del

pubblico e che, nonostante la notevolissima rilevanza assunta in pratica, economicamente e giuridicamente assolvono ad una funzione soltanto accessoria e complementare.

A atividade atual dos bancos resulta de uma dúplice categoria de operações:
As essenciais à função própria dos bancos (exercício do crédito), e que constituem, de um lado, no recolhimento de capitais junto aos poupadores (operações passivas), e, de outro lado, na distribuição dos capitais (operações ativas);
As que consistem na prestação de determinados serviços (denominados serviços bancários) a favor do público e que, não obstante a notabilíssima relevância assumida na prática, economicamente e juridicamente executam função apenas acessória e complementar.

Com base nas considerações retrocitadas, podemos traçar o seguinte quadro classificatório das operações bancárias:

4.2.1. *Quanto à posição creditória*
- **Ativas:** abertura de crédito, desconto, antecipação bancária, mútuo, crédito documentário.
- **Passivas:** C/C de depósitos, redesconto.

4.2.2. *Quanto ao tipo de função*
- **Fundamentais:** C/C, abertura de crédito, desconto, antecipação bancária, redesconto, mútuo, crédito documentário.
- **Acessórias:** Caixa de segurança, cobrança de títulos, prestação de informações, concessão de garantias.

5. FONTES DO DIREITO BANCÁRIO

5.1. As fontes, seus fundamentos e espécies
5.2. A lei
5.3. Normas paralelas e subsidiárias
5.4. Complexidade das fontes
5.5. Os costumes
5.6. Usos e práticas mercantis
5.7. A analogia
5.8. A doutrina
5.9. A jurisprudência
5.10. O direito comparado
5.11. Os tratados internacionais

5.1. As fontes, seus fundamentos e espécies

Todo ramo do direito tem suas fontes e elas constituem objeto de estudo, não só no direito em geral, mas de cada um dos seus ramos. A palavra fonte tem sido interpretada sob diversos aspectos, mais precisamente como fonte de produção e fonte de cognição do direito. Fonte, no sentido vulgar, tem o significado de nascente, do lugar onde brota, de onde flui a água, o nascedouro dela. O dicionário Caldas Aulete cita por fonte a nascente da água, chafariz, bica por onde corre a água ou tudo que lhe assemelha em sentido figurado: princípio, causa de onde provém efeitos tanto físicos como morais: o texto original de uma obra; causa primária de algum fato, a sua verdadeira origem; tudo o que nos dá ou pode dar verdadeiro conhecimento de uma coisa.

O termo fonte, aplicado como fonte do direito, tem sentido bem semelhante. Importa saber, entretanto, em que aspecto ela está sendo aplicada: *fonte de cognição do direito* ou *fonte de produção do direito*. Cognição é a aquisição do conhecimento que se possa ter do direito. As fontes de cognição constituem os meios de que se serve o espírito humano para pesquisar a verdade.

Assim, por exemplo, o acadêmico que precisa conhecer o Direito Bancário, que fontes poderá utilizar para chegar a esse conhecimento? Poderá consultar as leis que tratam dos bancos, isto é, a legislação bancária; poderão ser as obras de doutrina, as decisões jurisprudenciais sobre questões bancárias, as normas legais que regulamentam contratos bancários, como o desconto, a conta-corrente e os pareceres dos especialistas. A fonte de cognição é também chamada de fonte histórica. O juiz, ao exarar uma sentença, terá de conhecer o direito a ser aplicado a determinada questão; para tanto recorrerá às fontes de cognição de que dispõe: os códigos, as outras leis, a jurisprudência e outras fontes.

Em sentido diverso, entende-se como fonte de produção do direito os fatos e documentos graças aos quais as leis são estabelecidas e concretizadas; são as fontes formais, uma vez que, por elas, o direito toma forma. Assim, Assembleia Nacional Constituinte é a fonte da constituição; é a fonte criadora dos direitos constitucionais. Por que motivo uma lei foi formalizada? Pode ser pela vontade do legislador, por ser já um costume ou outras razões que justificaram o aparecimento da lei.

Como todo ramo do direito, e como o próprio direito, o Direito Bancário tem suas fontes específicas, mesmo que elas sejam aplicadas com maior ou menor intensidade. A validade das fontes está muito condicionada ao tempo, variando com o passar dos anos. Todavia, procuraremos analisar as fontes, quer de cognição, quer de produção do Direito Bancário, em termos atuais. Tomaremos por base de nossa classificação a hierarquia das fontes, pela maior aplicação de cada uma, reconhecida por alguns doutrinadores. Optamos pela seguinte hierarquia de fontes do moderno Direito Bancário:

1. Legislação bancária;
2. Legislação empresarial e civil;
3. Costumes;
4. Usos e práticas mercantis;
5. Analogia;
6. Doutrina;
7. Jurisprudência;
8. Direito comparado;
9. Tratados internacionais.

5.2. A lei

O Brasil situa-se na área do direito romano, um direito escrito, legislado. A lei constitui, por isso, a principal fonte do direito, quer de produção, quer de cognição. A lei prepondera como fonte e na sua ausência ou omissão, as outras fontes são invocadas. Essa hierarquia é reconhecida legalmente, num sentido geral, conforme pode ser notado no artigo 4º da Lei de Introdução ao Código Civil:

Quando a lei for omissa, o juiz decidirá o caso de acordo com a analogia, os costumes e os princípios gerais do direito.

Sendo, nas atuais circunstâncias, o Direito Bancário um ramo do Direito Empresarial, bem identificado, um conjunto de normas e princípios aplicáveis à empresa bancária e suas atividades, ele tem um campo específico e limitado de atuação. Vigora, em nosso país, o sistema de dicotomia sob três visões, legislativa, doutrinária e didática, ou seja, em quase todos os pontos de vista, o Direito Empresarial é distinto do Direito Civil e dos demais ramos do direito. Portanto, o Direito Bancário tem suas leis específicas, integradas nas normas do Direito Empresarial. Vamos enumerar algumas leis desse ramo:
- **Lei 4.595/64** – Chamada de Lei da Reforma Bancária, que reorganizou o sistema bancário e lhe deu a atual estrutura.
- **Lei 6.024/74** – Dispõe sobre a intervenção e liquidação de instituições financeiras.
- **Lei 9.447/97** – Dispõe sobre a responsabilidade solidária de controladores de instituições submetidas ao regime de intervenção e liquidação de instituições financeiras (Lei 6.024/74).
- **Lei Complementar 105/01** – Dispõe sobre o sigilo das operações de instituições financeiras.

5.3. Normas paralelas e subsidiárias

Afora as leis específicas do Direito Bancário, aplicam-se às operações bancárias as normas do Direito Empresarial e do Direito Civil, como, por exemplo, dos contratos. Não há regulamentação específica da maioria dos contratos bancários, motivo pelo qual se apela às outras legislações. O contrato de mútuo é muito aplicado na atividade bancária, pois é contrato de empréstimo de dinheiro, atividade relevante dos bancos. Não há diferenças marcantes entre o contrato de mútuo comum e do mútuo bancário; este último tem o banco como mutuante. Este contrato está regulamentado pelos arts. 586 a 592 do Código Civil.

Vamos ver como o art. 586 conceitua o contrato de mútuo:

> *O mútuo é o empréstimo de coisas fungíveis. O mutuário é obrigado a restituir ao mutuante o que dele recebeu em coisa do mesmo gênero, qualidade e quantidade.*

Coisa fungível é aquela que possa ser substituída por outra, desde que seja do mesmo gênero, qualidade e quantidade. A coisa fungível por excelência é o dinheiro. E o banco empresta dinheiro ao mutuário, que o devolverá também em dinheiro, ainda que não sejam as mesmas notas.

Também por analogia se aplica à atividade bancária o contrato de depósito, regulado no Código Civil nos artigos 627 a 652. Diz o art. 627:

> *Pelo contrato de depósito recebe o depositário um objeto móvel, para guardar até que o depositante o reclame.*

O objeto móvel a que se refere esse artigo é o dinheiro, razão por que se diz que o depósito bancário é um depósito pecuniário. Interessante é de se notar que o direito italiano considera o depósito como contrato à parte, chamando-o de depósito bancário. Para nós, entretanto, o objeto é uma operação bancária, que movimenta o contrato de conta-corrente.

5.4. Complexidade das fontes

Concluímos, por essa disposição legal, que seja a lei a fonte direta, imediata e principal, sendo as outras indiretas, mediatas e acessórias. Todavia, a Lei de Introdução ao Código Civil é de 1942, portanto, de mais de 60 anos; não previu o desenvolvimento do direito no Brasil e sua complexidade crescente. Além disso, somos um país novo, com sociedade em formação, movediça e instável. Enquanto os Estados Unidos da América têm uma constituição de dois séculos e países europeus ainda mais antigas, já tivemos em pouco tempo mais de uma dezena de constituições, uma delas fruto de uma *assembleia constituinte* formada pelos três ministro militares. Nossa constituição atual, de 1988, é recentíssima, mas já existe a luta para ampla reforma constitucional, afora as muitas alterações.

Tornou-se então o art. 4º da LICC muito acanhado para dispor ideias sobre as fontes do direito, por interpretar o direito brasileiro anterior a 1942. Em nosso dias, temos que alargar muito o rol das fontes, incluindo desde já algumas definitivamente implantadas: doutrina, jurisprudência, direito comparado e tratados internacionais. Algumas incluem ainda o direito romano, mas essa inclusão nos parece despicienda, porquanto o direito brasileiro é o direito romano, modificado e evoluído, no passar dos séculos e amoldado à nossa realidade.

Deve ser incluído nesse conjunto o **Manual de Normas e Instruções**, tipo de código baixado pelo Banco Central do Brasil, dando orientações aos bancos sobre as práticas bancárias.

5.5. Os costumes

Costume é a observância de um comportamento reiterado, constante, pelos membros de uma sociedade, convencidos de que esse comportamento corresponde a uma necessidade jurídica, ou seja, esse comportamento é aceito pelos membros da sociedade. Há muita diferença entre costume e hábito; este é um comportamento individual, enquanto o costume é coletivo. Vê-se, no conceito retroexposto, a presença de dois elementos substanciais: o objetivo e o subjetivo.

O elemento objetivo é a prática por longo tempo e inveterada de um comportamento coletivo (*longa consuetudine inveterata*). É um comportamento arraigado, entranhado na sociedade. Apresenta a característica de diuturnidade; não é o comportamento efêmero, mas de longa duração. Outra característica é a continuidade, a constância da repetição dos atos costumeiros; não pode haver hiatos no tempo, como se fosse o costume praticado durante algum tempo, desaparecido e reaparecido tempos depois. O comportamento costumeiro deve ainda apresentar uniformidade, isto é, os atos que constituem esse tipo de comportamento devem ser semelhantes, uniformes, com elementos idênticos. Atos variados, distintos e diferentes entre si não podem constituir costume.

O elemento subjetivo ou interno é a aceitação tácita do povo, dos membros da comunidade (*tacitus consensus populi*). É a opinião geral de que a observação dos atos costumeiros corresponde a uma necessidade jurídica (*opinio juris et necessitatis*). Representa pois o estado psicológico dos cidadãos, favorável à adoção do costume, voluntariamente, isto, é, sem precisar ser coagidos para esse tipo de comportamento.

Quase todas as práticas bancárias são consuetudinárias, tendo elas começado com certas operações informais, que depois foram se formalizando, até se transformarem em operações regulamentadas.

5.6. Usos e práticas mercantis

Embora descartados dos costumes, os usos e práticas mercantis constituem um direito consuetudinário; esse direito provém de costume especializado no âmbito da atividade empresarial. Nossa legislação empresarial refere-se a costumes e práticas mercantis, dando a entender que o costume tem aplicação genérica e o uso e prática têm aplicação específica, como nas questões empresariais ou bancárias. Conceitualmente, os dois se fundam na mesma realidade: é o comportamento uniforme e constante de determinada classe de pessoas ou de agrupamento social, cujos atos repetidos autorizem a formulação de regra geral, aceita pela maioria desse agrupamento. Representa, pois, a manifestação coletiva.

A Lei do Registro Público das Empresas Mercantis e Atividades Afins (Lei 8.934/94), no artigo 5º, prevê o *assentamento de usos e práticas mercantis*, a ser realizado pela Junta Comercial. Assim, a prática reiterada e uniforme de atos que constituam atividade empresarial pode transformar-se em norma, como a regulamentação da Junta Comercial. Foi o que aconteceu com o cheque visado, hoje operação regulamentada pela Lei do Cheque e adotado em vários países. Assim aconteceu também com o sistema de protesto de títulos.

Segundo a Lei do Registro Público das Empresas Mercantis e Atividades Afins, é da finalidade do Departamento Nacional do Registro de Comércio, ao qual pertence a Junta Comercial, propor e sugerir aos poderes públicos competentes a conversão em lei dos usos e práticas mercantis de caráter nacional. Pelo que parece, os usos e práticas mercantis são determinados costumes, previstos em lei em casos específicos. Para ficar demonstrada a eficácia desse instituto, basta dizer que o cheque visado foi depois inserido na Lei do Cheque (Lei 7.357/85) e o protesto de títulos transformou-se na Lei 9.492/97.

5.7. A analogia

Aplicada a todos os ramos do direito, tanto que foi prevista no artigo 4º da LICC, a analogia também se aplica ao Direito Bancário, com a extensão de um preceito legal a casos não compreendidos diretamente nele. Por exemplo: num contrato de conta-corrente, que não é regulamentado, aplicam-se as normas de vários contratos, que lhe sejam semelhantes.

5.8. A doutrina

A doutrina é o conjunto de ideias expostas pelos mestres em suas preleções ou pelos juristas nos livros publicados e demais publicações. Importante fonte de direito, tanto para sua cognição como para sua produção. É, na opinião dos jurisconsultos, onde o juiz vai encontrar o direito a ser aplicado a determinado caso. Por exemplo: nas questões controvertidas de direito privado, o apelo às obras de Pontes de Miranda, cujas opiniões produzem decisões judiciais, são fontes inestimáveis.

No que tange ao Direito Bancário, podemos encontrar no direito italiano magníficas obras de doutrina, realçando-se os nomes de Giacomo Molle e Francesco Messineo.

5.9. A jurisprudência

As decisões de nossos tribunais sobre questões empresariais são valiosas fontes para a interpretação do Direito Bancário e base para elaboração de outras normas. A jurisprudência tem sido muito discutida como fonte de direito, pois ao Poder Judiciário não cabe elaborar leis, mas aplicá-las. No tocante ao Direito Bancário, entretanto, a jurisprudência é um repositório de informações; há muitas publicações de acórdãos em periódicos e obras especializadas, como sobre títulos de crédito, garantias e outros. A enorme demanda dessas publicações revela ser a jurisprudência valiosa fonte de consulta, como ainda dados para a produção de novas normas e súmulas elaboradas pelo Supremo Tribunal Federal.

5.10. O direito comparado

O direito comparado é fonte que tem sido ressaltada apenas nos últimos anos, mormente após o surgimento da União Europeia. Consiste na comparação do sistema jurídico de vários países, procurando promover os institutos mais notáveis, a interpretação comparada e a assimilação do direito de um país por outro. Neste compêndio podemos encontrar sugestivo exemplo; os contratos bancários não foram regulamentados pelo nosso Código Civil, embora no projeto constasse essa previsão. Podemos tomar por base de raciocínio o Código Civil italiano, que os regulamentou, bem como a própria doutrina encontrada nas obras de seus mais renomados comercialistas.

5.11. Os tratados internacionais

Uma das características do Direito Empresarial é a sua tendência para o internacionalismo. O cosmopolitismo das atividades empresariais obriga empresas do mundo todo a manterem contato entre si, realizarem transações e uniformizarem os conceitos. Há vários órgãos procurando estabelecer regras uniformes para todos os países, a serem observadas nas transações empresariais. Infelizmente, na área bancária não há tanta riqueza de acordos internacionais, mas importantes passos foram dados, como a criação do **crédito documentário**. A Câmara de Comércio Internacional, ONG sediada em Paris, vem procurando estabelecer uma lei uniforme para os diversos contratos bancários.

Às vezes, uma convenção internacional transforma-se em lei nacional, ou seja, é a fonte de direito interno. É o que aconteceu com a Convenção de Genebra, que estabeleceu a lei uniforme a ser seguida pelos países convencionados, sobre a letra de câmbio e a nota promissória. Esse acordo tinha aplicação apenas nas operações internacionais, mas foi transformado em lei brasileira, pelo Decreto Legislativo 54/64 e pelo Decreto 57.663/66. Posteriormente, na mesma cidade de Genebra, na Suíça, foi celebrado tratado semelhante sobre cheques. Estabeleceu-se um acordo internacional, por empresas de todos os países participantes da convenção; este foi transformado em lei brasileira pelo Decreto 57.595/66. Destarte, a fonte da Lei Cambiária brasileira e da Lei do Cheque foi uma convenção internacional (convenção e tratado são sinônimos). Como se sabe, o cheque é título típico das instituições financeiras, e a letra de câmbio e a nota promissória títulos de uso frequente delas.

6. DO CONTRATO DE CONTA-CORRENTE

- **6.1.** Aplicação do contrato
- **6.2.** Conceito de conta-corrente bancária
- **6.3.** Conta conjunta
- **6.4.** Conta-corrente salário
- **6.5.** Contrato ínsito de depósito
- **6.6.** Operação bancária passiva
- **6.7.** Mandato inserido
- **6.8.** Fechamento da conta

6.1. Aplicação do contrato

A conta-corrente é um contrato não essencialmente bancário, mas sua maior aplicação é na atividade bancária. Trata-se de contrato importante e de larga aplicação. É o principal contrato utilizado pelos bancos e prepondera sobre todos os demais contratos bancários. Para se fazer ideia da relevância desse contrato, bastaria dizer que a metade da população brasileira é celebrante da conta-corrente bancária, incluindo-se analfabetos, menores, incapazes, pessoas físicas e jurídicas de direito público e de direito privado. Em quase todos os países do mundo ocorre idêntico fenômeno.

Por incrível que pareça esse contrato tão conhecido e tão praticado não está regulamentado pela nossa lei; não era na antiga, e na moderna também não. O Código Civil italiano previu esse contrato nos artigos 1.823 a 1.833. Entretanto, nosso Código Civil, baseado no modelo italiano, cortou esse contrato, deixando-o desamparado, embora estivesse ele no projeto. Não está, porém, ao desamparo do direito, sendo aplicado a ele a doutrina, as decisões jurisprudenciais e a prática bancária. Apesar da falta de regulamentação, a conta-corrente tem referência em nossa lei, de tal forma que está reconhecida legalmente, graças ao artigo 121 da Lei 11.101/2005, a Lei de Recuperação de Empresas:

> *As contas-correntes com o devedor consideram-se encerradas no momento da decretação da falência, verificando-se o respectivo saldo.*

Há referências de antiga aplicação da conta-corrente, quando Veneza ocupava forte posição nas transações econômicas no Mar Mediterrâneo, mormente nos contatos entre a Europa e o Oriente, por meio de Constantinopla. Como as transações eram frequentes e perduravam por muitos anos, os mercadores venezianos lançavam débitos e créditos numa conta mantida com mercadores do Oriente Médio. Como eles pretendiam renovar essas transações, não encerravam cada operação com pagamento, mas iam fazendo as remessas recíprocas na conta-corrente.

Em meio a essa febre mercantil, com intensa navegação mercantil e operações de crédito, haveria de surgir a classe dos banqueiros. Há nos anais históricos referência a bancos de Veneza em 1171, mas não eram conhecidos bancos, como organização nos moldes modernos. Eram atuantes, porém, os banqueiros e estes tinham correspondentes em Constantinopla, razão pela qual a conta-corrente se vulgarizou, por eles se fazerem remessas recíprocas. Considera-se remessa um valor que é debitado/creditado na conta-corrente. Quem faz o lançamento da remessa é chamado de remetente ou credor e quem o recebe é o recipiente ou devedor.

6.2. Conceito de conta-corrente bancária

Malgrado não haja lei que o conceitue, a conta-corrente é muito aplicada, mormente na atividade bancária. O banco celebra muitos contratos, mas quase todos se ligam à conta-corrente; assim, se o banco faz um empréstimo, credita o valor dele na conta-corrente do favorecido. O relacionamento de um banco com seu cliente começa com a abertura da conta-corrente. A prática é uniforme em todo o mundo; em todos os bancos ela se movimenta de maneira harmônica. Tomaremos então por base o direito italiano, que discorre amplamente sobre a conta-corrente, partindo dos artigos 1.823 a 1.833, constituindo o Capítulo VI:

Da Conta-corrente. O primeiro artigo desse capítulo nos dá o conceito desse contrato:

> Nozione:
> Il conto corrente è il contratto con qualle le parti si obbligano ad annotare in um conto i crediti derivanti da reciproche rimesse, considerandoli inesigibili e indisponibili fino alla chiusura del conto.
> Il saldo del conto è esigibile alla scadenza stabilita. Se non è richiesto il pagamento, il saldo se considera qualle prima rimessa di un nuovo conto e il contratto s'intende rinnovato a tempo indeterminato.

> *Noção:*
> *A conta-corrente é o contrato com o qual as partes se obrigam a anotar em uma conta os créditos derivantes de remessas recíprocas, considerando-os inexigíveis e indisponíveis até o fechamento da conta.*
> *O saldo da conta é exigível no vencimento estabelecido. Se não for pedido o pagamento, o saldo é considerado como a primeira remessa de uma nova conta e o contrato se considera renovado por tempo indeterminado.*

Portanto, a conta-corrente é um contrato celebrado entre duas partes ou entre várias pessoas; ambas se chamam correntistas. As partes lançam na conta remessas recíprocas, assim considerados débitos/créditos de um correntista e de outro. Vamos examinar a conta-corrente bancária entre o BANCOCRED e Ulpiano. O correntista Ulpiano faz um depósito em dinheiro, lançando a seu crédito a remessa de R$ 2.000,00; por seu turno, o banco lança a remessa feita por Ulpiano em seu débito. Em outro dia, Ulpiano saca um cheque de R$ 1.000,00 e o banco contabiliza a remessa em seu favor, contra Ulpiano, de R$ 1.000,00.

No lançamento dessas remessas recíprocas, um correntista é credor e o outro devedor, alternando-se esses lançamentos. Se ficar reduzida a zero, não quer dizer que ela foi fechada, porquanto poderá ser ressuscitada em outra ocasião, sem precisar de novo contrato. Esse contrato poderá ser com prazo estabelecido ou sem prazo. Se for conta a prazo, ao vencer-se, apurar-se-á o saldo e o correntista devedor deverá entregar ao correntista credor o saldo existente. Só poderão ser lançados débitos/créditos passíveis de compensação e à vista. Há vários tipos de conta-corrente:

6.3. Conta conjunta

Um mesmo correntista poderá ter várias contas-correntes, cada uma se movimentando de forma independente e separada. O banco poderá celebrar contrato de conta conjunta, ou seja, tendo uma ou mais pessoas como correntistas. A conta conjunta pode ter várias facetas, formando dois tipos:

Solidária – Deve constar no contrato a solidariedade entre as partes, pois ela não se presume; decorre da lei ou da vontade das partes. Se for conta solidária cada um pode movimentar a conta individualmente. Sob o efeito penal, entretanto, não há solidariedade; só quem emitir um cheque sem fundos responderá criminalmente por esse ato. A conta estará em nome de todos os correntistas, com a expressão *e/ou*. Por exemplo: Modestino e/ou Papiniano.

Mútua – Nesta conta a movimentação por cheques deve ter a assinatura de todos os correntistas. Na conta deve constar a preposição **e**. Por exemplo: Gaio e Paulo. Se emitirem cheque sem fundos a responsabilidade recairá sobre ambos.

6.4. Conta-corrente salário

Louvável prática surgiu há alguns anos com a criação da conta-corrente salário. O empregador abre conta-corrente em determinado banco em nome de seus empregados, celebrando contrato de conta-corrente diretamente com o banco. É vedada pelo Banco Central a cobrança de taxas ou despesas por parte do banco. Normalmente, o banco mantém uma caixa de atendimento na própria sede da entidade empregadora, podendo o empregado-correntista fazer saques dentro do estabelecimento em que trabalha; os saques são feitos por cartão magnético.

Normalmente é uma conta comum, podendo o empregado movimentá-la livremente, sacando cheques ou fazendo depósitos, ficando a C/C numa agência próxima ao local de trabalho. O que está em dúvida é se essa conta possa ser conjunta. Os bancos não aceitam outra C/C, a não ser a individual. Esse mesmo sistema é seguido pelo INSS, que também adota esse sistema para os aposentados e pensionistas.

Basicamente, a C/C salário é uma conta comum, tendo como fato diferenciador o de ser aberta não pelo correntista, mas por seu empregador, podendo, porém, ser aberta pelo próprio correntista, que a informará ao seu empregador. Possui também o privilégio da isenção de taxas para a manutenção da conta.

Entretanto, o BACEN, por meio da Resolução 3.402/2006, regulamentou a chamada conta-corrente-salário, mas não é só salário. Os bancos, na prestação de serviços de pagamento de salários, proventos, soldos, vencimentos, aposentadorias, pensões e similares, ficam obrigados a proceder aos respectivos créditos em nome dos beneficiários. Esse pagamento será feito mediante utilização de contas não movimentáveis por cheques destinados ao registro e controle do fluxo de recursos. Esse tipo de conta--corrente é especial, diferente da conta-corrente comum, que é regida pela Resolução 2.025/93.

É vedada a abertura de contas desse tipo, tendo como titulares pessoas jurídicas. É também vedado ao banco contratado cobrar dos beneficiários, a qualquer título, tarifas destinadas ao ressarcimento pela realização dos serviços, devendo ser observados, além das condições previstas na Resolução 3.402/06, a legislação específica referente a cada espécie de pagamento e as demais normas aplicáveis.

O banco contratado deve assegurar a faculdade de transferência, com disponibilidade no mesmo dia, dos créditos para conta de depósitos de titularidade dos beneficiários, por eles livremente abertas. Dessa forma, o correntista-beneficiário que tiver seu salário depositado em agência perto do empregador e morar em lugar distante, tendo conta em outro banco, perto de sua casa, transfere seu dinheiro para sua agência, livre de despesas. A vedação à cobrança de despesas pelo banco aplica-se, inclusive às operações de saques, totais ou parciais, dos créditos e transferências dos créditos para outros bancos.

Nessas contas, vale dizer, as utilizadas pelo banco contratado para o controle do fluxo de recursos referentes a salário e outras prestações de serviços, somente podem ser lançados, a crédito, valores originários da entidade contratante. Por outro lado, após a efetivação do crédito, os recursos somente podem ser movimentados pelo beneficiário. Pelo que se nota, a conta do beneficiário deve ser individual, não cabendo conta conjunta.

O direito é uma ciência, e em toda ciência vigora o princípio do determinismo dos fatos: não há efeito sem causa. Se o BACEN adotou esse tipo de C/C, regulamentando-a por meio de uma resolução, aperfeiçoada por outras, deve haver uma causa, que tenha imposto tal adoção. O que, porém, nos parece é que é uma operação *engessada, amarrada*, pecando pela falta de mobilidade, pela falta de movimento. Será preferível o sistema anterior, com mais liberdade das partes. Só poderá ser movimentada a conta por meio de cartão magnético, pois, se fosse por cheque, a movimentação seria por terceiro e não pelo beneficiário.

6.5. Contrato ínsito de depósito

No contrato de C/C bancária integra-se fatalmente o contrato de depósito bancário. Neste aspecto, não pairam dúvidas, pois o contrato de depósito está devidamente previsto no Código Civil, nos arts. 627 a 657. O conceito do contrato de depósito pode ser extraído logo no art. 627, que abre esse capítulo:

Pelo contrato de depósito recebe o depositário um objeto móvel para guardar, até que o depositante o reclame.

No que tange ao contrato de depósito paralelo ao de conta-corrente bancária o *objeto móvel* é o dinheiro, razão pela qual é chamado de **depósito pecuniário**. É próprio depósito que faz abrir a conta-corrente; a primeira remessa recíproca numa C/C é sempre um dinheiro do cliente do banco que é depositado e o banco o guarda até que o cliente reclame de volta essa pecúnia. Vamos examinar bem como se processam essas transações: Paulo quer ter uma C/C no Banco Credital: Leva para esse banco a quantia de R$ 5.000,00 para depósito, com o qual a C/C é aberta. O dinheiro de Paulo fica em custódia no banco, que o guarda até que Paulo peça que o banco o devolva.

As partes do contrato de depósito são o depositante e o depositário. Na C/C bancária o depositante é o cliente-correntista e depositário é o banco que manterá a pecúnia em custódia. Pelo art. 629 do Código Civil, o depositário é obrigado a ter na guarda e conservação da pecúnia depositada o cuidado e diligência que costuma com o que lhe pertence, bem como a restituí-la, com todos os frutos e acrescidos, quando o exija o depositante.

Em princípio, o contrato de depósito é gratuito, mas pode haver convenção em contrário ou se for resultante de atividade negocial ou se o depositário o praticar por profissão. No caso que estamos examinando, esse depósito pecuniário é de natureza empresarial e o banco o pratica por profissão; aliás, é a principal profissão do banco: receber dinheiro em depósito. Predomina, contudo, a vontade das partes, que poderão dispor no contrato o que lhes convier.

O direito italiano e o direito francês regulamentam o contrato de depósito bancário em separado do contrato de depósito comum, o que nos parece desnecessário, porquanto ambos têm a mesma regulamentação. Duas diferenças acidentais surgem entre eles: o depósito bancário tem sempre um banco como depositário e a coisa depositada é sempre o dinheiro. Essas duas características determinaram a distinção legislativa entre os dois depósitos, que assumem uma definição própria. Vejamos como o Código Civil italiano, no artigo 1.834, conceitua o contrato de depósito bancário:

> Nei depositi di una somma di danaro presso a una banca, questa ne acquista la proprietà ed è obbligata a restituirla nella stessa specie monetaria alla scadenza del termine convenuto ovvero a ricchiesta del depositante,

con l'asservanza del periodo di preavviso stabilito dalle parti o dagli usi.

Nos depósitos de uma soma de dinheiro em um banco, este adquire a propriedade dele, e é obrigado a devolvê-lo na mesma espécie monetária, no vencimento do prazo convencionado ou a pedido do depositante. Observa-se o período do pré-aviso estabelecido pelas partes ou segundo os usos.

6.6. Operação bancária passiva

As operações bancárias podem ser ativas e passivas. Será ativa quando o banco for credor, como, por exemplo, se o banco empresta dinheiro a um cliente; o banco fica em situação de credor perante seu cliente, que deverá lhe pagar o valor do empréstimo. Será operação passiva se ficar na posição de devedor, ou seja, assumirá obrigação, perante o cliente, de lhe prestar um serviço ou lhe fazer pagamento. Esse é o caso da C/C: o banco é o devedor; desde que receba o dinheiro do depositante em custódia, ele assume a obrigação de guardar esse dinheiro com todo cuidado e restituí-lo quando o correntista o pedir de volta.

Por ser operação passiva, o banco deverá ser sempre devedor e o cliente o credor. As "remessas recíprocas" devem ser nesse sentido; vão sendo lançadas e variando o saldo, mas sempre a favor do cliente. É possível, porém, que a C/C acolha um débito do correntista-cliente sem haver saldo positivo suficiente, ficando o cliente com saldo negativo.

Essa situação deve ser, entretanto, passageira, devendo as partes providenciar com urgência a regularização.

6.7. Mandato inserido

Da mesma forma do depósito, há também na C/C um contrato de mandato implícito para que o banco pratique alguns atos por conta do mandante, como, por exemplo, o pagamento de cheques.

O cheque é uma ordem de pagamento a vista, dada pelo cliente ao banco para que este pague determinada importância a um terceiro ou ao próprio cliente: nessa operação o cliente confere ao banco mandato para fazer esse pagamento. Existem outras formas de o banco prestar serviço a mando do cliente; se o cliente autoriza o banco a transferir um valor de seu saldo a outra conta, haverá elemento de mandato nessa autorização. Pode o cliente autorizar o banco a fazer pagamentos a terceiros por conta do mandante, como impostos, contas diversas como água, gás e outros.

6.8. Fechamento da conta

Se o contrato de C/C for a prazo, ele se vence no termo legal e automaticamente se extingue; segue, portanto, a regra geral dos contratos. Se não houver prazo, vale dizer, se a C/C for por tempo indeterminado, várias oportunidades de encerramento se oferecem. Vigora a vontade das partes; qualquer uma delas poderá resilir o contrato, comunicando a outra por qualquer via. Não haverá prejuízo para elas. Se o cliente comunicar ao banco que vai encerrar a conta, o banco não terá prejuízo. Se o banco comunicar ao cliente seu desejo de fechar a conta, coloca o saldo à disposição do cliente e este sacará o valor do saldo. Não há exigência legal de pré-aviso, pois não provocará apreensão em qualquer das partes.

A Resolução 2.025/93 do Banco Central, que altera e consolida as normas relativas à abertura, manutenção e movimentação da C/C, apenas diz que o banco deverá encerrar a conta em relação à qual se verificar irregularidades nas informações prestadas, julgadas de natureza grave, comunicando o fato, de imediato, ao BACEN. Essas informações são referentes à identificação do cliente, que possam ocasionar sérias consequências, como o nome, estado civil, a documentação. Se for pessoa jurídica, apresentar documentos falsos ou adulterados.

Também deve ser encerrada a conta se o seu titular emitir cheques sem fundos, conforme estabeleceu a Resolução 559/80 do BACEN. O que fala a Resolução 2.025/93 é que o banco, ao encerrar a conta, deve expedir aviso ao titular, solicitando a retirada ou a regularização do saldo e a restituição dos cheques acaso em seu poder. Deve também anotar a ocorrência na ficha-proposta do correntista. A Resolução 3.402/2006, que regulou a conta salário, nada diz a este respeito.

A nova Lei Falimentar, chamada de Lei de Recuperação de Empresas (Lei 11.101/05), diz que as contas-correntes com a empresa falida se consideram encerradas no momento da decretação da falência, verificando-se o respectivo saldo. Por analogia, se o cliente falece ou é declarado interdito, também deve ser encerrada.

7. O MÚTUO BANCÁRIO: EMPRÉSTIMO DE DINHEIRO

7.1. Conceito e partes
7.2. Caracteres do contrato
7.3. Paralelismo com o comodato
7.4. Os diversos contratos de mútuo bancário

7.1. Conceito e partes

O mútuo é o empréstimo de coisas fungíveis. O mutuário é obrigado a restituir ao mutuante o que dele recebeu em coisa do mesmo gênero, qualidade e quantidade (art. 586 do Código Civil). Como se vê nesse conceito, as partes desse contrato chamam-se mutuante (quem entrega a coisa) e mutuário (quem recebe). Coisa fungível é a que se pode pagar com outra do mesmo gênero, qualidade e quantidade. Coisa fungível é essencialmente o dinheiro; por isso se diz que o mútuo é o empréstimo de dinheiro. Essencialmente mas não exclusivamente; poderia ser por exemplo feijão: Marcelino empresta a Vitalino 300 sacas de feijão-roxinho até a safra; após a safra, Vitalino paga o empréstimo com 300 sacas de feijão-roxinho. Não são as mesmas sacas nem os mesmos feijões, ou seja, pagou com coisas do mesmo gênero, qualidade e quantidade.

Com o dinheiro é assim; um banco empresta a seu cliente R$ 100.000,00 e depois o cliente lhe paga com a mesma importância, mas não são as mesmas notas, o mesmo dinheiro, mas outro, porém com o mesmo valor.

Este empréstimo transfere o domínio da coisa emprestada ao mutuário, por cuja conta correm todos os riscos dela desde a tradição (art. 587). Excepcionalmente é um empréstimo "sui generis", pois a coisa emprestada passa a ser propriedade do mutuário. Aproxima-se mais à venda do que ao empréstimo.

É como se a coisa fosse vendida a um preço, mas esse preço será outra coisa igual à que foi vendida.

O mutuário é o dono do dinheiro, tanto que pode fazer com ele o que bem entender. Tratando-se de dinheiro, o mutuário poderá usar, doar, enfim dar a ele o destino que lhe aprouver. Quando for devolver o dinheiro, não será o mesmo, mas outro; só que será com o mesmo gênero e valor.

7.2. Caracteres do contrato

É um contrato real, pois só se completa com a tradição da coisa. É gratuito em princípio, mas pode ser oneroso desde que haja estipulação nesse sentido. O mutuante nada recebe, a menos que haja contraprestação combinada entre as partes. Destinando-se o mútuo a fins econômicos, presumem-se devidos os juros. Esses juros deverão ser os juros legais, com taxa limitada pela lei, conforme previsto no Código Civil nos arts. 406 e 407. Tratando-se de mútuo bancário, é empréstimo sempre mercantil e deve render juros ao banco.

É unilateral porque só o mutuário assume obrigações, uma vez que a entrega do dinheiro pelo mutuante não é obrigação, mas liberalidade. Por ser contrato, a lei exige que seja celebrado entre pessoas juridicamente capazes. O mútuo feito a pessoa menor sem prévia autorização daquele sob cuja orientação estiver não pode ser reavido nem do mutuário nem de seus avalistas. Poderá entretanto o representante legal do menor ratificar posteriormente o empréstimo, o que validará o contrato.

Será também válido se esse empréstimo tiver resultado em benefício do menor, como, por exemplo, se o banco mutuante emprestou dinheiro a um menor para que esse comprasse um imóvel. Será possível também requerer a penhora de bens do menor, se o mutuante tiver emprestado a ele dinheiro para a sua manutenção, como os alimentos habituais.

Após a concessão do empréstimo, se o mutuário sofrer notória mudança em situação econômica vislumbrando-se a possibilidade de não cumprimento da obrigação, o banco mutuante poderá pedir a rescisão do contrato, exigindo a restituição do dinheiro.

O mútuo é contrato de duração e deve ter seu prazo. Os bancos, por exemplo, praticam comumente este contrato, com prazo de 60, 90 ou 120 dias. É possível porém que, por lapso, não se estabeleceu o prazo para a devolução. Ou então poderá haver dúvida a respeito do tempo para a utilização do crédito. Nesses casos, haverá o suprimento legal para a determinação do prazo.

Se for empréstimo de dinheiro, como acontece quase sempre, o prazo será então de 30, 60 ou 90 dias, geralmente. Se for empréstimo de produtos agrícolas, como arroz, feijão, soja, o prazo será até a próxima colheita. Se for de alguma outra coisa fungível, será o espaço de tempo que declarar o mutuante.

7.3. Paralelismo com o comodato

O mútuo é o empréstimo de uma coisa, como também é o comodato. Mútuo origina-se de "meum tuum" (meu-teu), ou seja, o meu é também teu. Há muitos caracteres comuns, mas também muitas diferenças. Marcante é a característica do mútuo em ser empréstimo de coisa fungível (dinheiro é coisa fungível) e o comodato, de coisa infungível. Assim, o comodato é o empréstimo de uso, o mútuo, de consumo.

No comodato deve ser devolvida a própria coisa emprestada, como, por exemplo, uma casa. O mútuo não implica a devolução da própria coisa emprestada, mas de outra, do mesmo gênero, qualidade e quantidade, como é o caso do dinheiro; não são as próprias notas devolvidas, mas outras, só que do mesmo valor.

No mútuo existe empréstimo, mas há transferência de propriedade, tanto que o mutuário pode fazer com o dinheiro o que quiser, já que é dono dele. No comodato, o comodatário não pode fazer o que quiser com a coisa; poderá usá-la, mas não mudar a natureza, devolvendo-a ao comodante tal qual era.

O mútuo é, em princípio, contrato gratuito; mas nem sempre, uma vez que será possível estabelecer cláusula para o pagamento de juros. O comodato é sempre gratuito, senão seria locação. Mútuo bancário, sendo contrato de natureza empresarial, é oneroso, tanto que o banco cobra juros por ele.

Há porém características comuns: ambos são contratos reais, porque se perfazem com a entrega da coisa; ambos são unilaterais, ou seja, com prestação a cargo de uma só parte; são contratos temporários; são empréstimos de coisas por determinado tempo.

7.4. Os diversos contratos de mútuo bancário

Há contrato de mútuo quando o banco empresta dinheiro, mas ele o aplica de variadas formas e estas serão examinadas neste compêndio. Uma delas é o **empréstimo em conta-corrente (também chamado de abertura de crédito)**, operação passiva. Outro é o **desconto**, outra, a **antecipação bancária**. Cada uma dessas operações apresenta variações e peculiaridades, que examinaremos a seguir, nos próximos capítulos.

8. ABERTURA DE CRÉDITO BANCÁRIO

8.1. Conceito e características
8.2. Tipos de abertura
8.3. Obrigações do cliente creditado
8.4. Extinção do contrato

8.1. Conceito e características

Vimos o contrato de conta-corrente como operação passiva, em que o banco se torna devedor, por assumir o compromisso de devolver o dinheiro recebido em depósito. Vamos agora examinar a conta-corrente ativa, em que o banco tem o direito de exigir a devolução do dinheiro que emprestou ao cliente. Trata-se de um tipo de contrato de mútuo, vale dizer, de empréstimo de dinheiro pelo qual o banco coloca à disposição do seu cliente um crédito até determinado limite, para que o cliente o use como lhe aprouver. Essa disponibilidade creditícia é aberta numa conta-corrente, que o cliente poderá usar com o saque por meio de cheques, podendo nela fazer depósitos e outros lançamentos.

É denominado pela doutrina brasileira e internacional de **contrato de abertura de crédito bancário**, mas preferimos adicionar **em conta-corrente**, ficando mais explícito seu significado. Está regulamentado no Código Civil italiano, pelos arts. 1.842 a 1.845, dando o art. 1.842 seu conceito:

> L'apertura di credito bancario è il contratto col quale la banca si obliga a tenere a disposizione dell'altra parte una somma di denaro per un dato periodo di tempo o a tempo indeterminato.

A abertura de crédito bancário é o contrato com o qual o banco se obriga a manter à disposição da outra parte uma soma de dinheiro por dado período ou por tempo indeterminado.

Pelo que se nota, o contrato é bilateral, de prestações recíprocas, uma vez que o banco assume a obrigação de conceder o crédito, de manter o dinheiro à disposição do cliente. O cliente, por sua vez, se obriga a cobrir seu débito de acordo com o contrato, que pode ser com prazo ou sem prazo. Nem todos os juristas concordam com o que diz o Código Civil italiano, porque consideram a abertura de crédito bancário um contrato real, em que o banco entrega o dinheiro ao cliente e exige a devolução desse dinheiro. Todavia, para o direito italiano, francês e espanhol a abertura de crédito bancário é contrato consensual.

As partes do contrato chamam-se creditante (banco) e creditado (cliente), numa típica operação de crédito. Como se trata de contrato bancário é oneroso, assumindo o creditado, além da obrigação de pagar o débito, o pagamento das taxas de manutenção, juros e correção monetária. O direito italiano considera a abertura de crédito bancário contrato consensual, como falaremos frequentemente: o banco abre o crédito em favor do creditado e depois cumpre a obrigação de passar-lhe o dinheiro. O contrato, desse jeito, já se aperfeiçoou com a concessão do crédito, quando o banco, aderindo à proposta do cliente, comunicou-o que o dinheiro estava à disposição dele; o banco tornou-se então devedor do cliente. Nesse aspecto, a abertura de crédito bancário diferencia-se do mútuo, pois este é um contrato real; aperfeiçoa-se com a entrega da coisa fungível, vale dizer, o dinheiro.

É um contrato de duração, também chamado de execução continuada; o primeiro ato é a abertura do crédito na C/C, e, em seguida, o creditado saca cheques para fazer pagamentos ou usar o dinheiro. Poderá também lançar créditos a seu favor, como depósitos. É contrato complexo, por reunir elementos de outros contratos, como o de C/C, o de mútuo, por representar empréstimo de dinheiro. Geralmente o empréstimo conta com garantias variadas, como o penhor e a hipoteca, razão pela qual as normas sobre as garantias se integram nesse contrato.

8.2. Tipos de abertura

Esse contrato se apresenta de várias maneiras. Pode ser simples ou em conta-corrente. A abertura de crédito bancário simples é muito rara, mas é possível. O banco abre uma conta e o creditado recebe o dinheiro num só pagamento, ou mediante recibo, ou abre uma conta e retira de imediato todo o saldo, zerando-a. É mais rara porque os bancos preferem conceder crédito a seus clientes em C/C: primeiro o cliente abre a conta e a movimenta, sob a observação do banco, tornando-se assim conhecido. Após algum tempo, o banco lhe adianta dinheiro, em vista de haver adquirido confiança no cliente. O banco abre então a conta em nome do cliente, abrindo-lhe crédito no valor determinado, descontando suas taxas.

Digamos, por exemplo, um crédito de R$ 50.000,00, com desconto de juros e correção monetária de R$ 5.000,00. O crédito restante, de R$ 45.000,00 é pago ao cliente por meio de cheque emitido pelo banco. O banco e o cliente celebram o contrato de abertura de crédito bancário. O banco geralmente quer lastrear esse empréstimo, com nota promissória emitida a seu favor pelo creditado, com o mesmo valor do contrato, como de R$ 50.000,00 no caso acima, com o mesmo vencimento do contrato. Ao vencimento o cliente-creditado paga o valor devido *pro soluto*.

A abertura de crédito bancário em C/C dá ao creditado o direito de fazer saques uma ou várias vezes, bem como lançar créditos, como é o caso de depósitos, recuperando o crédito usado e utilizando-o novamente. Não é contrato de C/C, mas de abertura de crédito bancário como se fosse C/C. É por isso chamada de **abertura de crédito em C/C, ou C/C devedora.**

Sob outro aspecto, pode ser **abertura de crédito a descoberto** ou **abertura de crédito com garantia**. Na **abertura de crédito a descoberto** o banco creditado põe o dinheiro à disposição do cliente-creditado sem exigir garantias de pagamento a não a ser a responsabilidade contratual com o patrimônio do devedor. No caso de não pagamento do débito no momento em que foi acordado, o banco cobra judicialmente por força do contrato.

Não deixa de ser C/C a descoberto se o contrato for amparado por uma nota promissória, pois esta não é considerada garantia. Geralmente, essa nota promissória é em branco, isto é, sem valor e/ou vencimento, constando no contrato autorização ao banco para preencher os claros com o valor do débito e o vencimento no dia em que o contrato for rescindido. Essa nota promissória visa a facultar a **execução por título executivo extrajudicial.** Só se considera garantia quando o banco estiver garantido por bens separados do patrimônio geral do devedor, como no caso do penhor ou hipoteca. Ainda que esta nota promissória conte com aval, essa garantia é dada à nota promissória e não ao contrato.

A **abertura de crédito garantida** é aquela em que o cliente dá algum tipo de garantia específica para esse débito, geralmente penhor de títulos de crédito; para esse mister é muito utilizado o penhor de duplicatas; nesse caso, é também chamada de **abertura de crédito em C/C com penhor mercantil**, ou **C/C caução** (caução é o penhor de títulos de crédito).

Caução significa penhor, garantia. O endosso-caução é utilizado para a transferência de um título de crédito, só para esse título garantir o cumprimento de uma obrigação. Embora possa ser aplicado de forma genérica e com a nota promissória ou qualquer outro título de crédito, o endosso-caução é mais utilizado com duplicatas. Assim, um banco, ao conceder crédito a uma empresa, quer garantir-se. A empresa mutuária entrega então ao banco um conjunto de duplicatas em garantia desse empréstimo, transferindo-as pelo endosso-caução, que é bem parecido com o endosso-mandato. Ao receber o valor dessas duplicatas, o banco-endossatário está autorizado a apropriar-se desse valor, aplicando-o no pagamento de seu crédito.

O endosso-caução é também um endosso-mandato. O banco, nesse caso, age como procurador do titular dos direitos cambiários, só que, ao receber o valor dos títulos, está autorizado a ficar com o dinheiro, abatendo-o do débito do proprietário dos títulos. Deve utilizar os termos **endosso-caução**, **valor em penhor**, **valor em garantia**, ou outro equivalente.

Se, após a abertura do crédito, o cliente-creditado não apresentar a garantia prometida, o banco pode bloquear a utilização do crédito, com base na cláusula de *exceptio non adimpleti contractus*. Poderá ainda rescindir o contrato por lesão às condições contratuais. Outrossim, se no decorrer do contrato a garantia sofrer desgaste ou se tornar insuficiente, pode o banco exigir suplementação desse desgaste, sob pena de suspender o crédito até que a garantia seja reposta.

Geralmente a chamada conta caução é garantida por duplicatas, que são cobradas pelo banco e creditadas nessa conta. O cliente saca o valor creditado deixando a conta sem garantia, ficando obrigado a substituir as duplicatas cobradas. Se não houver cobertura para o saldo devedor, o banco pode não autorizar débitos na conta.

A **conta-corrente garantida** pode ser garantida com obrigações cambiárias, fidejussórias, com penhor, com hipoteca, ou com cessão de crédito *pro solvendo*. Se a garantia for hipoteca, a conta deve ser averbada na circunscrição imobiliária em que o imóvel estiver registrado. Se, por ventura, a conta tornar-se credora para o cliente, as garantias permanecem, pois fica facultado ao cliente sacar o saldo credor e fazer voltar seu débito. Portanto, o dinheiro fica à disposição do cliente, que poderá sacá-lo no momento que quiser; por isso deve ser mantida a garantia, ou, se ela tornar-se insuficiente, deve ser restaurada e, se não for, poderá o banco adotar medidas em defesa de seu crédito, como a rescisão do contrato, diminuição do crédito, ou pedir a substituição de quem estiver garantindo. Segue então a norma estabelecida pelo artigo 1.844 do Código Civil italiano:

> Se per l'apertura di credito è data una garanzia reale, questa non si stingue prima della fine del rapporto per il solo fatto che l'accreditato cessa di esse debitore della banca.
>
> Se la garanzia deviene insufficiente, la banca può chiedere un supplemento di garanzia o la sostituzione del garante. Se l'accreditato non ottempera alla richiesta, la banca può ridurre il credito proporzionalmente al diminuito valore dellla garanzia o recedere dal contratto.

Se para a abertura de crédito for dada uma garantia real, esta não se extingue antes do vencimento da relação contratual pelo simples fato de o creditado deixar de ser devedor.

Se a garantia tornar-se insuficiente, o banco pode pedir um suprimento de garantia ou a substituição do garante. Se o creditado não atender a esse pedido, o banco poderá reduzir o crédito proporcionalmente ao valor defasado da garantia ou rescindir o contrato.

8.3. Obrigações do cliente creditado

O **contrato de abertura de crédito bancário** é oneroso por fazer parte da profissão do banco e faz parte de sua atividade empresarial. Por isso, cabe ao creditado a obrigação de pagar juros, correção monetária e outras taxas de manutenção da conta. Essas obrigações devem constar do contrato.

A segunda obrigação é de oferecer as garantias compromissadas no contrato. Se essas garantias se tornarem insuficientes, o cliente deverá reconstituí-las de acordo com o pedido do banco.

A terceira é o pagamento do empréstimo no vencimento do contrato, ou se ele for rescindido legalmente por justa causa por parte do banco. O banco não pode rescindir o contrato unilateralmente, mas só por justa causa.

8.4. Extinção do contrato

O contrato de abertura de crédito extingue-se automaticamente no seu vencimento, se for a prazo. Se for por tempo indeterminado, qualquer parte pode pedir a resilição, dando aviso-prévio que estiver previsto no contrato. Assim diz o art. 1.845 do Código Civil italiano:

Salvo patto contrario, la banca non può recedere dal contrato prima della scadenza del termine, se non per giusta causa.

Se l'apertura di credito è a tempo indeterminato, ciascuna delle parti può recedere dal contratto, mediante preavviso nel termine stabilito dal contrato, dagli usi o, in mancanza, in quello di quindici giorni.

Salvo acordo em contrário, o banco não pode rescindir o contrato antes do vencimento, a não ser por justa causa.
Se a abertura de crédito for por tempo indeterminado, qualquer das partes pode rescindir o contrato mediante pré--aviso com antecedência estipulada pelo contrato, conforme os usos ou, na falta de estipulação contratual, no de quinze dias.

O aviso-prévio deve ter sua antecedência constante do contrato; na falta dessa previsão, não pode vigorar o prazo de quinze dias do direito italiano, mas devem prevalecer os costumes locais ou a prudente apreciação do juiz, no caso de discussão judicial.

9. O DESCONTO BANCÁRIO

- **9.1.** Conceito
- **9.2.** Características
- **9.3.** Títulos descontáveis
- **9.4.** Vendor: o desconto ampliado
- **9.5.** O redesconto
    - **9.5.1.** Conceito
    - **9.5.2.** Tipos de redesconto
    - **9.5.3.** Histórico do redesconto

9.1. Conceito

A empresa ALFA S.A. realiza uma venda a BETA LTDA., sacando uma duplicata de R$ 40.000,00, em 1.1.2013 para vencer-se em 31.3.2013. Como precisava de dinheiro, procurou o BANCO-CRED e solicitou um empréstimo de R$ 40.000,00 e o banco lhe adiantou o dinheiro, descontando juros, correção monetária, taxa para cobrança da duplicata, IOF e outros possíveis, ficando o saldo de R$ 35.000,00, que foi colocado à disposição da emitente da duplicata. ALFA S.A. endossa a duplicata ao BANCOCRED, que se torna o titular dos direitos nela incorporados. O BANCOCRED cobra o valor da duplicata paga por BETA LTDA., recuperando o dinheiro.

Realizou-se assim uma operação de desconto. Foi a antecipação do pagamento de um crédito, representado pela duplicata, com a transferência desse crédito, do sacador da duplicata para o banco. Essa operação recebe o nome de desconto, nome oriundo do desconto de R$ 5.000,00 referente à remuneração do banco e cobertura das custas do BANCOCRED.

Pelo exemplo acima, podemos fazer ideia do que seja o contrato de desconto, que é assim conceituado no artigo 1.858 do Código Civil italiano:

Lo sconto è il contratto col quale la banca, previa deduzione dell'interesse, antecipa ai cliente l'importo de um credito verso terzi non ancora scaduto, mediante la cessione, salvo buon fine, del crédito stesso.

O desconto é o contrato com o qual o banco, com prévia dedução dos juros, antecipa ao cliente o valor de um crédito contra terceiros, ainda não vencido, mediante a cessão, do próprio crédito.

O conceito dado por esse artigo exige várias considerações. Fala em crédito, sem qualquer especificação. Faz entender que seja qualquer tipo de crédito, mas é apenas o crédito representado por uma duplicata. Assim diz também o direito francês e espanhol. A duplicata é um título só existente no Brasil, vigorando na Europa a fatura, que sendo assinada e seguida de sua documentação, produzirá os efeitos de nossa duplicata. A doutrina europeia esclarece melhor, dizendo que o crédito deve ser representado por título cambiário, chamado em francês de *effets de commerce*, o que também perturba a interpretação.

No Brasil, a maioria dos títulos de crédito não se presta para desconto, como é o caso da nota promissória, que lastreia um contrato de mútuo, não de desconto. Fala ainda em cessão de crédito, mas não é cessão; é a transferência por endosso. As partes do contrato chamam-se descontante e descontário.

Surge outra questão: se BETA LTDA. não pagar a duplicata, o banco tem o direito de regresso contra ALFA S.A., que, por força do endosso, permaneceu coobrigada ao pagamento. O banco poderá empreender execução por título executivo extrajudicial contra um ou os dois coobrigados.

9.2. Características

O desconto é um contrato bancário, tanto que é chamado de desconto bancário. Só os bancos podem realizar esse tipo de operação, por ser regulamentado por normas expedidas pelo Banco

Central. Se uma empresa mercantil, ou, segundo nosso Código Civil, sociedade empresária, realizar essa operação, estará saindo fora de seu objeto social. Se uma pessoa individual proceder a uma operação de desconto, estará exercendo atividade própria e reservada de banco.

É um contrato real por se aperfeiçoar com a entrega do dinheiro ao destinatário, pelo *banco descontante*, também chamado *descontador*. Aliás, diz o artigo 1.858 que o banco **antecipa** o dinheiro e não que **promete antecipar**.

É contrato de prestações recíprocas, também chamado bilateral ou sinalagmático, pois cada parte assume obrigações para com a outra. É comutativo, em que as partes sabem antecipadamente a extensão de seus direitos e obrigações, podendo decidir após analisar os efeitos do contrato. Também é oneroso, pois as duas partes tem ônus e também vantagens; teria de ser oneroso devido ao caráter mercantil, empresarial.

Trata-se de contrato híbrido e complexo, por ser formado por elementos próprios de outros contratos, com os quais possui analogia. Aproxima-se muito ao mútuo, porém com algumas características peculiares. No mútuo há duas partes: o credor (mutuante) e o devedor (mutuário). No desconto há o mutuante, o mutuário e o devedor direto, que é o sacado da duplicata.

Outra diferença é que no mútuo pode haver garantias subsidiárias, mas não obrigatoriamente; no desconto há obrigatoriamente uma garantia específica: a própria duplicata endossada, com a transferência do crédito cambiário *pro solvendo*. Com a transferência da duplicata o banco recebe um mandato para cobrá-la do sacado. Graças a essa transferência e esse mandato, o descontário consegue a realização do crédito representado pela duplicata, uma vez que transforma imediatamente em dinheiro o crédito que seria realizado no vencimento da duplicata.

Houve alguns juristas que aproximaram o desconto ao contrato de compra e venda. Entretanto, no Brasil, houve jurisprudência e deliberação do Banco Central, considerando a compra e venda de duplicatas operação de *factoring*, chamada em nosso país de fomento mercantil. Essa operação não é considerada bancária e não faz concorrência aos bancos. O *factoring* é a compra de ativos financeiros de uma empresa (faturamento) por outra. Não pode ser realizada por bancos, mas por empresas especializadas.

9.3. Títulos descontáveis

O título utilizado para desconto é essencialmente a duplicata. Apesar de não ser aplicado no desconto, o *warrant* presta-se também a essa operação, título de crédito emitido por empresas de armazéns gerais, tendo por base o depósito de mercadorias. Entretanto, os bancos julgam trabalhosa essa operação, preferindo realizar um contrato de mútuo simples, lastreado por nota promissória; recebe, entretanto, o *warrant* como garantia real, pois este título representa mercadorias depositadas sob a guarda do descontário.

Também é possível o desconto de letras de câmbio, com adiantamento do dinheiro referente ao valor da letra de câmbio, descontada a remuneração do banco, ficando o aceitante responsável pelo pagamento. Porém, os bancos evitam essa operação, porquanto a letra de câmbio traz apenas a responsabilidade de seus obrigados, sem o lastro de mercadorias, como é o caso da duplicata.

Como não existe duplicata no direito europeu, a legislação abre um leque muito largo de créditos descontáveis, malgrado, na prática, só alguns títulos sejam usados para operações de desconto. O artigo 1.859 do Código Civil italiano prevê até desconto de cheque, o que parece estranho, pois o cheque é uma ordem de pagamento à vista; não tem, portanto, vencimento, o que não permite antecipação de pagamento. Enquanto isso, o artigo 1.858 diz que o desconto é a antecipação de um crédito *non ancora scaduto* (ainda não vencido). Por essa razão, no Brasil, não cabe desconto de cheque, uma vez que a lei nos oferece o título ideal para o desconto, que é a duplicata.

9.4. Vendor: o desconto ampliado

No presente século XXI surgiu nova versão do desconto, aplicado a princípio no movimento de vendas ao amparo do contrato de concessão mercantil. Esse contrato celebrado entre as montadoras de veículos automotores e seus concessionários, ou seja, os vendedores desses veículos aos consumidores, enseja enorme faturamento. Em vez de os bancos realizarem o desconto de duplicatas, passaram a realizar o desconto de todo o faturamento da empresa. Dessa maneira, no último dia do mês, uma indústria automotiva, como, por exemplo, a FIAT, encaminha ao banco todas as duplicatas emitidas no final do mês, junto com um **borderô**, relacionando as duplicatas sacadas contra concessionárias. O desconto é feito então no próprio borderô. Não é então o desconto de um título, mas de um conjunto de títulos, ou seja, um faturamento.

Não se trata, porém, de operação exclusiva da indústria automobilística, mas está sendo empregado em vários segmentos do mercado. Essa modalidade de crédito permite aos fornecedores financiar a venda de seus produtos aos consumidores, utilizando o crédito que o banco lhes oferece. O fornecedor, ou seja, o emitente da duplicata, recebe o crédito como se tivesse feito a venda à vista, e depois combina com o comprador o prazo de pagamento.

Não paga impostos, pois eles são pagos no faturamento, mas paga o IOF, havendo porém pequena redução da carga tributária pois, faturando à vista, o preço é menor. Reduz o custo por ser a operação mais fácil e prática e não carrega o fluxo de caixa. Se as vendas são faturadas à vista, há possibilidade de taxas mais competitivas e flexibilidade no pagamento do crédito. Haverá um contrato convênio e conforme as vendas sejam realizadas é feito o crédito na conta-corrente do fornecedor.

9.5. O redesconto

9.5.1. *Conceito*

Cuida-se agora de uma modalidade de desconto: é o desconto de um título já descontado. É operado dessa forma: o banco desconta título de um cliente, com vencimento para 90 dias. Após um mês da operação o banco quer recuperar o dinheiro aplicado, para aplicar em operação mais importante. Leva a duplicata ao Banco Central, que adianta ao banco redescontário o capital aplicado. Destarte, o banco que realizara a operação ativa realiza outra, agora passiva.

Por essa explicação, nota-se haver algumas características próprias nesse contrato. É um contrato interbancário, isto é, reservado somente aos bancos. O banco redescontante é sempre o Banco Central, segundo a lei brasileira. Um só título provoca dois descontos. Nos outros aspectos, conserva as mesmas características do desconto. Diz o artigo 10 da Lei 4.595/64, no seu inciso V, que compete privativamente ao Banco Central realizar operações de redesconto e empréstimo a instituições financeiras. Para tanto o BACEN manterá recursos com que possa prover essas operações.

Com base em nossas considerações, vamos procurar uma definição para o redesconto: **é o contrato exclusivamente bancário, pelo qual um banco que tenha descontado um título de seu cliente faz novo desconto desse título no Banco Central do Brasil, para recuperar o capital aplicado no primeiro desconto. Da mesma forma que o desconto, o redesconto só se opera com título a vencer-se.** Não cabe redesconto de título já vencido.

Os juros cobrados pelo BACEN são mais módicos do que os que o banco cobra no desconto. O Banco Central não tem finalidade lucrativa, por ser autarquia federal, e, além disso, o capital que aplica no redesconto é dinheiro dos próprios bancos. Deve-se levar em consideração também que as garantias de pagamento são maiores: além da responsabilidade pelas duplicatas, há a responsabilidade do próprio banco descontário.

9.5.2. *Tipos de redesconto*

O redesconto pode apresentar-se de duas formas, de acordo com a finalidade a que se propõe. O critério determinante dessa classificação é a causa da concessão do redesconto; é a aplicação do dinheiro. Biparte-se em dois tipos: o **redesconto seletivo** e o **redesconto de liquidez**. Vamos especificar cada um.

Redesconto seletivo

É operação de refinanciamento, em que o Banco Central adianta dinheiro para favorecer determinado setor financeiro, dando reforço ao mercado de dinheiro. Foi o que aconteceu nos anos de 2008 e 2009. A crise mundial atingiu o agronegócio, fazendo com que as empresas agropecuárias e empresas de exportação tivessem queda no movimento e apertura financeira. Para minorar os efeitos da crise, o Banco Central redescontou muitos títulos que tinham sido descontados em bancos, fazendo com que estes recuperassem o capital aplicado e o direcionasse a outros produtores agropecuários.

Redesconto de liquidez

É aplicado em situações delicadas pelas quais passam os bancos. Trata-se de um tipo de financiamento ou assistência financeira a um banco que necessite de recurso urgente para fazer frente ao seu movimento diário. Vamos examinar porque acontece essa necessidade momentânea dos bancos. Conforme estivemos examinando, o banco recolhe dinheiro do público em conta-corrente de depósitos, emprestando-o aos seus mutuários. Não empresta tudo, porém, reservando uma sobra de dinheiro em sua caixa, para fazer frente ao volume dos saques de seus depositantes; mais ou menos 10% ou 15% sobre os depósitos, que é denominada **encaixe**.

Num dia, por motivo qualquer, o volume de retiradas ultrapassa o valor do encaixe, deixando o banco sem dinheiro para atender às retiradas de dinheiro. Nessas circunstâncias, o banco apertado dirige-se ao Banco Central e leva a ele as duplicatas recolhidas de sua carteira de descontos. O Banco Central acolhe essas duplicatas, redescontando-as, adianta o dinheiro ao banco redescontário, que poderá assim atender aos pagamentos prementes.

Conforme se viu, é uma operação relâmpago, premente, ditada pela necessidade imperiosa de dinheiro, por causa de uma eventualidade. Passados alguns dias, a situação do banco volta à normalidade, retornando os depósitos, e o banco redescontário vai recuperando seus créditos, tornando dispensável o redesconto. Vê-se então que o redesconto não é operação de rotina, como o desconto. É praticado de forma esporádica e excepcional: o redesconto seletivo para socorrer o mercado financeiro e o redesconto de liquidez para socorrer um banco em estado momentâneo de baixa liquidez.

9.5.3. *Histórico do redesconto*

O redesconto é instituição antiga e praticada no mundo inteiro, tendo sido criado no Brasil, em 1921, a Carteira de Redescontos do Banco do Brasil. Antes podia ser realizado por qualquer banco, mas, com a entrada do Banco do Brasil, caiu em desuso. A Resolução 168/71 do BACEN deu-lhe a regulamentação. Posteriormente, a Resolução 2.308/96 e as Circulares 2.712/96, 2.727/96 e 2.869/99 fizeram retoques ao sistema, regulamentando-o até hoje.

10. A ANTECIPAÇÃO BANCÁRIA

10.1. Conceito
10.2. Características
10.3. Títulos próprios para garantia
10.4. O seguro da mercadoria
10.5. Variação do valor da mercadoria
10.6. Modalidades de antecipação
    10.6.1. Própria
    10.6.2. Imprópria
10.7. Extinção do contrato

10.1. Conceito

A antecipação bancária é um contrato bancário bem parecido com a **abertura de crédito com garantia** ou **C/C caução**, ou **conta-corrente garantida**. É o contrato pelo qual o banco coloca à disposição de seu cliente uma determinada soma de dinheiro, dando o favorecido do crédito penhor de títulos de crédito (caução) ou de mercadorias. É uma antecipação pelo banco de parte do valor das mercadorias ou dos títulos entregues em penhor ao próprio banco, ficando o cliente facultado a retirar somas proporcionais à garantia e vice-versa. Esse movimento é comumente feito em conta-corrente.

Assim conceituada, não se vê diferença entre a **antecipação bancária** e a **abertura de crédito em conta-corrente com garantia de penhor mercantil**. Todavia, na **abertura de crédito** pode ou não haver garantia, enquanto na **antecipação bancária** a garantia é essencial para a caracterização do contrato. Além do mais, na **antecipação bancária** há restrição ao tipo de garantia, resumindo-se em duas: mercadorias e títulos de crédito, enquanto na **abertura de crédito** pode haver qualquer tipo de garantia como, por exemplo, de hipoteca.

É muito forte e íntima a correspondência entre o dinheiro antecipado e o valor da garantia, tanto que o cliente só pode sacar na proporção do valor da garantia, e, se ele não precisar do crédito momentaneamente, pode retirar a garantia.

O mútuo é o contrato de empréstimo de dinheiro, mas esse empréstimo se processa de várias maneiras, de tal forma que há diversos tipos de mútuo, entre os quais a antecipação bancária. Os outros tipos de mútuo a ela se assemelham, mas cada um apresenta certas características que irão diferenciá-lo. O desconto, por exemplo, não deixa de ser um mútuo, pois é empréstimo de dinheiro; entretanto, se um banco opera o desconto de uma duplicata, ele passa a ser o dono dessa duplicata; houve a transferência do crédito do descontado para o descontante. Na antecipação bancária não acontece essa transferência.

É possível haver um mútuo com garantia de penhor, o que o torna parecido com a antecipação bancária. Todavia, no mútuo a garantia pode ser dada e não deve ser dada, sendo portanto acessória, enquanto na antecipação bancária essa garantia é obrigatória, essencial. Aliás, o mútuo com garantia pignoratícia é comum nas operações bancárias: o banco empresta dinheiro a seu cliente, lastreado numa nota promissória. Porém, o cliente dá garantia para o pagamento desse mútuo, geralmente duplicatas. A nota promissória que serve de lastro ao mútuo é chamada de **nota promissória vinculada**. As duplicatas serão cobradas do sacado e o produto será creditado numa conta especial; quando essa conta cobrir o valor da nota promissória, esta ficará paga. Assim, quem pagou a dívida do mutuário não foi ele, mas os devedores das duplicatas.

10.2. Características

É um contrato real e com garantia real; só se aperfeiçoa com a entrega da garantia real. Essa garantia pode ser alienada pelo banco no caso do débito do cliente ultrapassar o valor da garantia. No contrato deve ser prevista esta solução: se há ou não esta disponibilidade; a este respeito assim estatui o art. 1.846 do Código Civil italiano:

Nell' anticipazione bancaria su pegno di titoli o di merci, la banca non può disporre delle cose recevute in pegno, se ha rilasciato un documento nel quale le cose stesse sono individuate. Il patto contrario deve essere provato per iscritto.

Na antecipação bancária sobre penhor de títulos ou de mercadorias, o banco não pode dispor das coisas recebidas em penhor, se houver emitido um documento no qual as próprias coisas estejam individualizadas. O pacto em contrário deve ser provado por escrito.

É contrato bilateral, oneroso, comutativo. É bilateral, também chamado de prestações recíprocas entre as duas partes: o banco, chamado **antecipante**, e o cliente, chamado **antecipado**. O banco-antecipante se obriga a colocar à disposição do cliente-antecipado uma determinada soma em dinheiro durante certo tempo. Fica também obrigado pela guarda e conservação dos bens dados em garantia e a devolvê-los quando se extinguir o contrato ou então se o cliente pedi-los de volta, sob certas condições. Por seu turno, o antecipado fica obrigado a dar garantias sobre o empréstimo, a devolver o dinheiro antecipado, na devida ocasião, a cobrar as taxas bancárias, como juros remuneratórios e correção monetária, e dar suplemento à garantia, se ela sofrer desgaste.

É oneroso porque ambas as partes arcam com ônus e ambas obtêm vantagens. É também oneroso-comutativo porque há reciprocidade psicológica entre as duas partes. O antecipante sabe quais são suas obrigações e direitos, podendo assim decidir o que lhe convém. O antecipado tem também suas responsabilidades, seus direitos, antes de celebrar o contrato. Em resumo, há três características da antecipação bancária que vão distingui-la da abertura de crédito ou do mútuo:

1. A garantia do penhor é constituído exclusivamente de mercadorias ou títulos de crédito;
2. O beneficiário da antecipação pode retirar a garantia antes do vencimento;
3. O banco pode pedir suplemento da garantia.

Há um outro fator que vai caracterizar mais ainda a antecipação bancária: o penhor que a garante pode ser fracionado, o que contraria os princípios do direito romano e a legislação da maioria dos países, no que tange à regulamentação do penhor. Nosso Código Civil não declara a indivisibilidade do penhor, mas a longa regulamentação que lhe deixa claro que está seguindo a norma geral e o disposto no Código Civil italiano, em que se baseou. É o que esclarece o artigo 2.799:

> Indivisibilità del pegno
> Il pegno è indivisibile e garantisce il crédito finchè questo non è integralmente soddisfatto, anche se il débito o la cosa data in pegno é divisibile.

> *Indivisibilidade de penhor*
> *O penhor é indivisível e garante o crédito até que este seja integralmente satisfeito, ainda que o débito ou a coisa dada em penhor seja divisível.*

10.3. Títulos próprios para garantia

Entre os juristas italianos e também entre os brasileiros surgiram dúvidas a respeito da expressão: *pegno di titoli o di merci* = penhor de títulos ou de mercadorias. Alegam alguns que os títulos referidos devem ser títulos representativos de mercadorias. Podem ser incluídos nessa categoria os documentos que representem mercadorias, como, por exemplo, o **conhecimento de depósito** e o *warrant*, títulos por excelência utilizados para representar mercadorias.

As empresas de armazéns gerais, quando for pedido pelo depositante de mercadorias em seus armazéns, poderão emitir dois títulos unidos, mas separáveis à vontade, denominados *warrant* e **conhecimento de depósito**. São dois títulos xifópagos, como a fatura e a duplicata, emitidos num só ato e posteriormente poderão ser separados, cada um tendo sua finalidade.

Não é obrigatória a emissão de ambos, mas só se for pedida pelo depositante, que pretende utilizá-los na obtenção de crédito. *Warrant* é uma palavra do idioma inglês que significa penhor, garantia, confiança. Como é um título garantido pela mercadoria depositada, que constitui um penhor para ele, justifica-se a adoção desse nome. Não é mais permitida a utilização de palavras estrangeiras na nossa legislação, mas como o Decreto 1.102 é de 1903, conservou-se esse nome em nossa lei e faz parte do vernáculo. Cada um desses títulos deve ser à ordem e conter, além da sua designação particular:

1. A denominação de sua emitente, a empresa de armazéns gerais e sua sede;
2. O nome, qualificação e domicílio do depositante ou de terceiro por este indicado;
3. O lugar e o prazo do depósito, facultado aos interessados acordarem entre si, na transferência posterior das mesmas mercadorias de um para outro armazém da emitente, ainda que se encontrem em localidade diversa da em que foi feito o depósito inicial. Em tais casos, far-se-ão, no **conhecimento de depósito** e *warrant* respectivamente, as seguintes anotações:
   a) local para onde se transferirá a mercadoria em depósito;
   b) as despesas decorrentes da transferência, inclusive as de seguro contra todos os riscos;
4. A natureza, quantidade e qualidade das mercadorias em depósito, designadas pelos nomes mais usados nas atividades e todas as marcas e indicações próprias para estabelecerem a sua identidade, ressalvadas as peculiaridades das mercadorias depositadas a granel;
5. Qual a companhia de seguros e o valor do seguro (no caso da antecipação bancária, o banco não precisará providenciar o seguro, pois ele já existe);
6. A data da emissão e assinatura da emitente, a empresa de armazéns gerais.

As mercadorias que lastrearem os títulos não poderão sofrer penhora ou quaisquer outros gravames. Poderá, porém, haver a penhora dos títulos. Esses títulos são bens penhoráveis. A incolumidade da mercadoria ante a penhora é um dos fatores da preferência dos bancos, no caso de antecipação bancária.

O **conhecimento de depósito** e o *warrant* podem ser transferidos por endosso, unidos ou separadamente. O endosso pode ser em branco ou em preto, nos moldes da nota promissória e da letra de câmbio. Se os dois títulos se separarem, a função deles provocará efeitos bem diversos. Se o beneficiário dos títulos endossar os dois, transferirá para o endossatário o crédito e a propriedade das mercadorias. O endossatário poderá então endossá-los novamente ou transferir apenas um deles.

Se transferir apenas o *warrant*, transfere o crédito, mas a mercadoria permanece como penhor do *warrant*. O endossatário poderá então cobrar o valor do *warrant* no vencimento ou poderá transferi-lo por endosso. O endossante, por sua vez, transferiu só o *warrant*, ficando com o conhecimento de depósito, que lhe dá direitos de propriedade sobre as mercadorias depositadas, mas não poderá retirá-las, porquanto elas estão apenhadas ao *warrant*.

Poderá endossar o conhecimento de depósito a outra pessoa, mas o novo endossatário não poderá também entrar na posse da mercadoria, pois continua ela vinculada ao *warrant*, embora seja ele o proprietário dela. Se a mercadoria se destruir, a empresa de armazéns gerais receberá o seguro que garante o pagamento do *warrant*. Nesse caso, a empresa não poderá usar o dinheiro, pois ele ficará vinculado ao banco, se estiver garantindo uma antecipação bancária. O melhor a fazer será pagar o débito para com o banco que concedeu a antecipação bancária, ficando a questão resolvida.

O beneficiário dos títulos poderá, por outro lado, endossar apenas o **conhecimento de depósito**, ficando só com o *warrant*. Nesse caso, o endossante poderá obter crédito com o *warrant*, pois ele é o titular do crédito incorporado no título. Terá entretanto transferido os direitos sobre a propriedade das mercadorias. O endossatário do **conhecimento de depósito** tornou-se assim o proprietário da mercadoria, mas não poderá entrar na posse dela; continuará ela em depósito na empresa de armazéns gerais e só será retirada com a apresentação de dois títulos: o *warrant* e o **conhecimento de depósito**. O portador do conhecimento de depósito só poderá retirar a mercadoria se consignar na empresa de armazéns gerais o valor do respectivo *warrant*.

Por tudo o que foi exposto, vimos assim que a emissão do *warrant* e do conhecimento de depósito não é obrigatória, mas facultativa. O portador do conhecimento de depósito é o proprietário da mercadoria depositada; tem o direito de domínio, mas não tem o da posse, por estar ela onerada com o penhor que garantirá o *warrant*. Pode ele transferir para outra pessoa, por endosso, mas o gravame do penhor acompanha o título. Esse título dá sempre um direito com limitações, que será pleno se o portador obtiver também o *warrant*.

Pelo que vimos, no caso de o banco conceder antecipação bancária ao portador desses documentos, deverá pedir em garantia eles dois, embora não pretenda se tornar dono da mercadoria. Se o débito do cliente-antecipado não for pago, tendo o banco os dois títulos, ele manda a empresa de armazéns gerais vender a mercadoria em leilão e o resultado da arrematação será aplicado no pagamento do débito. Se o banco tiver apenas o *warrant* deverá protestá-lo e, com o instrumento de protesto, pedirá o leilão da mercadoria depositada.

10.4. O seguro da mercadoria

A mercadoria entregue em penhor está sujeita a riscos, razão por que o banco deve adotar medidas de segurança sobre elas; a mais importante dessas medidas é o seguro delas por companhia seguradora idônea. No Brasil, os principais bancos têm também no seu grupo de empresas uma companhia seguradora e é nela que faz os seguros exigidos em certos contratos. No Brasil, não há obrigatoriedade desse seguro, por não haver lei que o exija, mas a prudência o torna exigente. Na legislação europeia esse seguro constitui exigência legal, como se pode ver no art. 1.847 do Código Civil italiano:

> La banca deve provedere per conto del contraente all'assicurazione delle merci date in pegno, se, per la

natura, il valore o l'ubicazione di esse, l'assigurazione risponde alle cautele d'uso.

O banco deve promover por conta do contraente o seguro das mercadorias dadas em penhor, se, pela natureza, o valor e a localização delas, o seguro responde pelos riscos do uso.

Exemplo sugestivo e que nos esclarece muito sobre a antecipação bancária é sua aplicação no setor agropecuário. O banco antecipa a um invernista parte do valor de uma boiada, que deve ficar num pasto determinado. Há nisso contrato de depósito, o que ocorre muitas vezes com mercadorias dadas em garantia. Esses bois poderão sofrer baixas, diminuindo assim o valor da garantia. O seguro cobrirá o desgaste de um patrimônio reservado para garantia. A apólice de seguro deve trazer o nome do banco-antecipante como beneficiário.

10.5. Variação do valor da mercadoria

Independentemente do seguro, a mercadoria dada em garantia pode sofrer desgaste e desvalorizar-se, provocando parte do débito em descoberto. Nesse caso, o banco pode exigir do cliente-antecipado um suplemento para reconstituir a garantia anterior. Assim estabelece o art. 1.850 do Código Civil italiano:

Se il valore della garanzia diminuisce almeno di un decimo rispetto a quello che era al tempo del contratto, la banca può chiedere al debitore un supplemento di garanzia nei termine d'uso, con la difida che, in mancanza, si procedere alla vendita dei titoli o delle merci dati un pegno.

Se il debitore non ottempera alla richiesta, la banca può procedere alla vendita. La banca ha diritto al rimborso imediato del residuo non soddisfatto col ricavato della vendita.

Se o valor da garantia diminuir pelo menos um décimo em relação ao valor revelado na data do contrato, o banco pode pedir ao devedor um suplemento da garantia no final do uso, com a condição de que, na falta, o banco pode proceder à venda dos títulos ou das mercadorias dadas em penhor.

Se o devedor não atender a esse pedido, o banco pode proceder à venda dos bens. O banco tem direito ao reembolso imediato do resíduo não satisfeito com o lucro obtido na venda.

10.6. Modalidades de antecipação

Consideram-se duas modalidades de antecipação, conhecidas como própria e imprópria, com diferenças abaixo apontadas:

10.6.1. *Própria*

Sob penhor regular, quando as coisas recebidas em penhor são individualizadas, como um certo número de ações de uma S.A. Neste caso, o banco não pode dispor das coisas, e, no vencimento, deve restituir as mesmas coisas recebidas. A obrigação de devolver implica que o banco proveja à guarda da coisa e, eventualmente, ao seguro delas. No término do contrato, o banco tem o direito, além do ressarcimento da antecipação (juros, correção monetária, etc.), porquanto é responsável por elas e estas são sua garantia, razão por que é do interesse do banco mantê-las incólumes, também ao reembolso das despesas da custódia. Na antecipação própria as coisas dadas em penhor, portanto, permanecem de propriedade do antecipado, por isso o banco assume a custódia delas e deve devolvê-las *in idem corpus*.

10.6.2. *Imprópria*

Sob penhor irregular, quando a garantia é constituída de depósito de dinheiro, ou de títulos ou mercadorias não individualizadas. Nesse caso, o banco pode livremente dispor dos bens dados em penhor. A antecipação bancária dá origem a uma relação normalmente a prazo, isto é, a um tempo determinado e destinado a extinguir-se no vencimento do prazo inicial.

Esse tipo de antecipação é relegado a segundo plano, sendo pouco utilizado na praxe bancária.

10.7. Extinção do contrato

São previstos cinco motivos para a extinção do contrato de antecipação bancária.
1. Se o contrato for com prazo, o vencimento deste provoca sua extinção. Este critério é o adotado em todos os contratos a prazo. Não há necessidade de prévio aviso, pois as partes já sabem qual é o dia do final do contrato.
2. Outro motivo é a falência do antecipado, pois com a decretação de sua falência ele não pode mais praticar atos jurídicos e por isso não pode movimentar contas bancárias. Os contratos bilaterais não se resolvem pela falência e podem ser cumpridos pelo administrador judicial, se o cumprimento reduzir ou evitar o aumento do passivo da massa falida, ou se for necessário à manutenção e preservação de seus ativos, mediante a autorização do Comitê de Credores. Assim diz o artigo 117 da Lei de Recuperação de Empresas. Cabe pois à empresa falida, agora representada pelo seu administrador judicial, decidir como será possível manter o contrato de antecipação bancária, até que este se resolva. O mesmo critério é adotado se o banco tiver decretada sua liquidação extrajudicial, sendo agora administrado pelo Banco Central.
3. O desaparecimento ou destruição dos bens dados em garantia é fator determinante da extinção do contrato, a menos que outros bens sejam oferecidos pelo antecipado ou por terceiro em favor dele. Conforme temos falado, os bens dados em garantia, seja títulos de crédito, seja mercadorias são fatores essenciais do contrato. É condição *sine qua non*: desaparece a garantia, desaparece o contrato.
4. Outro motivo para pedido de rescisão é reservado ao banco-antecipante. Se houver deterioração dos bens em

garantia, o antecipado deve suprir o valor deles, sob pena de dar ao banco causa para a rescisão.
5. O descumprimento das cláusulas contratuais, das obrigações decorrentes do contrato, pode dar azo a pedido de rescisão por parte de qualquer das partes. Se o cliente não pagar as despesas necessárias, como comissões, juros, correção monetária, está dando causa à rescisão. Igualmente se o banco deixar de adiantar dinheiro ao antecipado sem motivo, ou administrar mal as garantias. A extinção do contrato impõe ao banco a obrigação de restituir ao antecipado os bens dados em garantia e ao antecipado a de restituir o dinheiro recebido, com o pagamento das despesas previstas no contrato.

11. FINANCIAMENTO BANCÁRIO POR CÉDULAS E NOTAS DE CRÉDITO

11.1. O contrato de mútuo destinado
11.2. Cédula e nota de crédito industrial
    11.2.1. Garantias cedulares
    11.2.2. Requisitos
    11.2.3. Seguro dos bens em garantia
    11.2.4. Averbação da cédula no registro público
11.3. Cédula e nota de crédito à exportação
11.4. Cédula e nota de crédito comercial
    11.4.1. Análise crítica

11.1. O contrato de mútuo destinado

O contrato de mútuo é versátil e se aplica em muitas situações, apresentando diversas versões, de acordo com a finalidade a que se destina. Entre essas versões há uma linha de financiamento com vários objetivos, surgida nos últimos anos.

Há diferença entre o mútuo puro e o financiamento. O mútuo normal é o empréstimo de dinheiro, em que o mutuário se torna dono do dinheiro, fazendo com ele o que lhe aprouver, comprometendo-se a devolvê-lo na mesma espécie, qualidade e quantidade. No financiamento, porém, o mutuário não tem essa liberdade; trata-se de um mútuo com aplicação em determinado projeto, compromisso assumido por ambas as partes, de tal forma que o mutuante fiscaliza a aplicação do dinheiro no projeto previamente aprovado. O BNDES, por exemplo, empresta dinheiro nesse sentido: financia a instalação de uma indústria de cimento; cabe-lhe fiscalizar a canalização do empréstimo para esse fim.

Dentro desse espírito, o Poder Público criou linhas de crédito para o financiamento de certos empreendimentos considerados de alto alcance social, ou até mesmo estratégicos. Temos como exemplo a exportação de produtos, as atividades agropecuárias, da construção de moradias. Para esse financiamento criou tipos especiais de títulos de crédito, novas versões dos já existentes, denominados cédulas e notas de crédito, as primeiras utilizadas quando o mutuante conta com garantias e as notas sem garantia.

Os primeiros financiamentos dessa linha, lastreados em títulos próprios, e que veremos logo em seguida, foram:

- Financiamento bancário por cédulas e notas de crédito industrial;
- Financiamento bancário por cédulas e notas de crédito à exportação;
- Financiamento bancário por cédulas e notas de crédito comercial.

11.2. Cédula e nota de crédito industrial

Os títulos de crédito especiais, criados em 1969 para o financiamento de atividades industriais, adotaram alguns caracteres comuns de outros títulos de crédito, principalmente na nota promissória. Afastam-se, porém, das características gerais dos títulos de crédito. Dois foram os títulos criados com o objetivo de facilitar o financiamento das atividades industriais: cédula de crédito industrial e nota de crédito industrial.

A emissão da cédula de crédito industrial contém uma promessa de pagamento de dinheiro a uma instituição financeira, num determinado prazo e num determinado lugar. É, portanto, um tipo de nota promissória. Deve ser emitida apenas por uma empresa industrial (individual ou coletiva) e a favor de uma instituição financeira. Pode ser transferida por endosso e garantida por aval.

A emissão da cédula de crédito industrial deve ser antecedida de outras operações, às quais ficará ligada, pois é o coroamento de um conjunto de ações referentes a um financiamento de atividades industriais. O emitente da cédula de crédito industrial, a princípio, obtém de um banco um empréstimo de dinheiro, a ser aplicado numa operação industrial prevista num orçamento elaborado pelo financiado e aprovado pelo financiador (o banco).

O empréstimo deverá ser aplicado estritamente naquela operação e de acordo com o orçamento pactuado entre as duas partes. O financiador terá o direito de fiscalizar a aplicação do dinheiro. Esses elementos deverão ser citados na própria cédula.

11.2.1. *Garantias cedulares*

Embora seja um título de crédito, ou seja, com a garantia cambiária, inclusive com um possível aval, a cédula de crédito industrial deve garantir o crédito por ela representado. Essa garantia poderá ser de três tipos: penhor cedular, alienação fiduciária e hipoteca cedular. São garantias extracambiárias, embora chamadas legalmente de cedulares. É um afastamento da teoria geral dos títulos de crédito, pois constam da cédula declarações não cambiárias, mas com garantia real.

Aliás, o próprio Decreto-lei 413/69 define a cédula de crédito industrial como uma promessa de pagamento em dinheiro, com **garantia real, cedularmente constituíd**a, consistindo num título líquido e certo, exigível pela soma dela constante ou do endosso (arts. 9 e 10). É um título formal, a exemplo dos demais títulos de crédito. Os requisitos exigidos pelo art. 14 são a denominação "cédula de crédito industrial", a data e local do pagamento e da emissão, o valor, o nome do credor e cláusula "à ordem".

11.2.2. *Requisitos*

Há outros requisitos, entretanto, que não são cabíveis na cambial, como a forma de utilização do crédito. Não se trata, pois, de obrigação incondicionada, ou, como consta de nossas normas, "pura e simples". Outros requisitos estranhos a uma cambial são exigidos no art. 14: deve constar da cédula a descrição dos bens ofertados em garantia, taxa de juros a pagar, comissão de fiscalização e contrato de seguros dos bens dados em garantia.

São exigências legais que distorcem a literalidade, a abstração e outras características essenciais dos títulos de crédito. Ainda mais, certos documentos, como escritura dos imóveis hipotecados cedularmente, farão parte da cédula de crédito, formando um **dossiê**. Afasta-se assim a cédula de crédito industrial de uma característica que Ascarelli chamou de **unicidade**, pela qual o título de crédito é único, não só por ser um documento completo e isolado, mas com direitos incorporados unicamente no título.

Vários tipos de bens podem ser oferecidos ao **penhor cedular**; veículos, equipamentos industriais, matéria-prima, produtos acabados e outras coisas móveis. Pode haver ainda penhor cedular de títulos de crédito: letra de câmbio, nota promissória, duplicatas, conhecimento de depósito/*warrant*, conhecimento de transporte. Para "hipoteca cedular" poderão ser indicados imóveis e construções. Navios e aviões, ao que parece, poderão constituir penhor ou hipoteca cedulares.

11.2.3. *Seguro dos bens em garantia*

Esses bens deverão, obrigatoriamente, estar segurados contra todos os riscos, sendo a apólice de seguro anexada à cédula, integrando o dossiê dela. Normalmente, o financiador exige que o seguro seja feito pela empresa seguradora do grupo a que pertence o banco financiador.

11.2.4. *Averbação da cédula no registro público*

A cédula de crédito industrial deverá ser inscrita no Cartório de Registro da Circunscrição Imobiliária em que estiverem situados os bens. Para tanto, o Decreto-lei 403/69 determinou a adoção de um livro especial, denominado "Registro de Cédula Industrial". Os veículos deverão porém ser inscritos no DETRAN.

Nota de crédito industrial

É uma promessa de pagamento em dinheiro, mas sem garantia real. É a única diferença com a cédula, seguindo no mais a mesma regulamentação. Aproxima-se muito em semelhança com a nota promissória; porém, está ligada ao contrato de financiamento.

É também um título formal, especificando no art. 16 oito requisitos exigidos pela nota: denominação, data do pagamento, nome do credor e cláusula à ordem, valor, taxa de juros e comissão de fiscalização, local do pagamento, data e lugar da emissão, assinatura do próprio punho do emitente ou de representante com poderes especiais.

Devem ainda constar da nota as condições do empréstimo, tais como juros, comissões, inspeção do financiador, orçamento para aplicação do empréstimo. Apesar da ausência de garantias cedulares, pode ser garantida por aval.

O Decreto-lei 403/69 dispõe ainda sobre determinados privilégios processuais para a execução dos títulos de financiamento industrial, em caso de inadimplemento pelo emitente e seus garantes. O juiz deverá dar a sentença no prazo máximo de 30 dias. Se não for paga a dívida em 24 horas após a citação, proceder-se-á à penhora dos bens constituídos em garantia. A citação será sumária: bastará a entrega, ao emitente, de cópia do requerimento, dispensando mandado e preparo.

Se a execução for baseada em nota de crédito industrial, portanto, sem garantia real, far-se-á a penhora sobre bens gerais do emitente da nota, segundo as normas do Código de Processo Civil. Caso haja outras penhoras sobre os mesmos bens, o crédito industrial tem privilégio sobre as demais.

Modelo de cédula

Para melhor elucidação deste título, uma vez que não é ele muito comum, juntamos a este compêndio um módulo de cédula de crédito industrial, elaborado de acordo com a lei e baseado em módulos utilizados por algumas instituições financeiras.

CÉDULA DE CRÉDITO INDUSTRIAL

Aos 26 dias do mês de outubro de 2010, por esta CÉDULA DE CRÉDITO INDUSTRIAL, a Indústria de Balas Doçura S.A. pagará ao Banco de Crédito Industrial S.A., ou à sua ordem, a quantia de R$ 500.000,00 (quinhentos mil reais), em moeda do país, valor do crédito deferido para utilização de uma só vez, neste ato, para aplicação no capital de giro da emitente. A emitente será doravante denominada financiada e o banco beneficiário financiador.

   I. Os bens vinculados em penhor cedular e sem a concorrência de terceiros são os seguintes:
- Dois caminhões Mercedes Benz, ano de 1994, com placas respectivamente IG.4222 e HF.3243;
- Um forno elétrico marca REHEM, MOD. 4786.

   II. Os bens objeto da garantia acima descrita ficarão depositados em poder da financiada, no seu domicílio, na Rua Apa,

86 - São Paulo, sob a responsabilidade de seus Diretores, José de Souza, brasileiro, casado, industrial, residente em São Paulo, Rua Roma, 45, portador da cédula de identidade RG 1.845.744 e CPF 068.984.645-92, e João de Abreu, brasileiro, divorciado, industrial, residente na Rua Flórida, 549, portador da cédula de identidade RG 945.897.798-72 e CPF 540.987.890-98, que, por suas assinaturas na presente, assumem o encargo de fiéis depositários, nos termos da lei.

III. Encargos financeiros - Os juros devidos à taxa de 6% ao ano, calculados sobre o saldo devedor corrigido, exigíveis no vencimento e/ou liquidação da dívida.

IV. Do IOF - o IOF devido pela Emitente desta cédula será pago na forma da lei.

V. Da mora - Em caso de mora, a taxa de juros constante desta cédula será elevada de 1%.

VI. Local de pagamento - O pagamento será efetuado na praça de São Paulo.

VII. Fiscalização - A fiscalização será exercida pelo FINANCIADOR e/ou pelo Banco Central do Brasil, e pagaremos de pronto quaisquer despesas dela decorrentes.

VIII. Seguro - Os bens, ora dados em penhor e hipoteca cedulares, estão segurados contra todos os riscos, sendo neste ato fornecida ao FINANCIADOR cópia da Apólice de Seguros n. 4.720, emitida pela Cia. Santista de Seguros, constituindo o FINANCIADOR beneficiário da indenização na hipótese de sinistro.

IX. Substituição das garantias - Os produtos inicialmente apenhados ou hipotecados poderão ser substituídos por outros, na hipótese de depreciação de seu valor ou de destruição.

X. Reforço das garantias - Será exigido reforço das garantias constituídas sempre que o saldo devedor da operação, como consequência da capitalização dos encargos financeiros, ultrapassar a margem de cobertura propiciada pelo lastro existente, e obrigando-se o financiado a reforçar as garantias.

XI. Do vencimento antecipado - A presente Cédula de Crédito Industrial vencer-se-á antecipadamente, de pleno direito, independentemente de notificação judicial ou extrajudicial, com a imediata exigibilidade do saldo devedor e das demais obrigações avençadas:

a) se a emitente e/ou avalistas deixarem de pagar em seus estritos vencimentos quaisquer das importâncias devidas por esta Cédula;

b) se a emitente e/ou avalistas deixarem de cumprir, no todo ou em parte, quaisquer das obrigações assumidas;

c) se a emitente tiver título protestado, impetrar concordata, requerer ou tiver requerida sua falência, sofrer penhora, arresto ou sequestro de bens ou, ainda, entrar em liquidação judicial ou extrajudicial;

d) se a emitente não substituir o avalista que tiver título protestado, falecer, impetrar concordata, requerer ou tiver requerida sua falência, ou declarado falido ou interditado, no prazo máximo e improrrogável de cinco dias, por pessoa física ou jurídica de comprovada idoneidade financeira, a critério do Financiador;

e) se contra a emitente e/ou avalista forem intentadas medidas que possam, de qualquer forma, prejudicar a garantia oferecida;

f) se sem a expressa concordância do Financiador houver, no curso da presente Cédula, a transferência do controle acionário da emitente;

g) se a emitente transferir, sob qualquer forma, a terceiros, direitos e obrigações que, respectivamente, adquiriu e assumiu por força desta Cédula.

XII. Inadimplência – Importa em vencimento antecipado da dívida, corrigida, resultante desta Cédula, independentemente de aviso ou interpelação judicial, a inadimplência de qualquer obrigação da emitente, e em caso de pleito judicial será acrescida de multa de 10% sobre o principal e acessórios em débito.

São Paulo, 18 de janeiro de 2010
Indústria de Balas Doçura S.A.
Rua Silveira, 435 – CEP 05020-000 – São Paulo

Avalista:
Mario Assunção – brasileiro, separado, industrial, residente na Rua Lins, 200 – São Paulo – CEP 05456-000 – RG 4.856 e CPF 058.897.897-98
Fiel depositário:
Armando Gallo – brasileiro, viúvo, industrial, residente na Rua Benz, 409, CEP 04567-000 – São Paulo – RG 89.789 e CPF 568.9876-93

11.3. Cédula e nota de crédito à exportação

A adoção dos títulos de crédito industrial estimulou a adoção de outros títulos semelhantes. Baseada neles, a Lei 6.313, de 16.12.75, criou os títulos de crédito à exportação, divididos em dois tipos: cédula de crédito à exportação e nota de crédito à exportação. O critério distintivo aos dois tipos é o mesmo adotado para os títulos de crédito industrial.

A cédula de crédito à exportação é um título emitido por empresa que obtiver financiamento bancário, para exportação de bens, com garantias reais. A nota de crédito à exportação é título do mesmo tipo, mas sem garantias reais. A ambos se aplicam as disposições legais referentes aos títulos de crédito industrial, ou seja, o Decreto-lei 413/69.

Por esta razão, a Lei 6.313/75 que regulamentou os títulos de crédito à exportação é bem sumária, tendo apenas seis artigos, pois faz remissão ao Dec.-lei 413/69 e os modelos são adotados pelo mesmo decreto-lei.

Achamos assim de boa aceitação transcrever o que adotou o art. 1º da Lei 6.313/75:

"O financiamento à exportação ou à produção de bens para exportação, bem como as atividades de apoio e complementação integrantes e fundamentais da exportação, realizadas por instituições financeiras, poderão ser representadas por Cédula de Crédito à Exportação com características idênticas, respectivamente, à Cédula de Crédito Industrial e à Nota de Crédito Industrial, instituídas pelo Decreto-lei 413, de 9 de janeiro de 1969.

Modelo de cédula

Para melhor ilustração, apresentamos um modelo de cédula de crédito à exportação, seguindo as normas do Dec.-Lei 413/69 e Portarias e Resoluções do Banco Central e do Banco do Brasil.

CÉDULA DE CRÉDITO À EXPORTAÇÃO

Aos 26 dias de outubro de 2010, por esta Cédula de Crédito à Exportação, a Indústria de Balas Doçura Ltda. pagará ao Banco Brasileiro de Crédito S.A., ou à sua ordem, a quantia de R$ 500.000,00 (quinhentos mil reais), em moeda corrente do país, valor de crédito deferido para utilização de uma só vez, neste ato, para aplicação na exportação de mercadorias, de conformidade com as diretrizes do "Programa de Incentivos à Exportação" e de acordo com as "Condições de Utilização", anexas a esta cédula.

1. Custos financeiros – Sobre o crédito deferido incidirão custos financeiros exigíveis quando da amortização, vencimento e/ou liquidação do título.
   a) Juros – 6% (seis por cento) a.a.
   b) correção monetária – correspondente a 100% da variação do valor nominal do BTN fixado para o período compreendido entre o mês da liberação dos recursos correspondentes ao crédito e o da amortização, vencimento e/ou liquidação.
2. Taxa de equalização – A taxa de equalização de percentagem, nos termos da Resolução 950, de 21.08.84, do Banco Central do Brasil, e comunicado 102 do Banco do Brasil S.A., será creditada na conta da Financiada, concomitantemente com o pagamento pelo Banco do Brasil S.A.
3. Garantia – Os bens vinculados a esta Cédula, em penhor Cedular, são os Conhecimentos de Depósito e correspondentes *WARRANTs*, relacionados no borderô anexo, que ficarão em custódia junto ao Financiador, Banco Brasileiro de Crédito S.A., em sua Matriz, na Rua Boa Vista, 84 – São Paulo.
4. Praça de pagamento – Todos os pagamentos efetuados na praça de São Paulo, ao Financiador ou à sua ordem.
5. Exportação – Obrigamo-nos expressamente a comprovar junto ao Departamento de Comércio Exterior do Banco do

Brasil e ao Financiador a efetivação das exportações, com trinta dias de antecedência do prazo máximo estabelecido no "Certificado de Habilitação" (Cartão), apresentando todos os comprovantes exigidos pelo Financiador para isso.

§ 1º. O não-cumprimento dos compromissos de exportação e/ou quaisquer outros que ensejem a penalização do Financiador por órgãos oficiais sujeitar-nos-á à obrigação de ressarci-lo dessas penalidades. Para tanto, autorizamos o Financiador a debitar em nossa conta as penas pecuniárias aplicadas, e, na insuficiência de saldo, colocamo-nos em mora de 1% ao mês, além dos encargos financeiros previstos.

§ 2º. Na ocorrência do previsto no parágrafo anterior, obrigamo-nos mais pelo pagamento do IOC calculado na forma da lei, uma vez que a isenção seria aplicável se cumpridas todas as normas que regem esta modalidade de crédito.

§ 3º. A liquidação antecipada de operações com prazo inferior a 180 dias não é permitida de acordo com o disposto na regulamentação do DECEX – Departamento de Comércio Exterior do Banco do Brasil. Em operações de prazo superior a 180 dias, para liquidação antecipada, há necessidade de análise prévia por parte do Banco.

6. Outras obrigações – Obrigamo-nos, expressamente, a cumprir com todas as obrigações estipuladas no "Orçamento" anexo, que, devidamente assinado, fica fazendo parte integrante deste título. Comprometemo-nos igualmente a observar toda a legislação que disser respeito ao "Programa de Incentivos à Exportação", incluindo-se o que for emanado do DECEX e do Banco Central do Brasil, bem como a Lei 6.313/75, Decreto-lei 413/69, Resolução 950 do Banco Central do Brasil e Comunicado 102 do DECEX.

7. Avalistas – Comparece neste ato o avalista abaixo qualificado, que assina a presente cédula como avalista e anuindo expressamente com todos os seus termos e responsabilizando-se solidária e incondicionalmente conosco pelo cumprimento de todas as obrigações, pecuniárias ou não.

8. Disposições gerais:
8.1. Despesas – Autorizamos, desde já, expressamente, o débito de todas as importâncias devidas por este título, sejam elas decorrentes de amortizações, pagamento de juros, encargos por inadimplência, inclusive de multas ou outras cobranças impostas pelo BACEN, inclusive no que tange ao IOC, na forma da legislação em vigor, mesmo após a liquidação do título. Incluem-se nesta autorização as despesas decorrentes, judiciais e extrajudiciais, tais como registro, averbação e demais taxas de serviços, ou quaisquer outras devidas ou que se tornem devidas em qualquer das contas-correntes que mantivermos junto ao FINANCIADOR. Fica também expressamente avençado que autorizamos o Banco financiador a efetuar tais créditos caso o crédito tenha sido deferido por outra instituição financeira do grupo financeiro do FINANCIADOR.
8.2. Compensação convencional – Na hipótese de inadimplemento do contrato, a emitente e seus coobrigados autorizam o Banco financiador, desde já, em caráter irrevogável e irretratável, a realizar compensação, nos moldes do disposto no art. 1.009 do Código Civil Brasileiro, entre seu crédito, representado pelo saldo devedor da emitente e eventuais créditos que a emitente e/ou coobrigados tenham ou venham a ter para com o financiador, representado por importância em dinheiro ou títulos e/ou valores mobiliários de qualquer natureza ou espécie. Esta compensação poderá ser realizada independentemente de notificação judicial ou extrajudicial, na hipótese de vencimento antecipado da cédula, por qualquer outro motivo, ou da não-liquidação tempestiva de qualquer importância devida pela emitente e seus coobrigados.
8.3. Vencimento antecipado – Além das hipóteses previstas em lei, o presente título vencer-se-á antecipadamente, mais nas seguintes:
a) se a emitente tiver título protestado, impetrar concordata, requerer ou tiver requerida sua falência, sofrer arresto, sequestro ou penhora de bens, ou ainda se entrar em liquidação judicial ou extrajudicial;

b) se a emitente não substituir o coobrigado avalista que tiver título protestado, falecer, impetrar concordata, requerer ou tiver requerida a sua falência, for declarado falido ou interdito, ou, ainda, se sofrer mudança de estado, no prazo máximo e improrrogável de cinco dias, por pessoa física ou jurídica de comprovada idoneidade financeira, a critério do Financiador;

c) se, sem a expressa concordância do Financiador, houver, no curso da vigência da cédula, a transferência de controle societário da emitente, sem a prévia autorização do Financiador, por escrito e nos termos da lei.

8.4. Mora e pena convencional – Pela mora no cumprimento de qualquer de suas obrigações, pecuniárias ou não, a emitente pagará, além dos custos financeiros estabelecidos na cláusula 1 desta Cédula, e também os custos adicionais que foram estipulados pelo Banco Central do Brasil, nos estritos termos do item 5 (Exportações), mais comissão de permanência calculada nas taxas do mercado vigentes na época do inadimplemento, bem como o custo da equalização e custos adicionais, nos termos do item IV da Resolução 950 do BACEN.

São Paulo, 2 de janeiro de 2010
Indústria de Balas Doçura Ltda.
Endereço: Rua Edmundo, 435 – CEP 05020-000 – São Paulo-SP
CGC 032.785.786.93 – I.E. 546847

Avalista:
Jarbas Mello – brasileiro, casado, empresário, residente em São Paulo, na Rua Áurea, 56 – RG 458.876 – CIC 068.256.65.81

11.4. Cédula e nota de crédito comercial

Também calculado nas disposições do Decreto-lei 413/69, a Lei 6.840, de 3.11.80, criou os títulos de crédito comercial, divididos em dois tipos: Cédula de Crédito Comercial e Nota de Crédito

Comercial. Esses dois títulos destinam-se a financiar operações tipicamente comerciais ou de prestação de serviços.

A regulamentação e a doutrina geral sobre esses dois títulos seguem o que já foi dito sobre os títulos de financiamento industrial, de financiamento à exportação e os de financiamento rural. Há muita semelhança entre todos eles, sob o ponto de vista formal e legislativo, diferenciando-se no que tange aos objetivos. O objetivo de cada um é facilitar o financiamento de um determinado tipo de atividade.

A lei criadora desses títulos é, por isso, muito lacônica, em apenas seis artigos. Aliás, segundo o art. 5º, da Lei 6.840/80, aplicam-se à Cédula de Crédito Comercial e à Nota de Crédito Comercial as normas do Decreto-lei 413/69, inclusive quanto aos modelos anexos àquele diploma, respeitadas, em cada caso, a respectiva denominação e as disposições da Lei 6.840/80. Como é sabido, o Decreto-lei 413/69 regulamenta os títulos de crédito industrial.

A Cédula de Crédito Industrial é resultante de um contrato de empréstimo concedido por instituições financeiras a um cliente que se dedique à atividade comercial ou de prestação de serviços. Essa operação econômica, tipicamente uma operação bancária, lastreada por essa Cédula, que substitui a Nota Promissória, não introduz no direito significativa inovação. Se já existia a Nota Promissória, título bem amoldável para lastrear uma operação de empréstimo de dinheiro (mútuo), não vemos muitas vantagens na adoção dos títulos para financiamento comercial.

Esse empréstimo é específico para aplicação em transações previamente estabelecidas e ajustadas graças a um "Orçamento" elaborado e assinado pelo Financiado (o cliente), devidamente aprovado e autenticado pelo Financiador (o banco). Na Cédula deverá conter menção do Orçamento que a ela deverá ficar vinculada.

Da forma como ocorre com os demais títulos de crédito especial, a diferença entre Cédula de Crédito Comercial e a Nota de Crédito Comercial é que a primeira tem garantia real e a segunda é desprovida dessa garantia, resumindo-se na garantia decorrente da própria Nota. As garantias são as costumeiras desses títulos especiais: penhor cedular, alienação fiduciária e hipoteca cedular.

É porém muito comum, em títulos dessa espécie, o penhor de títulos de crédito, principalmente de duplicadas, chamados por muitos de "penhor mercantil" ou de "caução".

11.4.1. *Análise crítica*

Ao analisar os títulos de financiamento comercial e sua colocação perante os demais títulos de crédito, deparamo-nos com várias dificuldades em classificá-los nas diversas categorias costumeiramente adotadas. É um título nominativo, à ordem, pois circula através do endosso. Pode ser garantido por aval, declaração tipicamente cambiária. Contém a promessa de pagamento, o que o assemelha à Nota Promissória.

Amolda-se à consideração de Vivante, de que é um documento necessário ao exercício do direito nele mencionado. A perda ou destruição do título não provoca o perecimento no direito nele incorporado; é possível ao credor acionar o devedor, em caso de inadimplemento, baseado no contrato de financiamento. Não se trata pois de ação cambiária, pois os direitos creditórios não estão sendo reclamados com fulcro no título.

É discutível se o direito mencionado na Cédula seja literal e autônomo. Sob alguns aspectos, podemos dizer que esse título se integra na definição de Vivante. É literal, pois o direito reclamado parte do teor do título e é autônomo, pois o título subsiste por si mesmo, ainda que se extraviem os demais documentos.

12. CÉDULA DE CRÉDITO BANCÁRIO

12.1. Conceito
12.2. Figuras intervenientes
    12.2.1. Beneficiário
    12.2.2. Emitente
12.3. Natureza jurídica
12.4. Valor da CCB
12.5. Requisitos da CCB
    12.5.1. Requisitos obrigatórios
    12.5.2. Requisitos pactuados
12.6. A circulação da CCB
12.7. Das garantias
    12.7.1. Tipos de garantia
    12.7.2. Constituição da garantia
    12.7.3. Cláusula *constituti*
    12.7.4. Seguro dos bens
    12.7.5. Substituição das garantias
12.8. Certificado da CCB
    12.8.1. Conceito
    12.8.2. Requisitos do certificado
    12.8.3. Condições gerais do certificado
12.9. Protesto e execução
12.10. Alienação fiduciária em garantia
12.11. Redesconto da CCB

12.1. Conceito

Já constam na legislação brasileira as cédulas e notas de crédito, títulos que se iniciaram com a Cédula de Crédito Industrial e depois se ampliaram para a Cédula de Crédito à Exportação e a Cédula de Crédito Comercial. Surgiu recentemente a Cédula de Crédito Bancário, cujas características se afastam um pouco das cédulas de crédito e, por isso, dedicaremos a ela um estudo especial.

Por ser título agora criado, não há jurisprudência formada nem estudos doutrinários sobre ele. Procuraremos então estudar a CCB numa iniciativa pioneira, procurando interpretar a lei que a criou, a Medida Provisória 2.160-23, de 26.6.2001, à luz da LUG, Lei Uniforme de Genebra, do Decreto-lei 413/69, criador da CCI, Cédula de Crédito Industrial, das normas do Direito Bancário, todos ligados pela analogia a este novo título de crédito. A regulamentação final desse tipo de financiamento por cédula de crédito veio com a Lei 10.931/2004, que trata de financiamento imobiliário, mas dá retoques na cédula de crédito bancário, a fim de estabelecer melhores bases para as cédulas imobiliárias, complementando assim a MP. 2.160/01. O artigo 26 dessa lei nos dá o conceito dela:

A Cédula de Crédito Bancário é título de crédito emitido, por pessoa física ou jurídica, em favor de instituição financeira ou de entidade a esta equiparada, representando promessa de pagamento em dinheiro, decorrente de operação de crédito, de qualquer modalidade.

A instituição credora deve integrar o Sistema Financeiro Nacional, sendo admitida a emissão da Cédula de Crédito Bancário em favor de instituição domiciliada no exterior, desde que a obrigação esteja sujeita exclusivamente à lei e ao foro brasileiros. A cédula de crédito bancário em favor de banco domiciliado no exterior pode ser emitida em moeda estrangeira. É uma forma encontrada de captação de dinheiro no mercado internacional.

O próprio nome do título já sugere ser ele um título bancário, lastreando uma operação bancária. Tem como causa um contrato de mútuo, empréstimo de dinheiro feito por um banco a seu cliente. É um título de crédito causal, como a duplicata, que tem como causa um contrato de compra e venda a crédito, o *WARRANT* e o Conhecimento de Depósito, tendo como causa um contrato de depósito de mercadorias.

12.2. Figuras intervenientes

As figuras intervenientes são a princípio as partes do contrato de mútuo, provocador do título: o banco mutuante é o beneficiário do título e o emitente é seu cliente, o mutuário. Saltam aos olhos os interesses dos bancos, pois visa este título a dar mais garantias e facilidades maiores aos bancos ao conceder crédito a seus clientes, uma vez que a CCB é na verdade uma nota promissória, por ser promessa de pagamento em dinheiro. Tem sido utilizada a nota promissória comum para essas operações bancárias, mas havia necessidade de se estabelecer maiores garantias ao crédito bancário, o que foi conseguido com o novo título.

Vamos esclarecer melhor as figuras intervenientes:

12.2.1. *Beneficiário*

É um banco ou entidade a este equiparada. Mais precisamente é um banco. Ante o desenvolvimento do Direito Bancário, ficaram regulamentados vários tipos de bancos: banco de varejo, banco de investimento, banco de desenvolvimento, banco de crédito cooperativo, banco de crédito agrário, de crédito imobiliário. Adicionam-se ainda várias outras instituições financeiras, equiparadas a bancos, embora não recebam o nome de banco, como é o caso da Sociedade de Financiamento, Crédito e Investimento, apelidada **Financeira**, e outras. Incluem-se nessa categoria a cooperativa de crédito e a caixa econômica. Como foi falado, o banco ou outra instituição financeira deve ser integrante do Sistema Financeiro Nacional.

Malgrado todas essas instituições financeiras possam operar com a CCB, por serem entidades equiparadas a banco, é marcante o emprego desse título pelo *banco de varejo*, chamado ainda de *banco de depósitos*, ou *banco comercial*; mas doravante faremos referência apenas a *Banco*. Como exemplo, poderíamos citar as numerosas agências do Bradesco e do Itaú.

12.2.2. *Emitente*

Pode ser pessoa física ou jurídica que levantar empréstimo em um banco. Sem querer afrontar o princípio de que o "futuro a Deus pertence", não acreditamos que a CCB venha a ser difundida às pessoas físicas, mas a lei abre essa possibilidade, e não vemos incompatibilidade no levantamento de empréstimo por pessoa física, com garantias reais ou mesmo pessoais. Além disso, a garantia pode ser dada por terceiros em nome do mutuário.

Pode a CCB sofrer modificações por aditamentos que se incorporarão ao documento original. Assim se faz, por exemplo, se houver reforço de garantia, alteração no vencimento, mudança de companhia seguradora e outras modificações semelhantes. Esses aditamentos deverão ser feitos por instrumento escrito, como a própria CCB, e assinados pelas mesmas figuras intervenientes da cédula.

12.3. Natureza jurídica

CCB é um título executivo extrajudicial, contendo promessa de pagamento em dinheiro a determinada pessoa, o que a configura como NOTA PROMISSÓRIA com características extras. Representa dívida em dinheiro, certa, líquida e exigível, seja pela soma nela indicada, seja pelo saldo devedor demonstrado em planilha de cálculo, ou nos extratos de conta-corrente. É emitida para lastrear empréstimo de dinheiro, ou seja, um contrato de mútuo. Esse contrato de mútuo é porém muito especial: é dinheiro entregue graças a um crédito aberto por um banco em conta-corrente bancária, chamado de **empréstimo em conta-corrente**; é ainda chamado de *crédito rotativo* e por vários outros nomes. Nas operações de crédito rotativo, o limite de crédito concedido será recomposto automaticamente e durante o prazo de vigência da cédula, sempre que o devedor, não estando em mora ou inadimplente, amortizar ou liquidar a dívida. O débito vai passando por variações, por ser uma C/C. Pode ser um título isolado, vale dizer, sem a C/C, mas parece ter sido criado mais para esse fim.

Poderia esse título ser incluído no art. 585 do CPC, no elenco dos títulos executivos extrajudiciais, citando esse artigo apenas cinco: letra de câmbio, nota promissória, duplicata, debênture e cheque. Todavia, podemos conceituar a CCB como uma nota promissória. *Latu sensu*, todo escrito que contenha promessa de pagamento em dinheiro a uma determinada pessoa é nota promissória, tal como é prevista na LUG, e podemos comentar essas características:

1º. Como aspecto fundamental, podemos considerar a CCB um título causal; carece de importante fator dos títulos de crédito: a abstração. Está ela estreitamente vinculada a um contrato, contrato este retratante de uma operação financeira realizada entre o emitente da cédula e o banco-beneficiário. Intimamente ligado a esse aspecto há outro: adicionam-se à cédula vários outros documentos, como extratos de conta e planilha de cálculos. Falta-lhe assim a característica da unicidade. Lembramo-nos de que a abstração e a unicidade são características marcantes da nota promissória.

2º. A CCB é emitida em várias vias, no mínimo duas, uma para o emitente e outra para o Banco-benefíciário. Se houver vários emitentes ou vários beneficiários, haveria tantas cópias quanto o número de figuras intervenientes. Não é o que acontece com verdadeiros títulos de crédito, como a nota promissória e a letra de câmbio: a nota promissória é única: a letra de câmbio também.

3º. Há na CCB vários requisitos decorrentes do negócio jurídico subjacente, como a cláusula referente a juros, correção monetária, multas, garantias e outras. Essas cláusulas, se forem inseridas na nota promissória ou na letra de câmbio, seriam consideradas como não escritas, segundo a LUG e o novo Código Civil.

4º. Como o próprio nome diz, a CCB só pode ser emitida a favor de um banco; tem assim aplicação específica e restrita, enquanto a nota promissória é de aplicação genérica, podendo ser emitida a favor de qualquer pessoa.

Confrontando a CCB com os demais títulos de crédito, vamos aproximá-la das cédulas de crédito, que, no direito brasileiro, apresentam-se em três versões: Cédula de Crédito Industrial, Cédula de Crédito à Exportação, Cédula de Crédito Comercial. Aliás, o nome de cédula de crédito já sugere essa aproximação: cada uma é aplicada a uma área específica.

O título que mais se aproxima é a Cédula de Crédito Industrial, regulamentada pelo Decreto-lei 413/69, tanto que há até mesmo artigos idênticos nas duas leis. Há porém diferenças específicas entre as duas cédulas. A CCB é mais simplificada e mais ágil; é mais liberal. A CCI é para financiamento específico de uma operação industrial, o devedor precisa antes de um projeto e de um orçamento para a aplicação do empréstimo. Ao revés, a CCB retrata um mútuo puro; o devedor recebe o dinheiro do empréstimo e o aplica livremente.

No tocante às garantias cedularmente constituídas, a CCI é mais explícita e solene. Diz expressamente que há três tipos de garantias: penhor cedular, alienação fiduciária, hipoteca cedular; diz ainda quais os tipos de bens que possam constituir penhor cedular. Regulamenta mais pormenorizadamente a hipoteca.

Por analogia, aplicam-se à CCB as disposições do Decreto--lei 413/69, regulamentador da CCI.

12.4. Valor da CCB

Poderá ser fixo o valor da CCB, ou seja, do valor do crédito concedido, mas não obrigatoriamente. Poderá ser orçado pelo Banco, mas este não poderá orçá-lo ao seu arbítrio: a própria lei impõe-lhe normas e os critérios do cálculo devem constar no texto da cédula.

Sempre que necessário, a apuração do valor exato da obrigação, ou de seu saldo devedor, representado pela CCB, será feita pelo banco-credor por meio de planilha de cálculo ou dos extratos de C/C, ou de ambos, documentos esses que integrarão a cédula. Dessa forma, o devedor terá acesso aos cálculos e poderá contestá-los. No momento da execução, terá ele argumentos para opor exceções.

Os cálculos realizados deverão evidenciar de modo claro, preciso e de fácil entendimento o valor principal da dívida, seus encargos e despesas contratuais devidas, a parcela de juros e os critérios de sua incidência (conforme deve constar na cédula), a parcela de atualização monetária ou cambial, a parcela correspondente a multas e demais penalidades contratuais, as despesas de cobrança e de honorários advocatícios devidos até a data do cálculo e, por fim, o valor da dívida.

Vê-se então que a CCB, apesar de ser uma nota promissória, tem valor líquido e certo, mas que deverá ser apurado, com a inclusão não só do total do crédito, devendo ser incluídas outras parcelas. A nota promissória, segundo a LUG, deverá ter um valor líquido e certo, expresso em moeda nacional, como também acontece com a letra de câmbio e demais títulos de crédito.

Outro aspecto em que a CCB se distingue da nota promissória é que ela poderá ser emitida em moeda estrangeira, não obstante só possa ser possível quando emitida a favor de banco domiciliado no exterior. Nesse caso, a obrigação constante na cédula em moeda estrangeira deverá estar sujeita exclusivamente à lei e ao foro brasileiros. Assim, na hora do pagamento, deverá ser feita a conversão da moeda estrangeira em moeda nacional; essa operação demonstra que a CCB em moeda estrangeira não tem valor líquido.

A CCB representativa de dívida oriunda de contrato de abertura de crédito bancário em C/C será emitida pelo valor total do crédito posto à disposição do emitente. Compete ao credor discriminar nos extratos de C/C ou planilhas de cálculo, que serão anexados à cédula, as parcelas utilizadas no crédito aberto, os aumentos do limite do crédito inicialmente concedido, as eventuais amortizações da dívida e a incidência dos encargos nos vários períodos de utilização do crédito aberto.

Vamos explicar melhor esta questão: é muito comum os bancos realizarem empréstimo a seus clientes sob a modalidade do CONTRATO DE ABERTURA DE CRÉDITO BANCÁRIO EM C/C. É aberta uma C/C com determinado limite, digamos R$ 100.000,00; pode o cliente sacar esse valor, ficando o saldo negativo. Contudo, pode o cliente fazer depósitos nessa conta, diminuindo o débito e movimentando-a como qualquer C/C.

Os bancos celebram contratos ativos e passivos. Nos ativos, o banco se torna credor; nos passivos, devedor. Se um cliente abre conta de depósitos, celebra um contrato passivo, pois o banco fica devedor, por estar na obrigação de pagar os cheques sacados nessa conta. No contrato a que estamos nos referindo, o banco fica credor do cliente; é portanto uma operação ativa. Anteriormente, esse contrato era lastreado por uma nota promissória de igual valor do limite de crédito. Não sendo pago o débito no vencimento, o banco procedia a execução judicial, pelo valor do saldo devedor em C/C e não pelo valor da nota promissória.

Agora, porém, em vez da nota promissória, é emitida pelo cliente a favor do banco a CCB. Se ela não for paga no vencimento e for executada, deverão ser juntados na cédula os documentos referentes ao débito, como extrato de C/C, as planilhas de cálculo de juros e outros mais, para ser promovida a execução.

Ela será emitida pelo valor total do crédito posto à disposição do emitente. Compete ao banco credor discriminar nos extratos de conta-corrente ou nas planilhas de cálculo, que serão anexados à cédula, as parcelas utilizadas do crédito aberto, os aumentos do limite do crédito inicialmente concedido, as eventuais amortizações da dívida e a incidência dos encargos nos vários períodos de utilização do crédito aberto. Vamos repetir que a cédula de crédito bancário representa a dívida oriunda de **contrato de abertura de crédito em conta-corrente.**

12.5. Requisitos da CCB

Como título de crédito, a CCB é um documento formal; prescreve a lei várias formalidades, além das exigidas pela legislação cambiária, previstas em lei específica, a Lei 10.931/2004. Existem os requisitos obrigatórios pela lei e alguns a serem pactuados entre as partes.

12.5.1. *Requisitos obrigatórios:*
São os seguintes os requisitos obrigatórios:
  I. A denominação CÉDULA DE CRÉDITO BANCÁRIO, em letra de realce.
 II. A promessa incondicionada de pagamento da dívida certa, líquida e exigível em dinheiro a determinada pessoa, no vencimento e no local previstos.
III. A data e o local do pagamento; se o pagamento for feito em parcelas, deverão constar as datas, valores e critérios para essa determinação.
IV. O nome do banco-credor.
 V. A cláusula *à ordem*, caso houver, por não ser obrigatória;
VI. Data e lugar da emissão.
VII. Assinatura do emitente e, caso houver, do terceiro que oferecer bem em garantia.

12.5.2. *Requisitos pactuados*

Conforme pudemos discorrer no item anterior sobre o valor da CCB, o valor da cédula pode ser levantado por ocasião do pagamento. Para os cálculos do valor, devem ser pactuados, entre as partes, os critérios devidos. Esses critérios poderão constar na cédula. A lei fala *poderão*, mas deverão estar expressos para evitar discussões futuras. São as seguintes as bases da pactuação:

a) Os juros sobre a dívida, capitalizados ou não, os critérios de sua incidência e, se for o caso, a periodicidade de sua capitalização, bem como as despesas e os demais encargos decorrentes da obrigação.

b) Os critérios de atualização monetária ou de variação cambial como permitido em lei; a variação cambial refere-se à CCB em moeda estrangeira.

c) Os critérios de apuração e de ressarcimento, pelo emitente ou por terceiro garantidor, ou seja, o proprietário do bem oferecido para garantir o débito do emitente da cédula. Conforme foi falado, não é essencial que o bem dado em garantia pertença ao devedor, mas pode ser de um terceiro.

d) Os critérios de ressarcimento das despesas de cobrança da dívida e dos honorários advocatícios judiciais e extrajudiciais, e os honorários advocatícios extrajudiciais não poderão superar o limite de 10% do valor total devido.

e) Os casos de ocorrência de mora e de incidência de multas e penalidades contratuais, bem como as hipóteses de vencimento antecipado da dívida.

f) Quando for o caso, a modalidade de garantia da dívida, sua extensão e as hipóteses de substituição de tal garantia.

g) As obrigações a serem cumpridas pelo credor, entre as quais a de emitir extratos de C/C ou planilhas de cálculo da dívida, ou de seu saldo devedor, de acordo com os critérios estabelecidos na própria CCB.

h) Outras condições de crédito, suas garantias ou liquidação, obrigações adicionais do emitente ou do terceiro garantidor da obrigação, desde que não contrariem as disposições da Medida Provisória 2.160-23/2001, criadora e regulamentadora da CCB.

i) Os casos de ocorrência de mora e de incidência das multas e penalidades contratuais, bem como as hipóteses de vencimento antecipado da dívida.

12.6. A circulação da CCB

Apesar de ser um título nominal, é título à ordem, podendo ser transferido por endosso, mas só endosso em preto, ou seja, constando sempre o nome do endossatário; não poderá transformar-se em título ao portador. Não é essencial que o endossatário seja um banco, por ser de endosso livre, até mesmo a pessoa física. Contudo, só a via do banco é transferível, uma vez que a CCB pode ser emitida em várias vias: uma para o beneficiário (o Banco) e outra para o emitente (o devedor). Se houver outras pessoas, haverá cópia também para elas. Nas outras vias, que não seja a do Banco, deverá constar a expressão: **não negociável**.

12.7. Das garantias

12.7.1. *Tipos de garantia*

A cédula de crédito bancário poderá ser emitida com ou sem garantia, real ou fidejussória, cedularmente constituída. Se a garantia da CCB pode ser real ou fidejussória, delas será conveniente traçar uma distinção e esclarecimento. A garantia real consta de uma coisa móvel ou imóvel, oferecida pelo devedor ao seu credor, para assegurar o cumprimento de uma obrigação. A coisa oferecida fica vinculada à dívida com ônus real. Não é necessário que a coisa vinculada à dívida seja propriedade do devedor, mas é possível alguém dar garantia real por ele, uma vez que é a coisa que irá garantir a dívida.

A coisa oferecida pode ser de várias espécies: imóveis (hipoteca), móvel (penhor), títulos de crédito (caução), anticrese (coisa com rendimento). No caso de não cumprimento da obrigação garantida, a coisa dada em garantia será empregada no pagamento. Quando se tratar de um bem sujeito a registro, a garantia deverá ser registrada nele, para impedir sua alienação, pois nas dívidas garantidas por penhor, caução, hipoteca ou anticrese a coisa dada em garantia fica sujeita por vínculo real ao cumprimento da obrigação. Trata-se de um reforço de garantia, pois a própria CCB já é uma garantia, como também o patrimônio do devedor. Assim, por exemplo, a hipoteca de um imóvel deverá ser registrada na Circunscrição Imobiliária; o penhor de um veículo deve ser registrado no Detran.

12.7.2. *Constituição da garantia*

A garantia pessoal é dada pela pessoa do devedor, sendo também chamada de fidejussória. Funda-se na idoneidade moral e financeira do devedor. Equivale a uma palavra de honra. É o caso do aval e da fiança, podendo ser considerado também o endosso.

A CCB poderá ter ou não garantia. Caso não tenha, equivale à Nota de Crédito, embora não seja essa expressão adotada para a CCB. É possível haver garantia de um tipo ou de outro: a CCB poderá ter aval e, ao mesmo tempo, hipoteca e penhor.

A garantia é constituída cedularmente, vale dizer, na própria cédula. Destarte, o penhor não precisará de contrato, mas vale a sua inscrição na cédula. A hipoteca dispensa escritura pública, mas será feita na cédula, embora esta deva ser registrada na Circunscrição Imobiliária. Poderia a hipoteca ser feita por escritura pública, mas constando também na cédula.

12.7.3. *Cláusula* constituti

O bem apenhado ou hipotecado, ou objeto de alienação fiduciária, pode permanecer em poder do devedor ou do terceiro prestador da garantia, recebendo essa cláusula o nome de **constituto possessório**, ou **cláusula constituti**. Foi o que aconteceu com um banco que emprestou dinheiro a um pecuarista, recebendo em penhor uma boiada de 2.000 bois, que tiveram de ficar no pasto do devedor-pecuarista. Em casos assim, deve constar na CCB o local em que ficarão os bens apenhados e os cuidados a serem adotados. Aliás, a maioria dos imóveis hipotecados permanece em poder do devedor. Também os bens apenhados (entregues em penhor), como veículos, máquinas, gado e outros, cuja guarda se torna difícil para o banco.

O emitente da CCB (o devedor) fica com a coisa em seu poder, na condição de depositário, e deverá observar com ela os cuidados necessários, como se sua fosse. Assim estabelece o Código Civil. A coisa deverá ser segurada, constando na apólice de seguro o banco, como beneficiário do seguro. Caso a coisa não se destrua totalmente, mas fique avariada ou sofra desgaste, o Banco poderá pedir sua substituição ou reforço da garantia.

12.7.4. *Seguro dos bens*

O banco credor poderá exigir que o bem constitutivo da garantia seja coberto por seguro até a efetiva liquidação da obrigação garantida, em que o credor será indicado como exclusivo beneficiário da apólice securitária e estará autorizado a receber a indenização para liquidar ou amortizar a obrigação garantida.

Há muitas ocasiões em que bens entregues em garantia devam contar com seguro. Por esta razão, quase todos os bancos procuraram manter empresa de seguros, adquirindo as mais tradicionais ou criando novas. Tornaram-se elas para os bancos fonte de lucro.

12.7.5. *Substituição das garantias*

Se o bem constitutivo da garantia for desapropriado, ou se for danificado ou perecer por fato imputável a terceiro, o credor subrogar-se-á no direito à indenização devida pelo expropriante ou pelo terceiro causador do dano, até o montante necessário para liquidar ou amortizar a obrigação garantida. Nesse caso, facultar-se-á ao banco credor exigir a substituição da garantia, ou o seu reforço, renunciando ao direito à percepção do valor relativo à indenização.

O banco credor poderá exigir a substituição ou o reforço da garantia, também no caso de perda, deterioração ou diminuição de seu valor. O credor notificará por escrito o emitente e, se for o caso, o terceiro garantidor, para que substituam ou reforcem a garantia no prazo de quinze dias, sob pena de vencimento antecipado da dívida garantida.

12.8. Certificado da CCB

12.8.1. *Conceito*

Aspecto peculiar da CCB é a possibilidade de o Banco emitir título representativo dela, circulável por endosso, permanecendo a cédula em poder do Banco. Este título é quase a duplicação da cédula, ficando como dois títulos circulando em separado. Diz a lei que a ela se aplicam as normas da legislação cambial, mas esta, mormente a LUG, não prevê essa dualidade. Essa nomenclatura de *legislação cambial*, referida duas vezes pela Lei 10.913/04, consideramos inadequada. O Direito Cambial está-se formando e refere-se às normas referentes às operações de Câmbio, isto é, as que envolvem transações em moedas estrangeiras. O direito regulamentador dos títulos de crédito denomina-se Direito Cambiário, nome oriundo de letra de câmbio. Quando a lei fala em *legislação cambial*, entende-se como *legislação cambiária*.

12.8.2. *Requisitos do certificado*

Esse título representativo da CCB, chamado de Certificado de Cédula de Crédito Bancário, deverá conter certos dados exigidos pela Medida Provisória:

1. O local e a data da emissão;
2. O nome e a qualificação de depositante da CCB;
3. A denominação de CERTIFICADO DE CÉDULAS DE CRÉDITO BANCÁRIO;
4. A especificação das cédulas depositadas, o nome dos seus emitentes, e o valor, o lugar e a data de pagamento do crédito por elas incorporados;
5. O nome da instituição emitente;
6. A declaração de que a instituição financeira, na qualidade e com as responsabilidades de depositário e mandatário do titular do certificado, promoverá a cobrança da CCB, e de que as cédulas depositadas, assim como o produto da cobrança do seu principal e encargos, somente serão entregues ao titular do certificado, contra apresentação deste;

7. O lugar da entrega do objeto do depósito; e
8. A remuneração devida à instituição financeira pelo depósito das cédulas objeto da emissão do certificado, se convencionado.

12.8.3. *Condições gerais do certificado*

Parece ter havido influência da Lei das S.A., pois a lei tem bastante similaridade com o art. 43 da Lei 6.404/76, regulamentando o Certificado de Depósito de Ações. Os parágrafos dos dois artigos são quase idênticos. Parece ainda haver influência norte-americana, devido a um certificado semelhante de nome ADR – *American Depositary Receipts*.

A instituição financeira a que se refere a lei é a depositária da CCB, pertencente a outra instituição financeira, o banco-beneficiário da cédula. Essa instituição financeira responde pela origem e autenticidade da CCB depositadas, como também acontece com o Certificado de Depósito de Ações.

Emitido o Certificado, as Cédulas de Crédito Bancário e as importâncias recebidas pela instituição financeira a título de pagamento do principal e de encargos não poderão ser objeto de penhora, arresto, sequestro, busca e apreensão, ou qualquer outro embaraço que impeça a sua entrega ao titular do certificado, mas este poderá ser objeto de penhora, ou de qualquer medida cautelar por obrigação de seu titular.

É o que acontece também com o *WARRANT* e o Conhecimento de Depósito, que podem ser penhorados, mas não as mercadorias que esses títulos representam. O mesmo acontece com o Certificado de Cédulas de Crédito Bancário; pode ele ser penhorado, mas não as cédulas que ele representa. Trata-se de uma penhora indireta. Com a penhora do *WARRANT* e do Conhecimento de Depósito chega-se à mercadoria que eles representam, a penhora do Certificado dá acesso à própria cédula e à mercadoria.

12.9. Protesto e execução

O protesto da CCB é dispensado para garantir o direito de cobrança contra os endossantes, seus avalistas e terceiros garantidores. Para maior comodidade, fica dispensada importante formalidade exigida pela legislação cambiária. Todo título de crédito deve ser apresentado para pagamento, não só ao devedor direto, mas também aos demais coobrigados; estes últimos talvez não sejam encontrados e o protesto é a forma de apresentação a eles. Entretanto, a dispensa do protesto é mais benéfica a eles, devido à má interpretação do protesto.

Aspecto interessante do protesto da CCB é o de que poderá ele ser feito pela cópia, permanecendo a via original em poder do Banco. Ao encaminhar essa cópia ao Cartório de Protestos, o Banco terá de declarar estar na posse da sua única via negociável e indicar o valor pelo qual será protestada a CCB, inclusive no caso de ter feito protesto parcial. É o protesto por indicação.

O banco credor que, em ação judicial, cobrar o valor do crédito exequendo em desacordo com o expresso na cédula de crédito bancário, fica obrigado a pagar ao devedor o dobro do cobrado a maior, que poderá ser compensado na própria ação, sem prejuízo da responsabilidade por perdas e danos.

12.10. Alienação fiduciária em garantia

A Lei 10.931/04 introduziu modificação na Lei do Mercado de Capitais, acrescendo um novo dispositivo; incluiu novo artigo, o 66-A, nessa lei (Lei 4.728/65). Refere-se esse artigo à Alienação Fiduciária em Garantia de bens fungíveis ou de direito. Os bens fungíveis são aqueles que podem ser substituídos por outros bens do mesmo gênero, qualidade e quantidade. Infungíveis são os bens insuscetíveis de substituição.

Examinaremos uma CCB garantida por uma casa ou por um prédio: é um certo, determinado imóvel, descrito numa escritura pública. O devedor não poderá substituí-lo por outro, sob o ponto de vista legal. Poderia acertar a substituição em comum acordo com o credor, mas não por *sponte propria*. Digamos porém que houve o penhor de duas toneladas de feijão de determinada qualidade e tipo: esses feijões podem ser substituídos por outros: o que importa é que o devedor apresente quando necessário duas toneladas de feijão daquele tipo e da mesma qualidade. Bem fungível por excelência é o dinheiro; por exemplo, um banco empresta R$ 100.000,00 ao seu devedor e este deve devolver esse dinheiro no vencimento; mas não são as mesmas notas; importa é que sejam notas que formem o valor de R$ 100.000,00.

O artigo em análise fala apenas de coisa fungível ou de direito. Ao falar em direito está incluindo o título de crédito, por ser um documento com direito incorporado nele. Evita assim criar polêmica sobre a fungibilidade ou não do título de crédito, apesar de ser ele um bem fungível, por ser possível fazer-se novo título da mesma qualidade, do mesmo valor e demais requisitos.

Causa espécie o fato de uma Medida Provisória modificar uma lei ordinária. Uma lei só pode ser revogada ou modificada por outra lei da mesma categoria, emanada do mesmo poder competente. Não pode um decreto modificar lei ordinária ou vice-versa. Não pode uma portaria do Banco Central modificar uma lei, como não pode o prefeito de São Paulo revogar lei federal. Agora porém vão medidas provisórias revogando e modificando leis ordinárias votadas pelo Congresso Nacional. Cria-se ambiente de instabilidade e insegurança legislativa. Assim, por exemplo, a MP 2065-22, de 22.6.2001 criou a CCB. Seis dias depois, em 28.6.2001 surge a MP 2.160-23 revogando a anterior e dando nova regulamentação à CCB. Temos porém de conviver com a fúria legiferante do Governo Federal e nos amoldarmos à nova situação. Surge depois, em 2004, a Lei 10.931/64, revogando as disposições anteriores.

Além disso, não se explica porque a MP sobre CCB modifica a lei sobre mercado de capitais. Acreditamos porém que haja um sentido subjacente. A Alienação Fiduciária em Garantia pode ser também adotada na CCB e esta MP visa a dar poderes maiores ao Banco-beneficiário da CCB, que, no contrato de AFG, será o credor-fiduciário. No caso de inadimplemento ou mora da obrigação garantida, o credor-fiduciário poderá vender o bem dado em garantia a terceiros, independentemente de leilão ou qualquer outra medida judicial ou extrajudicial, aplicando o preço da venda desse bem no pagamento de seu crédito e das despesas decorrentes e entregar ao devedor, acompanhado de demonstrativo da operação realizada, o saldo apurado, se houver.

Destarte, o credor exerce a justiça pelas próprias mãos, executando a dívida, marcando leilão e nomeando leiloeiro, para satisfazer seu crédito.

12.11. Redesconto da CCB

Vantagem da CCB é a possibilidade de redesconto, que se fará junto ao Banco Central. O redesconto é uma conhecida operação bancária, pela qual um Banco concede empréstimo ao seu cliente e depois o repassa a outro Banco, recuperando o dinheiro aplicado, que poderá ser novamente aplicado.

O desconto é o adiantamento de dinheiro feito por um Banco ao seu cliente, que lhe transfere um título de crédito, por exemplo, uma duplicata. O Banco desconta do valor dessa duplicata (donde o nome de desconto) a sua remuneração, como juros, despesas e correção monetária. O banco porém poderá repassar esta duplicata para outro Banco, recebendo o valor dela: é o redesconto.

A CCB pode ensejar essa operação, o que vem aumentar a sua eficácia, por ser a reprodução do crédito por ela representado. A CCB retrata a operação de crédito entre o banco-beneficiário e o cliente emitente. Por sua vez, o banco-beneficiário do título transfere-o por endosso ao Banco Central, recebendo o valor da cédula, recuperando o dinheiro que houvera aplicado. O Banco Central passa a ser então o legítimo portador da CCB e fará a cobrança de seu valor junto ao emitente da cédula, o devedor direto.

13. TÍTULOS DE FINANCIAMENTO RURAL

13.1. Conceito, características gerais e regulamentação
13.2. Cédula rural pignoratícia
13.3. Cédula rural hipotecária
13.4. Cédula rural pignoratícia e hipotecária
13.5. Nota de crédito rural
13.6. Nota promissória rural
13.7. Duplicata rural
13.8. Cédula de produto rural
    13.8.1. Conceito
    13.8.2. Requisitos
    13.8.3. Garantias cedulares
    13.8.4. Aditivos externos
    13.8.5. O endosso
    13.8.6. Responsabilidade pela entrega dos produtos
    13.8.7. Averbações da cédula
    13.8.8. A cobrança da cédula
    13.8.9. Responsabilidade penal
    13.8.10. Incolumidade dos bens em garantia
    13.8.11. Negociação da cédula

13.1. Conceito, características gerais e regulamentação

Os títulos de financiamento rural foram regulamentados pelo Decreto-lei 167, de 14.2.67, com o fim de ampliar o crédito para a produção agrícola e pecuária. São títulos de crédito nos moldes dos demais, aplicando-se-lhes a regulamentação específica a cada um deles, e os princípios da Convenção de Genebra sobre a Cambial.

Sendo a atividade agrícola e pecuária considerada civil pelo nosso sistema jurídico, os títulos de financiamento rural, conhecidos também pela designação genérica de "Cédulas de Crédito Rural", são considerados títulos civis (art. 10 do Decreto-lei 167/67). Mesmo assim constituem objeto do Direito Cambiário, por serem títulos cambiariformes, adotando muitas das características dos títulos de crédito e muita analogia com alguns títulos, como a Nota Promissória. Além disso, circula por endosso, declaração cambiária típica; é um título líquido e certo, contendo a promessa de pagamento.

Os títulos de financiamento rural, previstos pelo Decreto-lei 167/67, são em número de seis. Quatro deles são títulos criados para mobilizar o crédito: Cédula Rural Pignoratícia, Cédula Rural Hipotecária, Cédula Rural Pignoratícia e Hipotecária e Nota de Crédito Rural. Os outros dois são títulos causais, emitidos em decorrência de uma operação de compra e venda de mercadorias.

São a Nota Promissória Rural e a Duplicata Rural. Não perdem, porém, a função de mobilizar o crédito.

Outra distinção que se pode adotar entre eles é que as cédulas contêm uma obrigação pecuniária com garantia real cedularmente constituída, enquanto a Nota de Crédito Rural não apresenta essa garantia. Nesse aspecto, adota-se o critério adotado para os outros títulos de financiamento específico (industrial, comercial, à exportação).

O favorecido da cédula e da nota só poderá ser uma instituição financeira, o que faz ligar a questão ao Direito Bancário e dar um maior teor de mercantilidade a esses títulos. O emitente poderá ser uma pessoa física ou jurídica que se dedique à atividade agrícola e pecuária. O emitente só poderá ser quem se dedica a atividades agropecuárias, especialmente o proprietário rural.

Outra característica desses títulos é que eles se originam de um contrato de financiamento e não de simples mútuo. Destina-se o empréstimo a financiar operações específicas, ajustadas em orçamento assinado pelo financiado e autenticado pelo financiador. Esse orçamento constará do próprio título e a aplicação do dinheiro estará vinculada à operação. A aplicação da verba concedida, em outras atividades, constituirá fraude, ensejando o vencimento antecipado do título.

O empréstimo poderá ser concedido em uma só ocasião ou em parcelas sucessivas, para aplicação nas várias fases do projeto. O emitente da cédula deverá prestar contas da aplicação do dinheiro, de acordo com o orçamento. O beneficiário poderá, entretanto, fiscalizar a correta aplicação do crédito cambiário, por meio de inspeção na contabilidade do emitente, como até mesmo *in loco*, averiguando, por exemplo, uma plantação.

O pagamento poderá ser feito por etapas, podendo constar na cédula vários vencimentos. Poderá ainda haver amortizações várias, com a inclusão de cláusulas modificativas na própria cédula.

As cédulas de crédito rural podem ser transferidas por endosso. Se parte do financiamento não tiver sido concedido ou se tiver havido amortizações, o endosso declarará qual o valor pelo qual elas se transferem. Mesmo que haja garantias reais cedularmente constituídas, nada impede que a cédula seja garantida também por aval.

Para ter eficácia contra terceiros, a cédula de crédito rural deverá ser registrada no Cartório de Registro de Imóveis, mesmo que não haja garantia pignoratícia ou hipotecária. Haverá inclusive um livro especial denominado pela Lei dos Registros Públicos "Registro de Cédulas de Crédito Rural".

Os títulos de financiamento rural contêm, todos eles, uma promessa de pagamento em dinheiro, inclusive a Duplicata Rural com aceite. Assim, são títulos representativos de dívida líquida e certa, exigíveis pela quantia neles exarada ou constante no endosso. São títulos executivos, ensejando a execução de seu valor. Por isso, diz o art. 41 do Decreto-lei 167/67 que cabe ação executiva para a cobrança da cédula rural.

A cobrança judicial dos títulos de financiamento rural se faz, então, pela ação de execução por quantia certa contra devedor solvente por título executivo extrajudicial, conforme é ela regulamentada nos arts. 575 e seguintes do CPC. O art. 585 do CPC relaciona os títulos executivos extrajudiciais, dizendo, no inciso VI, que são títulos executivos extrajudiciais todos os títulos de crédito, a que, por disposição expressa, a lei atribuir força executiva. É o que faz o art. 41 acima citado.

Ante essas condições gerais, próprias de todos os títulos de financiamento rural, também chamados cédulas de crédito rural, existem algumas específicas a alguns deles, que serão examinadas adiante.

13.2. Cédula rural pignoratícia

Conforme o nome indica, esse título tem como principal característica o penhor de bens, descritos na própria cédula que, entretanto, poderão permanecer na posse do emitente. O emitente constituir-se-á, assim, em fiel depositário. Poderão constituir penhor cedular bens variados, como grãos, veículos, embarcações, frigoríficos, máquinas agrícolas e quaisquer outros equipamentos encontrados no imóvel rural do emitente. Pode ser também título de crédito (penhor mercantil).

Os requisitos exigidos para a Cédula Rural Pignoratícia são os comuns aos títulos de crédito, ressaltando-se porém a denominação "Cédula Rural Pignoratícia" e a descrição dos bens apenhados. No mais, aplicam-se ainda a Convenção de Genebra e a regulamentação do penhor no Código Civil.

13.3. Cédula rural hipotecária

Esta cédula tem muito em comum com a anterior, mas a garantia não é de bens móveis, mas imóveis em hipoteca. Deverá essa cédula conter a denominação "Cédula Rural Hipotecária" e a descrição do imóvel hipotecado, além dos requisitos usuais.

13.4. Cédula rural pignoratícia e hipotecária

A esta cédula aplicam-se os preceitos atinentes às duas anteriores, pois se fundem nela as duas garantias: pignoratícia e hipotecária, ou seja, vinculam-se a ela bens imóveis e móveis.

Para melhor elucidação das cédulas acima referidas, apresentamos, após nossas considerações, um modelo de Cédula Rural Pignoratícia e Hipotecária, elaborado de acordo com a lei, cuja interpretação auxilia a compreensão das demais.

13.5. Nota de crédito rural

O que distingue a Nota de Crédito Rural é a ausência de garantias, tanto pignoratícia como hipotecária. Apesar de ser destituída de garantias, deverá ser registrada no Registro de Imóveis. Esse registro é necessário para dar eficácia ao privilégio da Nota contra terceiros, privilégio esse sobre os bens do devedor.

13.6. Nota promissória rural

A Nota Promissória Rural tem muita semelhança formal com uma Nota Promissória comum, mas, dogmaticamente, apresenta sensíveis distinções. É um título *causal*, ou seja, emergente de uma operação econômica, que se mantém ligada ao título; essa operação econômica é um contrato de compra e venda de produtos agropecuários.

É emitida em três tipos de operações:
a) Pelo comprador de produtos rurais, ou seja, de bens de natureza agrícola, extrativa ou pastoril, vendidos diretamente por produtores rurais ou por suas cooperativas. Geralmente, os produtores rurais não são empresas registradas e não emitem faturas. São, assim, beneficiados pela utilização da Nota Promissória Rural;
b) Por cooperativas agrícolas, ao adquirirem mercadorias de produtores rurais cooperados;
c) Nas entregas de bens de produção ou de consumo feitas pelas cooperativas aos seus associados.

Como se vê nos três casos definidos pelo art. 42, as partes intervenientes de uma Nota Promissória Rural são exclusivamente pessoas físicas ou jurídicas dedicadas à atividade rural, como as cooperativas agrícolas.

Não é permitida a exigência de garantias reais ou fidejussórias (como o aval) para a Nota Promissória Rural nem para a Duplicata Rural, que será vista a seguir. Aliás, se fossem dadas garantias reais, a Nota Promissória Rural passaria a ser então cédula rural pignoratícia ou hipotecária. Como única exceção de garantia fidejussória, poderá ser dado aval, mas apenas pelos sócios de empresa emitente da Nota Promissória Rural, mais precisamente pelas pessoas físicas participantes da empresa que emitir a Nota Promissória Rural.

13.7. Duplicata rural

Trata-se de um título líquido e certo, como as demais cédulas rurais, emitido nos moldes da duplicada mercantil e da duplicata de prestação de serviços. Aplicam-se ainda a este título algumas disposições da Lei das Duplicatas e da Convenção de Genebra sobre a Cambial. Os caracteres que distinguem esta duplicata das demais é que ela só pode ser emitida por produtores rurais e cooperativas agrícolas. O sacado não precisa ser um produtor agropastoril, podendo ser, por exemplo, um supermercado.

A emissão é exclusiva do produtor ou de sua cooperativa. Não será permitida, por exemplo, a emissão por uma empresa distribuidora do CEASA, mesmo que comercialize produtos hortifrutigranjeiros e os sacados sejam distribuidores desses produtos, como as quitandas.

Da mesma forma como acontece com a Nota Promissória Rural e a Nota de Crédito Rural, bem como com a Nota de Crédito Industrial, a Duplicata Rural goza de privilégio especial sobre os bens enumerados no art. 1.563 do Código Civil. Assim, se houver muitas execuções contra o devedor de um desses títulos, o credor terá preferência na penhora de bens móveis e imóveis do devedor, não gravados de penhor e hipoteca. Esse privilégio especial atinge ainda o valor de possível seguro ou de desapropriação.

Modelo

CÉDULA DE CRÉDITO RURAL
PIGNORATÍCIA E HIPOTECÁRIA

Aos 28 dias de fevereiro de 2010, pagarei, na forma mencionada abaixo, por esta cédula de crédito rural pignoratícia e hipotecária, ao Banco Nacional de Crédito Rural S.A., a quantia de R$ 1.000.000,00 (Um milhão de reais) em moeda corrente do país, valor de crédito deferido para o financiamento abaixo especificado.
1. Destina-se esse financiamento ao plantio e colheita de milho, em 20 alqueires de terras agrícolas, de propriedade do emitente.

2. Imóvel de aplicação
O crédito será aplicado na Fazenda Três Lagoas, localizada no município de Lins, registrada no Cartório de Registro de Imóveis dessa cidade, no Livro 14, fls. 242.

3. Juros e correção monetária
Os juros são devidos à taxa de 6% a.a., cobráveis a cada pagamento. Também serão cobrados juros de mora na mesma percentagem.

4. Fiscalização
A fiscalização da correta aplicação deste financiamento será feita por preposto do favorecido ou pelo BACEN, a qualquer momento, obrigando-se o emitente a proporcionar os esclarecimentos que lhe forem pedidos.

5. Local do pagamento
O pagamento será realizado na praça de Lins ou de São Paulo, na data do vencimento.

6. Despesas
O emitente autoriza, desde já, o débito em sua C/C das despesas decorrentes de juros, correção monetária, encargos de inadimplência, registros em cartórios e outras que se façam necessárias pela aplicação deste título.

7. Sanções de inadimplemento
O não cumprimento das cláusulas desta cédula, antes do vencimento, implicará seu vencimento antecipado e sujeitará o emitente ao pagamento de todas as despesas decorrentes dele.

8. Penhor cedular
Em penhor cedular de primeiro grau e sem a concorrência de terceiros, o emitente entrega ao Beneficiário 5.000 toneladas de milho, 1 trator FORD-F-100, modelo 1980 e uma debulhadeira marca MILHOL, modelo K-82. Os bens apenhados permanecerão em poder do emitente, que, neste ato, assume a posição de FIEL DEPOSITÁRIO, estando ciente das obrigações previstas na lei brasileira.

9. Hipoteca cedular
Em primeira e especial hipoteca e sem a concorrência de terceiros, um imóvel rural denominado Fazenda Três Lagoas, localizado no município de Lins-SP, já referido nesta cédula. Autoriza o emitente

o débito em sua C/C das despesas referentes ao registro desta hipoteca cedular no Registro de Imóveis de Lins.

São Paulo, 19 de setembro de 2009
Paulo de Freitas Camargo
Rua 15 de novembro, 189 – Lins-SP.
RG 1.485.633/CPF 069.614.808-82

13.8. Cédula de produto rural

13.8.1. *Conceito*

Fizemos já referência ao aparecimento de muitos títulos de crédito surgidos em decorrência do dinamismo e da complexidade das atividades empresariais. Surgem operações *sui generis* e, em consequência, surgem instrumentos aplicáveis a essas operações. Os títulos de crédito rurais são um exemplo, mas exemplo mais frisante no rol desses títulos foi o criado pela Lei 8.929/94, apresentando a CPR – Cédula de Produto Rural. Por esta lei ficou instituída a CPR, representativa da promessa de entrega de produtos rurais, com ou sem garantia cedularmente constituída. Tem legitimação para emitir a CPR o produtor rural e suas associações, como também as cooperativas.

Vê-se que esse novo título de crédito rompe com as características cambiárias tradicionais. O emitente é geralmente um civil, pois o produtor rural é declarado legalmente civil. As "associações" de que fala a lei são pessoas jurídicas civis, em oposição às sociedades. As cooperativas são consideradas civis pela lei que as rege. Entretanto, a CPR é um título de crédito, portanto, um documento mercantil, tanto que o art. 10 diz que são aplicadas à CPR as normas de Direito Cambiário. Diz porém "Direito Cambial", malgrado seja de nossa preferência a designação de "Cambiário" para esse ramo do Direito Empresarial. É assim a CPR um título cambiário, assim declarado legalmente.

13.8.2. *Requisitos*

Pelo que consta do art. 3º, há 8 requisitos exigidos para a CPR. Deverá ter o nome do título: a CPR, como aliás acontece com todo título de crédito. O segundo requisito é a data da entrega, pois o conteúdo do título é a promessa para entrega de determinada mercadoria agropecuária. O terceiro requisito é o nome do credor e a cláusula à ordem; é um título nominal e circulável por endosso. O quarto item é o mais discutível: não contém a CPR a promessa de pagamento em dinheiro, como em todo título de crédito, mas a promessa pura e simples de entregar o produto, sua indicação e as especificações de qualidade e quantidade. Neste aspecto, a CPR é diferente de todos os demais títulos de crédito: todos contêm a promessa de um pagamento em dinheiro, enquanto a CPR contém a promessa de entrega de mercadorias. O quinto requisito é a indicação do local e condições da entrega da mercadoria, ou seja, do lugar do cumprimento da promessa. O sexto é a descrição dos bens cedularmente vinculados em garantia. O sétimo é a data e lugar da emissão; e finalmente a assinatura do emitente.

Sem caráter de requisito essencial, a CPR poderá conter outras cláusulas lançadas em seu contexto, as quais poderão constar de documento à parte, com a assinatura do emitente, fazendo-se, na cédula, menção a essa circunstância. Essa possibilidade desvia-se de uma das mais importantes do título de crédito: a literalidade, pela qual só vale o que constar no contexto do título. Na CPR, os dados e os direitos constam também fora do título. Desvia-se igualmente de outra característica, levantada ultimamente: a unicidade, segundo a qual o título de crédito é único, individual, enquanto a CPR poderá ser um composto documental.

Se houver garantia de bens, esses bens deverão ser precisamente descritos e especificados na própria cédula, conforme exige o inciso VI do art. 3º. Todavia, a descrição dos bens vinculados em garantia pode ser feita em documento à parte, assinado pelo emitente, fazendo-se, na cédula, menção a essa circunstância. A descrição do bem será feita de modo simplificado e, quando for o caso, este será identificado por sua numeração própria, e pelos números de registro oficial competente, dispensada, no caso de imóveis, a indicação das respectivas confrontações.

Entre os requisitos essenciais da CPR não se encontra a indicação de uma importância em dinheiro a pagar, mas a obrigação assumida é a de entregar determinada mercadoria. A CPR é título líquido e certo, exigível pela quantidade e qualidade de produto nela previsto. É a principal característica diferencial dos demais títulos de crédito. Como acontece com os títulos de crédito, é permitido o pagamento parcial e o cumprimento dessa obrigação de entrega de mercadorias será anotado, sucessivamente, no verso da cédula, tornando-se exigível apenas o saldo.

13.8.3. *Garantias cedulares*

A exemplo das cédulas de crédito, como a cédula de crédito industrial, é possível haver garantias cedularmente constituídas, ou seja, dadas na própria CPR. As garantias podem-se constituir em hipoteca, penhor ou alienação fiduciária, cujo estudo foi realizado. A garantia cedular de hipoteca é feita na própria CPR, ou seja, em instrumento particular, devendo ser entretanto averbada na circunscrição imobiliária. A hipoteca poderá ser de imóveis rurais e urbanos. A garantia hipotecária segue os preceitos da legislação sobre hipotecas, no que não colidirem com a lei que criou a CPR.

Em vez de hipoteca, poderão ser entregues bens móveis em garantia, constituindo o penhor cedular. Podem ser objeto de penhor cedular na CPR os bens suscetíveis de penhor rural e de penhor mercantil, bem como os bens suscetíveis de penhor cedular. Salvo se se tratar de títulos de crédito, os bens apenhados continuam na posse imediata do emitente ou do terceiro prestador da garantia, que responde pela guarda e conservação dos bens. Cuidando-se de penhor constituído por terceiro, o emitente da cédula responde por sua guarda e conservação como fiel depositário. O penhor, como se sabe, difere-se da hipoteca por representar a garantia de bens móveis, não necessariamente agropecuários. Como particularidade, os bens móveis poderão permanecer na posse imediata do emitente da Cédula de Produto Rural – CPR ou do terceiro que tiver prestado a garantia; é a aplicação da cláusula *constituti*. Uma das características do penhor é a de que a coisa apenhada seja transferida ao credor. Com a cláusula *constituti*, contudo, fica ela em poder do devedor. Por exemplo, o emitente da CPR a favor de um banco oferece uma boiada. O banco não poderá guardar essa boiada e então permanecerá ela no pasto do devedor, que ficará como fiel depositário.

Quando a coisa apenhada for títulos de crédito, como duplicatas, não se aplica a cláusula *constituti*, por razões previstas pelo Direito Cambiário. É conveniente ressaltar a correta expressão utilizada pela Lei 8.929/94: a coisa dada em penhor diz-se "apenhada", quando se ouvem comumente as errôneas expressões "empenhada" ou "penhorada". Deixa claro a lei que a coisa dada em penhor não precisa ser obrigatoriamente de propriedade do devedor, mas de um terceiro que se ofereça para prestar essa garantia. Fica então o terceiro que se ofereça para prestar essa garantia como FIEL DEPOSITÁRIO, mas o devedor, isto é, o emitente da CPR, será responsável solidário com o terceiro, a respeito da manutenção da coisa apenhada.

13.8.4. *Aditivos externos*

A CPR poderá ser aditada, ratificada e retificada por aditivos, que a integram, datados e assinados pelo emitente e pelo credor, fazendo-se, na cédula, menção a essa circunstância. É outro aspecto afastado das características de literalidade, unicidade e cartularidade, tão constante nos títulos de crédito. Assim, muitos direitos e obrigações surgem fora do título, em documentos esparsos, malgrado eles se integrem no título. Aproxima-se assim a CPR a um contrato, em que as partes celebram acordos com efeitos mútuos.

13.8.5. *O endosso*

Aplicam-se à CPR, no que forem cabíveis, as normas de direito cambiário, mas com algumas modificações estabelecidas pela Lei 8.929/94. São três essas exceções. A primeira é a de que os endossos devem ser completos. Não explica a lei o que considera completos, mas é de se supor que o endosso não deva ser em branco, mas deverá constar o nome do endossatário. Parece-nos lógica essa exigência do endosso em preto, uma vez que as obrigações não constam exclusivamente na cártula, mas também nos aditivos paralelos. Além desse aspecto, a mercadoria deve ser recebida, conferida e aceita por quem seja o credor dessa obrigação; o devedor não poderá ser obrigado a entregar a mercadoria e receber o recibo de pessoa não identificada. A segunda peculiaridade é a de que os endossantes não respondem pela entrega da mercadoria, mas tão somente pela existência da obrigação; nesse caso, o endosso não transfere todas as obrigações cartulares, cessando a solidariedade quanto a essa questão. A terceira é a dispensa de protesto cambial para assegurar o direito de regresso contra avalistas.

13.8.6. *Responsabilidade pela entrega dos produtos*

Além de responder pela evicção, não pode o emitente da CPR invocar em seu benefício o caso fortuito ou de força maior. Se a obrigação do devedor é entregar a mercadoria, deve ele responsabilizar-se pela idoneidade dela. Se o devedor obrigado a entregar a mercadoria entrega mercadoria em litígio judicial, fazendo com que o credor (favorecido da CPR) a perca por decisão judicial, terá logrado seu credor. A obrigação de entregar produtos rurais é incondicional, ou, como na linguagem de nossa Lei Cambiária, é "promessa pura e simples". Essa promessa não está protegida contra possível caso fortuito ou de força maior nem está sujeita a outras condições. O emitente da CPR, ao prometer a entrega das mercadorias, assume os riscos possíveis de sua atividade produtiva.

A entrega do produto antes da data prevista na cédula depende da anuência do credor. A promessa de entrega da mercadoria, vale dizer, a obrigação do emitente da cédula, tem seu dia de vencimento. Se o devedor da obrigação quiser cumpri-la antes da data combinada, estará rompendo as condições estipuladas no título. Poderá porém ser antecipado o cumprimento da obrigação, caso houver concordância do favorecido do título, ou seja, acordo entre ambos. É um princípio do Direito Cambiário e está expresso também na Convenção de Genebra sobre a letra de câmbio, no art. 40, como se vê:

> *O portador de uma letra não pode ser obrigado a receber o pagamento dela antes do vencimento. O sacado que paga uma letra antes do vencimento fá-lo sob sua responsabilidade.*

Pode ser considerada vencida a CPR na hipótese de inadimplemento de qualquer das obrigações do emitente. É a aplicação da *acceleration clause*, muito comum no direito norte-americano. Pela cláusula de antecipação do vencimento, se um título deve ser pago em várias prestações, o atraso do pagamento de uma prestação provocará o vencimento antecipado das prestações vincendas.

13.8.7. *Averbações da cédula*

O art. 12 traz uma disposição merecedora da análise. A CPR, para ter eficácia contra terceiros, inscreve-se no Cartório de Registro de Imóveis do domicílio do emitente. Em caso de hipoteca e penhor, a CPR deverá ser averbada na matrícula do imóvel hipotecado e no Cartório de localização dos bens apenhados. A inscrição ou averbação da CPR ou dos respectivos aditivos serão efetuadas no prazo de três dias úteis, a contar da apresentação do título, sob pena de responsabilidade funcional do oficial encarregado de promover os atos necessários. Quando se tratar de CPR com garantia hipotecária, necessária se torna sua averbação no registro de imóvel hipotecado, senão poderia o imóvel ser vendido sem o gravame. No caso de garantia pignoratícia, ou seja, pelo penhor de coisas móveis, não vemos razão para o registro da CPR no Registro de Imóveis, uma vez que a venda de coisas móveis independe de instrumento público. Necessário sim que seja a CPR registrada no Cartório de Títulos e Documentos, para conhecimento de terceiros.

13.8.8. *A cobrança da cédula*

Para cobrança da CPR, cabe a ação de execução para entrega de coisa incerta. Essa modalidade de execução está prevista nos arts. 621 a 631 do Código de Processo Civil, num capítulo denominado: "Da execução para a Entrega de Coisa". Os arts. 629 a 631 cuidam da "Execução para a Entrega de Coisa Incerta".

No aspecto substancial, a obrigação de dar coisa incerta é tratada nos arts. 874 a 877 do Código Civil. Deixaremos, contudo, de adentrar essa questão, por pertencer ela às respectivas matérias: Direito Processual Civil e Direito Civil. Nota-se, todavia, que os diversos ramos do direito não constituem compartimentos estanques, mas se interligam intimamente e se integram.

Caberá ainda outra ação, no caso de CPR garantida por alienação fiduciária. A busca e apreensão do bem alienado fiduciariamente, promovida pelo credor, não elide posterior execução, inclusive de hipoteca e do penhor constituído na mesma cédula, para satisfação do crédito remanescente. Nesse caso, o credor tem direito ao desentranhamento do título, depois de efetuada a busca e apreensão, para instruir a cobrança do saldo devedor, em ação própria. Na Alienação Fiduciária em Garantia, como é muito aplicada no financiamento de veículos, o objeto alienado pertence ao credor, mas fica na posse direta do devedor. Se este não cumprir a obrigação, o credor requer a busca e apreensão do bem alienado, garantindo assim o crédito, instruindo a Ação de Busca e Apreensão com a CPR. Em seguida, pede o desentranhamento do título, para instruir a Execução.

13.8.9. *Responsabilidade penal*

Pratica crime de estelionato aquele que fizer declarações falsas ou inexatas acerca de bens oferecidos em garantia da CPR, inclusive omitir declaração de já estarem eles sujeitos a outros ônus ou responsabilidade de qualquer espécie, até mesmo de natureza fiscal. Só podem ser entregues em garantia bens livres e desembaraçados de gravames. Se o prestador da garantia esconder possíveis ônus e gravames que pesavam sobre o bem alienado, terá agido dolosamente.

13.8.10. *Incolumidade dos bens em garantia*

Os bens vinculados à CPR não serão penhorados ou sequestrados por outras dívidas do emitente ou do terceiro prestador da garantia real, cumprindo a qualquer deles denunciar a existência da cédula às autoridades incumbidas da diligência, ou a quem a determinou, sob pena de responderem pelos prejuízos resultantes de sua omissão. A impenhorabilidade dos bens entregues em garantia visa a impedir que haja sobre eles duplo gravame; se eles garantem um crédito, não poderão garantir outros créditos, senão seriam depreciados. É o que acontece também com o *WARRANT* e o CONHECIMENTO DE DEPÓSITO, e outras cédulas de crédito. O que poderá ser feito será a penhora da própria CPR, ficando os bens entregues em garantia vinculados a essa penhora. O emitente da CPR ou o terceiro prestador da garantia deverão declarar a existência do vínculo de bens ao título ao oficial de justiça que, porventura, proceder à penhora desses bens vinculados, ou ao juiz que a houver determinado. A Lei diz que, se omitirem esse fato, responderão pelos prejuízos resultantes da omissão; contudo não diz se responderão criminalmente. Ao nosso modo de interpretar, poderão responder à ação de perdas e danos.

13.8.11. *Negociação da cédula*

A CPR é um verdadeiro valor mobiliário; poderá ser negociada nos mercados da Bolsa de Valores Mobiliários ou então no mercado de balcão. A comercialização da CPR nas bolsas opera-se por leilões e no mercado de balcão por venda direta aos investidores. O registro da CPR em sistema de registro e de liquidação financeira, administrado por entidade autorizada pelo Banco Central do Brasil, é condição indispensável para a negociação da CPR nas bolsas ou no mercado de balcão. Na ocorrência da negociação, a CPR será considerada ATIVO FINANCEIRO e não haverá incidência do imposto sobre operações de crédito, câmbio, seguro, ou relativas a títulos ou valores mobiliários. Pelo que se vê, o Governo brasileiro vê na CPR um poderoso e versátil instrumento de captação de capitais para canalizá-los ao financiamento rural. Dá-lhe versatilidade de comercialização tanto no mercado financeiro como no mercado de capitais, assegura-lhe a ação executiva, abre o leque das garantias.

14. FINANCIAMENTO IMOBILIÁRIO

14.1. Conceito e natureza jurídica
14.2. Letra imobiliária
14.3. Cédula hipotecária
14.4. Letra hipotecária
14.5. Letra de crédito imobiliário
    14.5.1. Requisitos da LCI
    14.5.2. Garantias da letra
    14.5.3. Transferência por endosso
14.6. A cédula de crédito imobiliário
    14.6.1. Conceito e natureza jurídica
    14.6.2. Requisitos da CCI
    14.6.3. As garantias
    14.6.4. Emissão e negociação
    14.6.5. Cédula escritural
14.7. A securitização da cédula

14.1. Conceito e natureza jurídica

Notamos, no estudo dos modernos títulos de crédito, que alguns têm uma aplicação restrita, destinada a financiar atividades econômicas específicas. Baseados na nota promissória e na letra de câmbio, geralmente esses títulos adquirem peculiaridades especiais, a maioria apresentando distorções da linha geral dos títulos de crédito. Examinamos então neste compêndio os seguintes títulos de financiamento específico:
- Títulos de financiamento rural;
- Títulos de financiamento comercial;
- Títulos de financiamento industrial;
- Títulos de financiamento à exportação;
- Títulos de financiamento da dívida pública;
- Títulos de financiamento imobiliário.

Estamos agora nos ocupando dos títulos de financiamento imobiliário, mais precisamente, cinco, a saber:
- Letra imobiliária – regulamentada pela Lei 4.380/64;
- Cédula hipotecária – regulamentada pelo Decreto-lei 70/66;
- Letra hipotecária – regulamentada pela Lei 7.684/88;

- Letra de crédito imobiliário – Regulamentada pela Lei 10.913/2004;
- Cédula de crédito imobiliário – Regulamentada pela Lei 10.931/2004.

Surgiram esses títulos para amenizar os problemas relacionados à falta de moradia e alargar o financiamento para a aquisição da casa própria. A própria lei, entretanto, declara a natureza civil deles, mesmo porque administração de bens e transações imobiliárias, inclusive compra e venda de imóveis e hipoteca, são consideradas atividades civis. Como, entretanto, a eles se aplicam as normas do Direito Cambiário e têm a função de mobilizar o crédito, merecem considerações dentro de nossos estudos. Foram criados para promover os investimentos na área de construção civil, esta sim, considerada mercantil. Além disso, empresas que emitem alguns desses títulos são S.A. e toda empresa revestida da forma societária de S.A. exerce atividade mercantil por disposição da lei. Devemos pois conhecê-los, porquanto se integram no universo dos títulos de crédito e a legislação que os disciplina se baseia na Convenção de Genebra.

Todos esses títulos são considerados bancários, por serem emitidos a favor de um banco, uma vez que se destinam a lastrear um financiamento bancário dentro de uma área específica.

14.2. Letra imobiliária

Surgiu a letra imobiliária em decorrência da Lei 4.380/64, que instituiu o sistema financeiro de habitação e criou as sociedades de crédito imobiliário, dando a estas a faculdade de emitir as letras imobiliárias. A sociedade de crédito imobiliário é uma empresa revestida da forma de S.A., destinada ao financiamento da casa própria; como tal, é uma instituição financeira, de crédito especializado, tanto que necessita da autorização do Banco Central para poder funcionar.

Para captar dinheiro no mercado de capitais, a sociedade de crédito imobiliário poderá emitir letras imobiliárias, um tipo de nota promissória, pois é uma promessa de pagamento. É um título formal, pois o art. 45 da Lei 4.380/64 prescreve rígidos requisitos para ela. Podem ser nominativas ou ao portador; no primeiro caso deverá ser registrada no livro especial, *Livro de Registro de Letras Imobiliárias Nominativas*, no qual serão inscritas as letras imobiliárias nominativas. Nesse mesmo livro deverão ser averbadas as transferências e constituição de direitos sobre elas. Podem ser transferidas por endosso ou pelo registro no livro; mesmo sendo por endosso, deverá o endossatário pedir a averbação no livro. A letra imobiliária ao portador transfere-se pela simples tradição.

A letra imobiliária poderá ser entregue em penhor, com endosso-mandato, devendo o credor pignoratício pedir a averbação do penhor no livro. Poderá ela ainda ser colocada à disposição de potenciais adquirentes, por intermédio da Bolsa de Valores Mobiliários.

14.3. Cédula hipotecária

Dois anos após a criação da letra imobiliária, o Decreto-lei 70/66 criou a cédula hipotecária, com finalidade semelhante, ou seja, propiciar ou facilitar a aquisição de casa própria, bem como captar, incentivar e disseminar a poupança. Enquanto a Lei 4.380/64 criou sociedade de crédito imobiliário e a letra imobiliária, o Decreto-lei 70/66 criou a associação de poupança e empréstimo e a cédula hipotecária.

A associação de poupança e empréstimo integra-se no Sistema Federal de Habitação, criado pela Lei 4.380/64. Destina-se ela a formar um vínculo associativo entre os seus membros, com depósitos em dinheiro efetuados por pessoas físicas interessadas em delas participar. Embora se chame "associação", tem mais característica de "sociedade", pois persegue lucros e os distribui em forma de dividendos.

A cédula hipotecária é um título de crédito nominativo, contendo uma promessa de pagamento. Nesses dois aspectos, assemelha-se à nota promissória. É entretanto um título causal, pois se origina de hipoteca inscrita no Cartório de Registro de Imóveis, representando os respectivos créditos hipotecários. O favorecido da cédula hipotecária é sempre uma instituição financeira, inclusive caixas econômicas e bancos de investimentos, e companhias de seguros, por representarem elas empréstimos concedidos por essas instituições à associação de poupança e empréstimo, para que estas apliquem tais empréstimos na aquisição da casa própria. Sendo o empréstimo aplicado em imóveis, esses imóveis garantirão, em hipoteca, esse empréstimo.

A transferência da cédula hipotecária só se faz por endosso em preto, lançado no seu verso, permanecendo o endossante, como também o emitente, solidariamente responsável pela solução do crédito.

14.4. Letra hipotecária

Não obstante serem as letras hipotecárias regulamentadas pela Lei 7.684, de 1988, sua prática vem de longa data. São sacadas por instituições financeiras autorizadas a conceder créditos hipotecários e serão garantidas por esses créditos. Podem ser nominativas, endossáveis ou ao portador.

É o título circulável, causal e formal. O formalismo está expresso no art. 1º, § 2º da lei credora da letra hipotecária, indicando os requisitos básicos do título. É causal, por estar vinculada à hipoteca ou hipotecas que a garantem, tanto que um dos requisitos desse título é a identificação dos créditos hipotecários e seu valor. Não poderá seu valor nominal exceder ao do crédito hipotecário, nem o vencimento do título ultrapassar o do crédito.

Ainda que garantido por imóveis hipotecados, poderá a letra hipotecária contar com a garantia fidejussória adicional de instituição financeira. Também chamada de garantia pessoal, a garantia fidejussória contrapõe-se à garantia real; é o caso da fiança e do aval. Por consequência, a letra hipotecária poderá ser garantida ainda por aval ou fiança. O endossante, por sua vez, deverá garantir a veracidade da letra hipotecária, mas contra ele não será admitido direito de cobrança regressiva.

14.5. Letra de crédito imobiliário

Em 2004, a Lei 10.931 estabeleceu novas regras sobre a incorporação imobiliária e aproveitou a ocasião para se enveredar em outros setores jurídicos, como, por exemplo, estabelecendo as novas normas sobre a cédula de crédito bancário, que seria problema do Direito Bancário ou do Direito Cambiário. Criou também mais dois tipos de financiamento bancário para imóveis, o que, de certa forma, estaria no seu campo propício, por se referir a problemas imobiliários ou de habitação. Esses dois tipos de títulos receberam o nome de **letra de crédito imobiliário** e **cédula de crédito imobiliário**. Deles falaremos em seguida.

14.5.1. *Requisitos da LCI*

Os bancos de depósitos, os bancos múltiplos com carteira de crédito imobiliário, a Caixa Econômica Federal, as sociedades de crédito imobiliário, as associações de poupança e empréstimo, as companhias hipotecárias e demais espécies de instituições que venham a ser expressamente autorizas pelo BACEN poderão emitir *letra de crédito imobiliário – LCI*. Essa letra será emitida, independentemente de tradição efetiva, lastreada por créditos imobiliários garantidos por hipoteca ou por alienação fiduciária de coisa imóvel. Conferirá aos seus tomadores direito de crédito pelo valor nominal, juros e, se for o caso, atualização monetária nelas estipulados.

A **letra de crédito imobiliário** será emitida sob a forma nominativa, com os dados próprios de uma nota promissória, tais como a denominação LETRA DE CRÉDITO IMOBILIÁRIO, em letras em realce, tendo o nome do banco emissor e sua assinatura pelos seus representantes legais, o número de ordem, o local e a data da emissão e do vencimento. Conterá a forma, a periodicidade e o local do pagamento do principal, dos juros e, se for o caso, da atualização monetária. Conterá os juros fixos ou flutuantes, que poderão ser negociáveis, a critério das partes. Deverá indicar os créditos caucionados, seu valor e o nome do titular.

14.5.2. *Garantias da letra*

A letra de crédito imobiliário – LCI poderá contar com garantia fidejussória adicional de instituição financeira. Seria, neste caso, outra instituição financeira diferente do banco emissor, revelando sua possibilidade de circular no mercado de capitais: a letra é transferida a outro banco, que também a transfere, dando seu aval à letra.

A garantia principal é constituída por um ou mais créditos imobiliários. Porém, a soma do principal das letras de crédito imobiliário não poderá exceder o valor total dos créditos imobiliários em poder da instituição emitente.

A LCI não poderá ter prazo de vencimento superior ao prazo de quaisquer dos créditos imobiliários que lhe servem de lastro. O que pretende realmente esse critério é evitar que a letra fique sem o lastro da garantia, tornando-se muito volúvel. O BACEN poderá estabelecer o prazo mínimo e outras condições para emissão e resgate da LCI, observando-se que ela poderá ser atualizada mensalmente, desde que seja emitida com prazo mínimo de 36 meses.

É vedado o pagamento dos valores relativos à atualização monetária apropriados desde a emissão, quando ocorrer o resgate antecipado, total ou parcial, em prazo inferior a 36 meses, da LCI emitida com previsão de atualização mensal por índice de preços.

14.5.3. *Transferência por endosso*

A LCI poderá ser transferida por endosso; nesse caso deverá conter a cláusula *à ordem*. O endossante da LCI responderá pela veracidade do título, mas, contra ele, não será admitido direito de cobrança regressiva. Essa norma se afasta dos princípios do direito cambiário, ficando esse endosso parecido com a cessão de crédito, que dispensa direito de regresso.

14.6. A cédula de crédito imobiliário

14.6.1. *Conceito e natureza jurídica*

A Lei 10.913/2004 criou também outro tipo de título para o financiamento imobiliário pelos bancos e demais instituições financeiras: a *cédula de crédito imobiliário – CCI*, para representar créditos imobiliários. É emitida pelo credor do crédito imobiliário e poderá ser integral, quando representar a totalidade do crédito. Quando representar parte do crédito será fracionária. Não pode a soma das cédulas de crédito imobiliário – CCI, emitidas em relação a cada crédito, exceder o valor total do crédito que elas representam. Se essa irregularidade acontecesse, a CCI ficaria com o excesso do valor desprovido da garantia dos créditos imobiliários. As CCI poderão ser emitidas simultaneamente ou não, a qualquer momento antes do vencimento do crédito que elas representam.

É um título executivo extrajudicial, exigível pelo valor apurado de acordo com as cláusulas e condições pactuadas no contrato que lhe deu origem. O resgate da dívida representada pela CCI prova-se com a declaração de quitação, emitida pelo credor, ou, na falta desta, por outros meios admitidos em direito.

14.6.2. *Requisitos da CCI*

A CCI é um documento formal, devendo conter a denominação **Cédula de Crédito Imobiliário**, quando emitida cedularmente, uma vez que poderá ser escritural. Conterá ainda o nome, a qualificação e o endereço do credor e do devedor e, no caso de emissão escritural, também o do custodiante; – a indicação do imóvel objeto do crédito imobiliário, com a indicação da respectiva matrícula no Registro de Imóveis competente e do registro da constituição da garantia, se for o caso; – a modalidade da garantia se for o caso; – o número e a série da cédula; – o valor do crédito que representa; – a condição de integral ou fracionária e, nesta hipótese, também a indicação da fração que representa.

E mais ainda o prazo, a data de vencimento, o valor da prestação total, nela incluídas as parcelas de amortização e juros, as taxas, seguros e demais encargos contratuais de responsabilidade do devedor, a forma de reajuste e o valor das multas previstas contratualmente, com a indicação do local de pagamento; o local e a data da emissão; a assinatura do credor, quando emitida cartularmente; a autenticação pelo Oficial do Registro de Imóveis competente, no caso de contar com garantia real; e a cláusula *à ordem*, se for endossável.

14.6.3. *As garantias*

A CCI poderá ser emitida com ou sem garantia, real ou fidejussória, sob a forma escritural ou cartular. Sendo o crédito imobiliário garantido por direito real, a emissão da CCI será averbada no Registro de Imóveis da situação do imóvel, na respectiva matrícula, devendo dela constar, exclusivamente, o número, a série e a instituição custodiante.

A averbação da emissão da CCI e o registro da garantia do crédito respectivo, quando solicitados simultaneamente, serão considerados como ato único para efeito de cobrança de emolumentos. A constrição judicial que recaia sobre crédito representado por CCI será efetuada nos registros da instituição custodiante ou mediante apreensão da respectiva cártula.

É vedada a averbação da emissão da CCI com garantia real quando houver prenotação ou registro de qualquer outro ônus real sobre os direitos imobiliários respectivos, inclusive penhora ou averbação de qualquer mandado ou ação judicial.

14.6.4. *Emissão e negociação*

A emissão e a negociação da CCI independem de autorização do devedor do crédito imobiliário que ela representa. A cessão do crédito representado por CCI poderá ser feita por meio de sistemas de registro e de liquidação financeira de títulos privados autorizados pelo BACEN. A cessão do crédito representado por CCI implica automática transmissão das respectivas garantias ao cessionário, sub-rogando-o em todos os direitos representados pela cédula, ficando o cessionário, no caso de contrato de alienação fiduciária, investido na propriedade fiduciária.

A cessão de crédito garantido por direito real, quando representado por CCI emitida sob a forma escritural, está dispensada de averbação no Registro de Imóveis.

14.6.5. *Cédula escritural*

A emissão da cédula de crédito imobiliário sob a forma escritural far-se-á mediante escritura pública ou instrumento particular, devendo esse instrumento permanecer custodiado em instituição financeira e registro em sistemas de registro e liquidação financeira de títulos privados autorizados pelo BACEN. No caso de CCI emitida sob a forma escritural, caberá à instituição custodiante identificar o credor para qualquer intimação quanto à garantia real.

14.7. A securitização da cédula

A CCI objeto de securitização nos termos da Lei 9.514/97 será identificada no respectivo Termo de Securitização de Créditos, mediante indicação do seu valor, número, série e instituição custodiante, dispensada a enunciação das informações já constantes na cédula ou do seu registro na instituição custodiante.

Segundo essa referida Lei, que regula o **Sistema de Financiamento Imobiliário**, a *securitização de créditos imobiliários* é a operação pela qual tais créditos são expressamente vinculados à emissão de uma série de títulos de crédito, mediante **Termo de Securitização de Créditos**, lavrado por uma companhia securitizadora.

Esse regime fiduciário, no caso de emissão de *Certificado de Recebíveis Imobiliários* lastreados em créditos representados por CCI, será registrado na instituição custodiante, mencionando o patrimônio separado a que estão afetados.

15. CRÉDITO DOCUMENTÁRIO

15.1. Conceito e partes contratantes
15.2. A Carta de Crédito
15.3. O documentário
    15.3.1. Guia de exportação
    15.3.2. *Commercial invoice* (fatura comercial)
    15.3.3. *Bill of lading* (conhecimento de transporte)
    15.3.4. *Packing list* (romaneio)
    15.3.5. *Origin certificate* (certificado de origem)
    15.3.6. *Phytosanitary certificate* (Certificado fitossanitário)
15.4. Regulamentação
15.5. Utilidade do crédito documentário
15.6. Modalidades de crédito documentário

15.1. Conceito e partes contratantes

O nome desse contrato internacional é, às vezes, chamado de **crédito documentado**, mas a designação de acordo com sua regulamentação é mais apropriada como **crédito documentário**, porquanto se baseia no **documentário** da venda de mercadorias e não nas próprias mercadorias.

O crédito documentário é um contrato de crédito tipicamente internacional. Apresenta analogia com o contrato de mútuo, de empréstimo de dinheiro. Esse empréstimo, contudo, tem um fim específico: financiar uma operação de venda internacional. Sucede-se, portanto, após o estabelecimento de um contrato de compra e venda internacional. Atualmente, vem encontrando outras aplicações.

O crédito documentário é um contrato pelo qual o comprador de uma mercadoria pede ao seu banco um crédito, com ordem para que esse crédito seja pago ao vendedor da mercadoria, localizado em outro país, desde que o vendedor entregue ao banco, que lhe pagar, o documentário da mercadoria exportada. Há, portanto, no crédito documentário quatro partes, quatro pessoas envolvidas:

1. Tomador – que é o comprador no contrato de compra e venda;
2. Beneficiário – que é o vendedor-exportador;

3. Banco emissor – que é um banco situado no país do tomador;
4. Banco avisador – que é um banco situado no país do beneficiário.

A operação de um crédito documentário apresenta um longo roteiro, parecendo ser complicado, mas é bem claro e simples; desde que combinada a venda de uma mercadoria brasileira para outro país, digamos o Uruguai, os passos são mais ou menos os seguintes:

1º. O comprador-importador solicita ao seu banco, no seu país, que lhe conceda um crédito documentário, pedindo que o dinheiro seja entregue ao vendedor-exportador no Brasil. O solicitante do crédito documentário é chamado de tomador.
2º. O banco uruguaio emite uma Carta de Crédito para o Brasil, dando ordem de pagamento a um banco brasileiro, a fim de ser feito o pagamento ao vendedor-exportador, contra a entrega do documentário. O banco uruguaio é chamado de banco emissor.
3º. O banco brasileiro recebe a Carta de Crédito e avisa o vendedor-exportador de que o dinheiro está à disposição deste, desde que entregue os documentos indicados na Carta de Crédito. O banco brasileiro é chamado de banco avisador.
4º. O vendedor-exportador recebe do banco avisador o pagamento do preço da venda que realizou, fazendo a entrega dos documentos representativos dessa venda. O vendedor-exportador é chamado de beneficiário ou favorecido por ser ele quem receberá o dinheiro.

Está assim cumprida a Carta de Crédito, que é uma ordem de pagamento contra a entrega de documentos. Esse documentário terá que chegar às mãos do tomador, seguindo o mesmo roteiro, porém, em sentido inverso:

15.2. A Carta de Crédito

A Carta de Crédito é uma operação inerente e concomitante com o crédito documentário. É uma ordem de pagamento internacional, contra a entrega de certos documentos. A Carta de Crédito é normalmente feita por bancos, mas não obrigatoriamente. Pode ser uma instituição financeira, uma casa de câmbio, uma agência de turismo.

Na Carta de Crédito estão relacionados os documentos a serem entregues quando ela for cumprida. Quem pagar deve examinar o documentário e certificar-se de que está de acordo com que diz a Carta de Crédito.

Perante o Direito brasileiro, a Carta de Crédito é um contrato. Nosso revogado Código Comercial, ao tipificar os contratos mercantis, previa a Carta de Crédito no artigo 264. No Direito Internacional Privado, a Carta de Crédito não é considerada um contrato, mas apenas uma ordem de pagamento, uma operação concomitante com o crédito documentário; não tem as características e os objetivos de um contrato. É chamada de *commercial letter of credit*, ou na expressão francesa *lettre de crédit*.

Assemelha-se mais a um título de crédito, por ser uma declaração unilateral de vontade. Não tem, contudo, várias características e os objetivos de um título de crédito, tanto que, se não for paga, não caberá o protesto cambiário. Nosso Código de Processo Civil não a elenca entre os títulos executivos extrajudiciais e nossas leis cambiárias não a regulamentam. Não se pode considerá-la, pois, um título de crédito.

15.3. O documentário

O nome desse contrato internacional ficou conhecido no mundo inteiro, com base na regulamentação que lhe deu a Publicação nº 400 da Câmara de Comércio Internacional: *documentary credit*. Justifica-se essa designação pelo fato de ser uma operação baseada nos documentos relativos a uma mercadoria e não na própria mercadoria.

Documentário é um conjunto de documentos. Em nosso caso, é um conjunto de documentos referentes a uma mercadoria vendida e despachada para outro país. É também chamado de documentação do comércio internacional. São documentos já bem vulgarizados e instituídos universalmente.

A Carta de Crédito relaciona quais os documentos que constituem o seu documentário. Há, porém, poucas variações e existem documentos obrigatórios. O objetivo do documentário é dar ao tomador do crédito documentário a faculdade de poder exigir, da alfândega de seu país, a entrega da mercadoria que ele comprou. Com esses documentos, pode ele exercer seus direitos de propriedade sobre as mercadorias exportadas para ele. São os seguintes os documentos de um crédito documentário:

15.3.1. *Guia de exportação*

É um documento intransferível, emitido pelo DECEX, em formulário padronizado, que confere ao exportador o direito de providenciar o embarque da mercadoria vendida ao exterior, obedecidos ao preço, prazo e demais condições estabelecidas na guia. Os formulários podem ser adquiridos no DECEX ou em qualquer agência do Banco do Brasil, podendo ser feitos pelo exportador, desde que igual ao modelo oficial. Preenchido pelo exportador, é entregue ao banco com quem ficará o contrato de exportação e este a passará ao DECEX, que o assinará, expedindo a competente Guia de Exportação.

Este documento só tem validade enquanto o navio estiver em águas territoriais brasileiras. Ao sair do Brasil, passa a ter eficácia a fatura comercial (*commercial invoice*) e o conhecimento de transporte (*bill of lading*), substituindo a guia. Esta guia serve para o DECEX controlar todas as exportações e ao mesmo tempo atesta a legitimidade da operação.

15.3.2. **Commercial invoice** *(fatura comercial)*

É documento emitido ou fornecido pelo exportador que caracteriza a operação de venda da mercadoria. É parecida com a nota fiscal usual, contendo a assinatura do vendedor. Ao ser assinada pelo comprador, transforma-se num título de crédito internacional. Assim, no plano internacional, a fatura equivale à nossa duplicata. É escrita em inglês ou bilíngue.

A fatura contém os dados da Guia de Exportação, ou também da nota fiscal ou da fatura interna, tais como: a descrição e caracterização da mercadoria, cláusulas do contrato de compra e venda internacional (*incoterms*), qualificação do comprador e do vendedor, valor da venda e forma de pagamento, bem como a data e número do *bill of lading* e nome da transportadora.

15.3.3. Bill of lading *(conhecimento de transporte)*

É emitido pela empresa transportadora da mercadoria, comprovando a entrega desta para o embarque. Perante o Direito brasileiro e de muitos países, é considerado um título de crédito, tanto que é devidamente regulamentado pela nossa legislação cambiária. Se o transporte for aéreo, é chamado de *airway bill* e, se for ferroviário, de *rail road bill.*

15.3.4. Packing list *(romaneio)*

É a relação de todas as mercadorias embarcadas, referentes a uma compra e venda, apontando a forma da embalagem, como caixas, baús, engradados, *containers, paillets*, e suas características externas: peso, cor, dimensões, formas. Descreve também a mercadoria que se encontra em cada volume. A finalidade primordial do *packing list* é permitir o encontro e a identificação da mercadoria embarcada.

15.3.5. Origin certificate *(certificado de origem)*

Este certificado é normalmente emitido pela FIESP – Federação das Indústrias – e se destina a comprovar a origem da mercadoria, ou seja, quem a fabricou, em que lugar foi fabricada. É um documento exigido também no âmbito nacional, pois o exportador goza normalmente de incentivos creditícios e fiscais para as mercadorias de fabricação nacional.

Muitas vezes é exigido pelo país importador, porquanto há controle nos países estrangeiros, em vista dos acordos comerciais assinados entre o Brasil e esses países. É o caso dos países-membros da ALADI e do MERCOSUL, mas é preciso que as mercadorias sejam comprovadamente originadas do Brasil. Outro caso da exigência do certificado de origem é quando a mercadoria é vendida para países industrializados, mormente os que compõem a UE – União Europeia; neste caso, o certificado de origem deve ser emitido pelo DECEX. Faculta ao vendedor brasileiro exportar, aproveitando o SGP – Sistemas Gerais de Preferências.

15.3.6. Phytosanitary certificate *(Certificado fitossanitário)*

É utilizado quando se tratar de produtos de origem animal ou vegetal, por força de exigências da maioria dos países. É emitido pelo Ministério da Agricultura, de acordo com o que foi estabelecido pela Convenção Internacional para a Proteção dos Vegetais, de 1951. Certificado semelhante é adotado para medicamentos, produtos químicos, essências; é chamado de Certificado de Análise. Pode ser emitido pelo próprio exportador, mas assinado por um técnico especializado, como um químico, um farmacêutico, que se responsabiliza pessoalmente.

15.4. Regulamentação

O crédito documentário foi criado pela praxe do comércio internacional e tornou-se costume muito vulgarizado. Como seu uso foi se alastrando, a Câmara de Comércio Internacional encarregou-se de elaborar a regulamentação do crédito documentário, para unificar seu processamento no mundo todo.

Assim é que surgiu a regulamentação por uma publicação da Câmara do Comércio Internacional, que foi várias vezes reformulada e aprovada em várias convenções internacionais. Atualmente, está regulamentada pela Publicação nº 400, denominada **Regras e Usos Uniformes relativos a Créditos Documentários** (*Uniform customs and practice for documentary credits*).

Não está regulamentado pela nossa lei. Está previsto pela legislação de alguns países, como o Código Civil da Itália e o Código Comercial do México. A Publicação nº 400 da Câmara de Comércio Internacional está, entretanto, muito difundida e a aplicação do crédito documentário tem sido frequente e pacífica no mundo inteiro e inclusive no Brasil.

Nos EUA, o crédito documentário é regulamentado pelo **UCC – Uniform Commercial Code**, publicado pela *American Bar Association*, entidade que congrega os advogados norte-americanos, correspondente à nossa OAB. Todavia, o UCC não foi instituído em lei nacional, razão por que não entrou na legislação americana.

Em nossa legislação, todavia, o que existia era a previsão da Carta de Crédito, no artigo 264 do revogado Código Comercial. Nosso Código Civil prevê, nos artigos 529 a 532, a *venda sobre documentos*, que é uma regulamentação do crédito documentário, mas muito insuficiente, devendo ser complementado pela legislação internacional, mormente a Brochura 400 da CCI.

A Publicação nº 400 da Câmara de Comércio Internacional é uma regulamentação elaborada em 55 artigos, distribuídos em seis Títulos, a saber:

a) Disposições gerais e definições;
b) Forma e notificação do crédito;
c) Obrigações e responsabilidade;
d) Documentos;
e) Disposições diversas;
f) Transferência.

15.5. Utilidade do crédito documentário

O crédito documentário é, hoje, elemento propulsor das operações internacionais de compra e venda, graças às inúmeras utilidades que ele presta, e às vantagens que proporciona às partes interessadas, ou seja, ao tomador, ao banco emissor, ao banco avisador e ao beneficiário.

O contrato de compra e venda internacional é análogo ao de compra e venda nacional. É regulamentado pela Convenção de Viena, de 1980, promovida pela ONU. Seus elementos essenciais são aceitos pelo direito de quase todos os países: *RES, PRETIUM,*

CONSENSUS. Todavia, a compra e venda internacional apresenta várias facetas próprias e maiores riscos e dificuldades, ocasionados pela maior distância, dificuldade de comunicações, idiomas e moedas distintas, complexidade dos transportes, documentação variada, instabilidade política e econômica em qualquer país abrangido pela venda e muitos outros fatores. A compra e venda internacional vai ainda facultar o estabelecimento de outros contratos, como o de câmbio e o próprio crédito documentário.

Da mesma forma que as vendas nacionais, as internacionais trazem sérias preocupações às duas partes:
- **comprador** – quer receber a mercadoria nas condições estipuladas, a data certa e sem empecilhos, no preço combinado, com as especificações exigidas, em bom estado.
- **vendedor** – quer, antes de tudo, receber o preço do que vendeu, na data certa e sem empecilhos. Antes de despachar a mercadoria, receia que o comprador entre em insolvência, ou cancele o pedido.

O crédito documentário dá garantia às partes, garantia essa dada por dois bancos, que lhes dão ainda assessoria e providenciam a solução final do crédito.

O vendedor da mercadoria, ao receber o aviso do banco avisador, de que há um crédito à disposição dele, fica totalmente garantido e terá a comodidade de entregar os documentos só no ato do recebimento do crédito, ao banco que o paga. Cessam então as suas preocupações.

O comprador da mercadoria recebe um crédito para concretizar a compra e toda a burocracia do pagamento e da obtenção dos documentos lhe é atribuída. Fica ainda seguro quanto ao recebimento do preço, não terá receio em providenciar o envio da mercadoria em tempo mais breve. Fica ainda seguro quanto ao recebimento do documentário, pois conta com a responsabilidade de dois bancos.

Os dois bancos envolvidos realizam uma operação de crédito lastreada por mercadoria e papéis que a representam. Além disso, cada banco trabalha com seu cliente: o banco emissor com o tomador e o banco avisador com o beneficiário. Não lidam, portanto, com empresas desconhecidas, mas com clientes seus, devidamente cadastrados.

Ambos os bancos ficam ainda livres de responsabilidades quanto a possíveis conflitos entre o vendedor-exportador e o comprador-importador, decorrentes do contrato de compra e venda. O crédito documentário é um contrato autônomo, abstrato, distinto, portanto, do contrato de compra e venda; as partes são outras, diversos são os objetivos e efeitos. Não há correlação nem conexão entre um e outro.

Verdade é que o crédito documentário decorre de um anterior contrato de compra e venda. Após aperfeiçoar-se o contrato de compra e venda, as partes combinam a fórmula de pagamento, pelo crédito documentário. Trata-se, porém, de um novo contrato, com novas obrigações e direitos, totalmente autônomo do contrato que lhe serviu de base. Nem mesmo se pode dizer que um seja principal e o outro acessório, pois nenhum vínculo existe entre eles.

Aliás, as **Regras e Usos Uniformes relativos a Créditos Documentários** (Publicação nº 400 da Câmara de Comércio Internacional reconhece essa autonomia no artigo 3º):

Os créditos são, por sua natureza, transações distintas das vendas ou outros contratos que lhes possam ter servido de base, e, de modo algum, tais contratos envolvem ou obrigam os bancos, mesmo que alguma referência a tais contratos esteja incluída no crédito.

Mais adiante, o artigo 6º reforça a separação entre as obrigações decorrentes de ambos os contratos:

O beneficiário não pode, em hipótese alguma, prevalecer-se das relações contratuais existentes entre os bancos ou entre o tomador do crédito e o banco avisador.

15.6. Modalidades de crédito documentário

Nota-se que na Publicação nº 400 da Câmara de Comércio Internacional é utilizada no plural a expressão **créditos documentários**, dando a impressão de que há vários tipos. O crédito documentário é, realmente, um tanto maleável, o que ocorrerá fatalmente com um contrato que se destina à larga aplicação em um volumoso número de países. Há, portanto, várias modalidades de crédito documentário, que se diferenciam levemente, mas mantendo a mesma estrutura. A mais importante dessas distinções é prevista na Publicação nº 400, no Título B – *forma e notificação do crédito* – sob o ponto de vista do conteúdo obrigacional. Diz o artigo 7º que o crédito documentário pode ser revogável e irrevogável.

O crédito documentário revogável pode ser emendado ou cancelado pelo banco emissor a qualquer momento e sem prévio aviso ao beneficiário. Fica, portanto, sujeito a cancelamento sem que o beneficiário tenha garantia quanto ao cumprimento do crédito documentário. Entretanto, se ele já estiver cumprido, ou seja, utilizado pelo beneficiário, este estará a salvo do cancelamento.

O crédito documentário irrevogável constitui um compromisso firme do banco emissor, desde que os documentos estipulados sejam apresentados e os termos e condições do crédito sejam cumpridos.

Outra modalidade importante do crédito documentário é quanto à eficácia do crédito: se ele é à vista ou sacado. Esta última é mais importante, pois faz rolar adiante a operação, criando novos direitos e obrigações, incrementando a circulação da moeda. Ao receber o aviso do banco avisador de que o crédito está à sua disposição, o beneficiário poderá receber o dinheiro e entregar o documentário. Poderá, contudo, incluir no documentário uma letra de câmbio (DRAFT), que será aceita pelo banco avisador. Assim, o beneficiário poderá vender a mercadoria a prazo, cujo preço fica bem majorado, e, ao invés de receber o dinheiro, receberá a letra de câmbio aceita pelo banco. Esta letra de câmbio será facilmente descontável por qualquer banco, inclusive pelo próprio banco avisador ou pelo Banco do Brasil, ou comercializada no mercado financeiro internacional.

A grande vantagem do crédito documentário com o aceito da letra de câmbio é que o beneficiário poderá vender seus produtos a preços mais elevados, por ser a prazo, e descontar seus saques a juros módicos, beneficiando-se dos incentivos fiscais e creditícios que o governo brasileiro concede nas operações de comércio internacional.

16. CONTRATO DE CÂMBIO

    16.1. Conceito e características
    16.2. Natureza jurídica

16.1. Conceito e características

Câmbio é a operação pela qual se adquire a moeda de um país com a contraprestação de outra moeda. É a conversão de uma moeda em outra, para a remessa a outros países ou para utilização no próprio país em que a moeda estrangeira seja adquirida, ou para várias outras finalidades. Alguns juristas consideram o câmbio como uma troca: a troca de uma moeda por outra. Outros, porém, aproximam-no a uma compra e venda.

O contrato de câmbio é o instrumento pelo qual se formalizam as operações em moedas estrangeiras. Não é um contrato nominado, ou seja, regulamentado pelas nossas leis ordinárias, embora minuciosamente descrito pelas normas do Banco Central constantes de um manual denominado "Consolidação das Normas Cambiais". Vários juristas criticam essa omissão legislativa, desconhecendo um contrato de larga importância e deixando-o ao amparo do Banco Central.

Contudo, por função da analogia, ao contrato de câmbio aplicam-se as disposições do contrato de compra e venda. Os elementos desse contrato se notam no contrato de câmbio: *RES, PRETIUM, CONSENSUS*. A coisa é a moeda estrangeira, que fica colocada na posição de mercadoria vendida. O preço é a moeda nacional, que é dada como contraprestação do comprador da moeda estrangeira. O consenso é a convergência de vontades do comprador e do vendedor sobre a operação. Possui as características normais do contrato de compra e venda, conforme são encontradas nas disposições de nosso Código Civil. É contrato consensual, oneroso, mercantil, bilateral, comutativo, inominado e principal. A essas características adiciona-se uma outra de especial importância: é um contrato solene, formal.

Formal – É um contrato extremamente formal, rigidamente delineado na "Consolidação das Normas Cambiais", emitidas pelo Banco Central do Brasil. Só pode ser realizado em impresso específico, elaborado pelo Banco Central e normalmente adquirido desta autarquia, no DECEX (Departamento de Comércio Exterior do Banco do Brasil) ou nas agências do Banco do Brasil. Uma pessoa privada poderá mandar imprimir esse impresso, desde que seja exatamente de acordo com o modelo elaborado pelo Banco Central. O preenchimento do impresso é tão formalizado, que há um manual do Banco Central instruindo a elaboração do contrato.

Consensual – O contrato de câmbio, nos moldes do contrato de compra e venda, é consensual. Entre ambas as partes deve haver convergência de vontades, com a oferta de uma das partes e a aceitação pela outra, formalizando o contrato. Por ele, assumem as partes obrigações do vendedor em entregar a moeda estrangeira, e a do comprador em pagar o preço. Basta, pois, o consentimento das partes.

Inominado – É contrato inominado por não estar tipificado em nossa lei ordinária. Embora seja um contrato bem antigo, conhecido pelos hebreus e chineses, e referido pelo direito romano, vulgarizado na Idade Média e principalmente a partir do século XIV, nenhuma referência é feita a ele em nosso Código Comercial nem em nosso Código Civil.

De prestações recíprocas – Cria obrigações para ambas as partes e essas obrigações são recíprocas, isto é, do vendedor para o comprador e do comprador para o vendedor. É contrato do tipo *ut des*. É, outrossim, comutativo por haver equilíbrio entre essas obrigações, de tal forma que o benefício colhido por uma das partes equivale aproximadamente ao da outra.

Empresarial – É contrato de natureza mercantil ou comercial, modernamente chamado de empresarial ante a obrigatoriedade de ser formalizado por intermédio de uma instituição financeira. Às vezes o contrato de câmbio origina-se de uma operação de transferência de dinheiro entre duas pessoas físicas e privadas. Contudo, é uma operação autônoma da transação que lhe deu causa e é realizada com o concurso de um estabelecimento de crédito. No Brasil é essencialmente bancário e duplamente bancário, por haver obrigatoriedade da participação de dois bancos.

Principal – É contrato principal, porquanto é autônomo de outros que com ele possam manter conexão. Às vezes, um contrato de câmbio origina-se da venda de mercadorias; apesar da conexão entre ambos, o câmbio não fica na dependência dos eventos referentes à compra e venda. Se houver outros contratos paralelos, o contrato de câmbio situa-se como o principal, sendo os demais acessórios.

Nos municípios onde houver Bolsa de Valores Mobiliários, as operações de câmbio devem ser realizadas com a interveniência de uma Sociedade Corretora. Todavia, como a maioria das sociedades corretoras integram os grupos bancários, normalmente ela não aparece, por atuar no âmbito interno do banco.

É dispensada a interveniência da sociedade corretora quando se tratar de operações simples, como mera operação de transferência entre bancos, se o valor for menor de US$ 1.000,00, compra direta de moedas ou de *traveler's check* (câmbio manual), ou se for parte do Poder Público.

O contrato de câmbio classifica-se em quatro espécies:

a) Câmbio manual;
b) Câmbio sacado;
c) Operações financeiras internacionais;
d) Operações comerciais internacionais (importação/exportação).

a) Câmbio manual é a compra de moeda na mão por moeda na mão, ou moeda presente por moeda presente; é operada à vista, sem crédito. É a simples compra de moeda estrangeira, com pagamento em reais à vista. Normalmente, não passam pelos bancos, por serem operações livres de controle. É passagem de moeda na mão do vendedor para a mão do comprador, donde o nome de câmbio manual. Considera-se ainda câmbio manual a operação com *traveler's check*, pois são papéis que representam dinheiro, por realizarem imediatamente o valor que representam. O *traveler's check* é também chamado de cheque de viagem, cheque de viajante ou cheque viajeiro. É cheque emitido por bancos, a pedido de quem pretende viajar para o exterior, donde a designação de "cheque de viajante". Normalmente é pago em reais, mas com o valor expresso na moeda do país para onde vai o viajante, ou em dólar e euro. O favorecido do cheque assina-o no momento da emissão; na hora de receber o valor no país para onde se dirigiu, assina-o novamente, servindo a primeira assinatura de modelo.

b) Câmbio sacado ou câmbio trajetício, com muito maior alcance do que o câmbio manual, é a compra de moeda presente por moeda ausente. É uma operação realizada no tempo e no espaço, ou seja, a moeda estrangeira é transferida num país em determinado dia; o pagamento é feito em outro país numa ocasião futura. É chamado de câmbio trajetício, em vista de o dinheiro fazer trajeto de um país para outro. O trajeto se faz graças a uma Letra de Câmbio que, no plano internacional, é chamada de saque (*Draft*), donde surge o nome de câmbio sacado.

c) Operações financeiras referem-se à transferência de dinheiro do Brasil para o exterior ou vice-versa. Realizam-se por intermédio de operações de câmbio sacado, pois o pagamento é realizado em tempo e espaços diferentes. Devem ser realizadas pela carteira de câmbio de bancos oficiais ou particulares.

São chamadas de Compras Financeiras quando se referirem a ingresso de divisas no Brasil e Vendas Financeiras se disserem respeito à transferências de divisas para o exterior. Essas transferências se realizam de diversas formas, como ordens de pagamento, cheques bancários ou cheques emitidos por particulares, cartas de crédito não comerciais. A transferência de dinheiro destina-se a várias finalidades, como pagamento de revistas e livros, cursos por correspondência, pagamento a pessoas em viagem ou a estudos, pagamento de pensões, donativos, turismo. Podem ser enviados por ordem de pagamento bancária, via telex ou por carta, ou então por cheques bancários, isto é, de emissão por bancos. É possível ainda enviar um cheque particular, mas o pagamento é difícil por ser feito pelo sistema de cobrança bancária. Essas transferências podem ser realizadas sem interferência do Banco Central, mas são de pequena monta, não podendo ultrapassar a US$ 300,00. Utiliza-se, para essa operação, o impresso Tipo 3 – Contrato de Câmbio (Transferência financeira para o exterior).

De maior importância, contudo, são as remessas financeiras para pagamento de *royalties*, juros, dividendos, retorno de capitais, amortizações de empréstimos no exterior, pagamento de transferência (cessão) de tecnologia ou qualquer outra operação financeira mais elevada, que implique evasão de divisas do Brasil. Será necessária a aprovação do Banco Central e deverá ser formalizada pelo impresso Tipo 4 – Contrato de Câmbio (Transferência para o exterior).

Importantes ainda são as operações financeiras que representam entrada de capital estrangeiro no Brasil. São investimentos em moedas ou bens, empréstimos externos, operações 63. Devem ser formalizadas pelo impresso Tipo 3 – Contrato de Câmbio (Transferência financeira do exterior). Todo investimento estrangeiro no Brasil deverá ser registrado no FIRCE – Fiscalização e Registro de Capitais Estrangeiros, órgão do Banco Central.

Pode ser também uma Carta de Crédito não comercial, operação parecida com *traveler's check*. É uma carta entregue a uma pessoa que viaja ao exterior, emitida por um banco, à ordem de outro banco situado no exterior, autorizando-o a um pagamento em favor do portador da carta.

d) Operações comerciais referem-se à exportação ou importação. Os contratos referentes à exportação se formalizam pelo impresso Tipo 1 – Contrato de Câmbio (Exportação) e o de importação pelo Tipo 2 – Contrato de Câmbio (Importação). Refletem atividades mais típicas do comércio internacional (*trade*), decorrentes de vendas ou trocas de bens e serviços, acessórios de transportes e seguros internacionais.

As normas administrativas que orientam a exportação foram estabelecidas pelo Comunicado nº 119, de 6.2.1985, da CACEX (hoje DECEX), e as que orientam a importação pelo Comunicado nº 133, de 20.6.1985.

Perante o Banco Central, os contratos de câmbio são classificados em doze modalidades, cada um com impresso próprio, sendo os principais:

Tipo 1. Exportação;
Tipo 2. Importação;
Tipo 3. Transferências financeiras do exterior;
Tipo 4. Transferências financeiras para o exterior.

16.2. Natureza jurídica

Embora o contrato de câmbio não seja regulamentado, há algumas referências a ele em leis esparsas, dando base para a avaliação de sua natureza jurídica. A Lei nº 4.595, de 31 de dezembro de 1964, a Lei da Reforma Bancária, no artigo 19, inciso VI, diz que competirá ao Banco do Brasil, entre outras coisas, "realizar, por conta própria, operações de compra e venda de moedas estrangeiras". A Lei da Reforma Bancária interpreta, pois, o contrato de câmbio como se fosse de compra e venda de moeda estrangeira, como fazem doutrinariamente PONTES DE MIRANDA e vários outros juristas.

A mais importante disposição sobre o contrato de câmbio é, entretanto, estabelecida pela Lei nº 4.728, de 14.7.1965, que disciplinou o mercado de capitais. O artigo 75 desta Lei diz que:

> *O contrato de câmbio, desde que protestado por oficial competente para o protesto de títulos, constitui instrumento bastante para requerer a ação executiva.*

O *caput* do artigo 75 faz, pois, referência ao contrato de câmbio, o que o reconhece perante o Direito brasileiro, embora este não o regulamente. Atribui a ele caracteres cambiários, dando-lhe força executiva. Pode ser protestado, dar base à ação executiva e até mesmo requerer a falência do devedor inadimplente, caso seja este uma empresa mercantil.

A grande vantagem do contrato de câmbio é prevista no § 3º do referido artigo. Se o devedor impetrar concordata ou tiver sua falência decretada, o credor não precisará habilitar-se, mas requerer a devolução do valor adiantado. E como o adiantamento é feito em moeda estrangeira, não fica submetido o credor ao desgaste inflacionário.

17. COFRES DE SEGURANÇA

17.1. Aspectos conceituais
17.2. Características do contrato
17.3. Obrigações das partes
17.4. Extinção do contrato

17.1. Aspectos conceituais

Um banco manipula grandes somas de dinheiro vivo, que entram e saem diariamente, e deve manter sempre uma reserva para eventualidades. Com o fim de armazenar essas somas, o banco tem montado, geralmente no porão, um cofre-forte com muitas medidas de segurança. No cofre-forte há uma repartição destinada ao público, para quem quiser guardar com segurança e confiança documentos, joias ou qualquer outro objeto precioso.

O banco coloca à disposição do público um setor em que são encontrados cofres para a guarda de objetos, geralmente com gavetas. Quem guardar coisas é chamado de usuário. O usuário recebe uma chave que fica em seu poder, para seu uso exclusivo; cópia dessa chave fica em poder do banco. A chave do usuário serve somente para a sua gaveta e não para o recinto em que seu cofre está situado.

Pelo que se vê em filmes estrangeiros, parece que essa prática ocorre em todo o mundo, seguindo os mesmos padrões. Entre os diversos bancos brasileiros o procedimento é também uniforme. A remuneração do banco é geralmente uma taxa de manutenção. Normalmente o uso do cofre de segurança é pessoal, *intuitus personae*, por ter como características a privacidade, a segurança e o sigilo. Alguns bancos, porém, admitem o uso do cofre por outra pessoa, desde que devidamente autorizada pelo usuário.

O banco não exerce controle sobre o uso do cofre, controlando e registrando tão somente a entrada do usuário no local em que o cofre se encontra. Se o cofre for atribuído a vários usuários, sua abertura é concedida pessoalmente a cada um deles, a não ser que tenha sido pactuado de forma diferente.

No caso de morte do usuário ou de um deles, o banco que não tenha recebido comunicação pode impedir a abertura do cofre, a menos que haja acordo de todos os usuários, ou segundo a modalidade estabelecida pela autoridade judiciária. Se o contrato for a prazo e vencer-se, será necessário averiguar o herdeiro do direito ao uso do cofre, de acordo com as normas do Direito das Sucessões. Segue esse critério ainda se o usuário vier a falecer.

Situação bem difícil de ser resolvida é se houver penhora de bens guardados no cofre. Tudo dependerá do mandato expedido pelo juiz. O banco não poderá dar informações sobre os bens guardados, pois o sigilo é característica básica desse contrato. Poderá o banco ser constrangido a lacrar o cofre, criando-lhe desagradável situação, a menos que o usuário seja antes intimado.

17.2. Características do contrato

No Brasil, esse contrato, como a maioria dos contratos bancários, é inominado ou atípico; não há regulamentação legal para eles; não há lei que lhes trace as linhas mestras. Na Itália, são nominados, regulamentados pelo Código Civil, sendo o **contrato de cofre de segurança** previsto nos artigos 1.839, 1.840, 1.841, formando uma seção do Capítulo de Contratos Bancários, denominada: *Del servizio bancario delle Cassette di Sicurezza*. Podemos adotar essa regulamentação como nosso direito e daremos as razões dessa adoção. É fato notório que nosso Código Civil tomou como base o Código Civil italiano; se alguma passagem não se transmitiu ao nosso, pode não estar na letra da lei, mas está no seu espírito.

Além disso, nossa prática tradicional segue a regulamentação italiana, como, aliás, o mundo inteiro. Tanto a lei como a doutrina francesa adota esse mesmo sistema legislativo. Vejamos então como estão as bases desse contrato, no artigo 1.839 do Código Civil italiano:

> Nel servizio delle cassete di sicurezza, la banca risponde verso l'utente per l'idoneità e la custodia dei locali e per l'integrità della casseta, salvo il caso fortuito.

> *No serviço dos cofres de segurança, o banco responde perante o usuário pela idoneidade e pela custódia dos locais e pela integridade do cofre, salvo o caso fortuito.*

Na análise desse artigo parece haver um contrato de depósito, mas não pode ser assim classificado. Afirma o artigo 565 de nosso código que, na locação de coisas, uma das partes se obriga a ceder à outra, por tempo determinado ou não, o uso e gozo de coisa não fungível, mediante certa retribuição. Assim parece o contrato de cofre de segurança. No contrato de depósito o depositário recebe uma coisa bem definida, bem individualizada. Contudo, o banco geralmente nem sabe o que estaria recebendo em depósito no cofre de segurança. No depósito bancário, por exemplo, o banco recebe o depósito de R$ 5.000,00, mas não sabe se no cofre de segurança estará sendo depositado dinheiro ou quanto seria essa quantia.

O depósito é um contrato real, pelo qual o depositante entrega ao depositário um objeto móvel para guardar. Por seu turno, o contrato de cofre de segurança é consensual, uma vez que se perfaz pela simples concordância das partes.

E não diz também esse artigo que o banco responde pelas coisas depositadas, mas pela custódia do local em que as coisas estão e pela integridade do cofre. É, portanto, mais um contrato de custódia e de segurança do que pela guarda da coisa. Vamos citar uma possível ocorrência: o usuário do cofre lá deposita um remédio e dias depois esse remédio se deteriora: nenhuma responsabilidade assume o banco por essa ocorrência. Observa-se que é usado o termo **custódia** e não **guarda**. A custódia representa mais do que a guarda, por ser uma guarda mais ampliada, envolvendo não só a coisa custodiada como também o local em que ela se encontra. É também o que se infere do artigo 1.839.

Um singelo dicionário brasileiro aponta bem o significado do termo:
- Custódia = lugar onde se guarda com segurança alguma coisa ou se conserva alguém detido;
- Custodiar = ter em custódia, guardar, proteger;
- Custódio = protetor, defensor, guardião.

Pode ser considerada como um contrato, cujas partes são chamadas de custodiante e custodiado. O alvo da custódia pode ser coisa ou pessoa, mas como contrato bancário só pode ser coisa. Assim, a custódia é a situação ou estado de uma coisa que está sob a guarda, proteção e defesa de outrem, como o próprio local em que alguma coisa está guardada. Na Igreja as hóstias ficam normalmente numa caixa de papelão, mas, ao serem consagradas, passam a ser a representação do corpo e sangue de Jesus Cristo e por isso ficam na custódia, que é como um cofre solene de ouro, para a guarda de coisa sagrada. É a opinião de Giacomo Molle, figura maiúscula do Direito Bancário:

> Seguindo questo criterio il servizio va definito come um contratto di custodia; nel collegamento di locali appprestati a fine di sicurezza con un'attività di sorveglianza sui medesimi, si concreta l'organizzazione del servizio, così attrezzato e così vigilato da assicurare all'utente il raggiungimento del suo intento, la conservazione cioè dei valori immesi nella cassetta.
>
> E addossando l'articolo 1.839 alla banca la responsabilità per il complesso delle prestazioni dovute, in quanto per la conservazione del suo contenuto, l'obbligazione della banca si qualifica come uma obbligazione di risultato.

> *Seguindo este critério, o serviço de cofre de segurança é um contrato de custódia; na coligação dos locais preparados para a finalidade de vigilância desses locais, concretiza-se*

a organização do serviço, assim aparelhado e vigiado para assegurar ao usuário o alcance do seu intento, a conservação, isto é, dos valores guardados no cofre.

E o artigo 1.839 põe nos ombros do banco a responsabilidade pelo complexo das prestações devidas, sendo elas dirigidas para assegurar a integridade do cofre, como um modo de conservação de seu conteúdo, a obrigação do banco se qualifica como uma obrigação de resultado.

Note-se que Molle ressalta o *complexo de deveres* que o artigo 1.839 atribui ao banco, entendido que seja bem mais do que o dever de guarda de bens. E esses deveres são dirigidos para a segurança do local em que os bens estejam guardados e não aos bens. Assim, se o cofre for arrombado, o banco fica responsável pela ocorrência, ainda que dentro do cofre haja apenas um lápis. O banco falhou no resultado; não atingiu o objetivo. A obrigação de resultado não foi cumprida.

O contrato é consensual e não real, uma vez que o banco não recebe um objeto para guardar, mas apenas coloca à disposição do usuário um cofre para que este guarde os objetos. O banco ainda não se compromete a devolver os objetos guardados, mas facultar o acesso do usuário ao cofre, para retirá-lo.

O tipo do contrato é informal, ou seja, não solene. Não há forma estipulada por lei, não só no direito brasileiro, como em outros países, como a Itália e a França. Há também aspectos alternativos, como o tempo do contrato, que poderá ser determinado ou indeterminado.

Como a maioria dos contratos bancários é um contrato de adesão, seguindo o modelo do direito italiano, que define alguns contratos de adesão como *contrato mediante módulos ou formulários.*

É também visto como um contrato de locação de espaço: o banco aluga um espaço no cofre-forte, para que o usuário o ocupe. O pagamento feito é, desta forma, um aluguel. Nem todos aceitam esta hipótese, visto que no contrato de locação o locatário ocupa o local, como acontece no aluguel de uma casa, enquanto o locador se afasta; o locador detém o direito de propriedade e o locatário, da posse. No aluguel do cofre, o locador fica com a posse do imóvel, embora não do cofre. O locatário fica inibido no uso do cofre, porquanto, quando vai usá-lo, precisa antes pedir autorização ao locador. Além disso, o usuário só pode exercer seu direito em horários determinados pelo locador. Não se pode considerar como locação, portanto, embora haja semelhança entre os dois contratos,

O contrato é de execução continuada, visto que não se perfaz num só ato, mas dura um tempo determinado ou indeterminado e apresenta movimentos de atos, como de retirada ou depósito de objetos, ou consultas.

17.3. Obrigações das partes

Sendo contrato de prestações recíprocas, ou bilateral, ele impõe deveres e obrigações a ambas as partes, com o consequente direito de cada uma.

No que tange ao banco, há duas obrigações básicas: colocar à disposição do usuário o cofre e garantir a segurança e inviolabilidade dele. A obrigação primordial do banco consiste em colocar o cofre à disposição do usuário, garantindo seu uso e livre acesso ao cofre e ao recinto em que ele se encontra, dentro do regulamento do banco e nos horários estabelecidos previamente. Em segundo lugar dará garantias para a segurança e a incolumidade do cofre, dando-lhe toda proteção. Deve entregar a chave ao usuário para seu livre uso, que ficará em poder dele, reservando-se ao banco a manutenção da chave-mestra, ou cópia da chave, que lhe permitirá abrir o cofre em situações excepcionais.

Para o usuário é atribuída a obrigação primordial de pagar a taxa de manutenção, que é a remuneração do serviço prestado pelo banco. Outras obrigações vão surgindo na execução do contrato; ao seu final deve devolver a chave ao banco, sob pena de responsabilidade. Não pode conservar no cofre materiais e obrigações que possam colocar em risco os pertences dos outros usuários. Deve identificar-se sempre que for usar o cofre e assinar o livro de presença toda vez que entrar no recinto do cofre.

17.4. Extinção do contrato

Se o contrato for a prazo, sua extinção segue a norma geral dos contratos: no vencimento do prazo, automaticamente ele se extingue; o usuário deve devolver a chave ao banco, retirar os seus pertences e pagar algum débito residual.

Se o contrato for por tempo indeterminado, qualquer das partes poderá pedir a resilição do contrato a qualquer momento. Segundo o artigo 472 de nosso Código Civil, o distrato faz-se pela mesma forma exigida para o contrato.

De acordo com o artigo 473, a resilição unilateral, nos casos em que a lei expressa ou implicitamente o permita, opera mediante denúncia notificada à outra parte. Não há tempo previsto para a resilição, ficando então ao contrato dizer o prazo do aviso-prévio para a resilição.

Outra norma geral é a lesão ao contrato, o inadimplemento das obrigações por alguma das partes. Por exemplo: o usuário não paga a taxa de manutenção do cofre: dará ao banco o direito de não cumprir as obrigações dele, rescindindo o contrato. Aplica-se nesse caso o princípio da *exceptio non adimpleti contractus* = exceção de contrato não cumprido.

A lesão à integridade do cofre, devido a causas pelas quais o banco responde, dará ao usuário o direito de pedir a rescisão do contrato e poderá também pedir indenização por eventuais danos sofridos, cabendo ao usuário o ônus da prova.

Será lesão ao contrato se o usuário mantiver no cofre objetos e materiais que possam prejudicar e deteriorar os objetos guardados por outros usuários; motivo para o banco rescindir o contrato. Também poderá o banco pedir indenização se o usuário não lhe devolver a chave ao final do contrato.

Segundo o artigo 1.839, não será motivo para a rescisão se a inadimplência do banco deveu-se a caso fortuito, ou de força maior, entendido isso como o impedimento superior às forças do banco para o cumprimento de suas obrigações. É o critério da impossibilidade objetiva, revelando que não coube ao banco a causa pelo fato impeditivo: não houve culpa do banco. Exemplos de caso fortuito podem ser um incêndio causado por fatores externos, um conflito político ou militar, uma inundação, um apagão (ausência geral de energia).

18. PRESTAÇÃO DE INFORMAÇÕES

18.1. Aspectos conceituais
18.2. Limites à execução do serviço
18.3. O teor das informações
18.4. Responsabilidade do banco pelas informações

18.1. Aspectos conceituais

O banco é um estabelecimento de crédito, vale dizer, destinado a conceder crédito aos seus clientes. O crédito significa confiança, e para dedicar essa confiança o banco precisa conhecer seus clientes, saber qual é o comportamento financeiro deles, sua estrutura, seu *status* jurídico, sua situação patrimonial, seu conceito na praça. Procura colher informações sobre seu cliente, junto a outros bancos, a seus fornecedores e outras fontes ligadas ao cliente, como as associações de classe. Há várias agências de informações montadas pelos bancos em conjunto, como o **Serasa.** A Junta Comercial, por exemplo, é importante fonte de informações sobre os registros de uma empresa, sua estrutura e modificações observadas desde o registro inicial.

Essa coleta de informações fica armazenada num serviço denominado cadastro. É a soma das informações sobre uma empresa ou uma pessoa física ou jurídica, que permita ao banco fazer uma ideia da situação econômico-financeira delas, para estabelecer uma base e um limite de crédito. Pode assim o banco operar com maior segurança e confiança.

O termo cadastro origina-se do italiano *catasto*, que por sua vez surgiu do termo latino *capistratum*, com o significado de censo, registro de dados. O cadastro bancário é o registro de dados relativos à clientela do banco, ou mesmo a outras empresas e pessoas não clientes.

Entretanto, essas informações são postas à disposição de muitos interessados, constituindo um serviço do banco. Geralmente é um serviço gratuito prestado pelo banco à sua clientela. Por exemplo, uma indústria de São Paulo pretende fornecer seus produtos a um distribuidor em Belo Horizonte, necessitando conceder-lhe crédito. Esse distribuidor aponta como referência o banco com o qual trabalha; ou então a própria indústria consulta seu banco sobre seu futuro cliente. O banco fornece ao seu cliente uma ficha de dados, denominada ficha cadastral.

Entre bancos esse serviço é muito comum; cada banco atualiza seu cadastro de clientes, graças aos dados cadastrais de outros bancos. Como essa troca de informações é mútua, é um serviço gratuito, como também é gratuito para os clientes do banco. Trata-se de um serviço prestado ao próprio investigado, geralmente um pedinte de crédito, e aponta os bancos com que trabalha como fonte de referência.

Às vezes, contudo, esse serviço é remunerado e justifica-se pelo fato do cadastro de um banco ser seu patrimônio e conseguido após largo tempo de elaboração. Além disso, o serviço exige pesquisas diversas, exame e análise do balanço das empresas pesquisadas, consulta de estatísticas. Exige pois um trabalho especializado.

Para se fazer uma ideia do alto interesse desse serviço, podemos citar como exemplo o órgão do Ministério das Relações Exteriores denominado Brazil Trade Net, que dá informações sobre empresas exportadoras e importadoras operando no Brasil. Assim, uma empresa estrangeira que deseje entrar em contato com empresa brasileira operando no comércio exterior dará informações bem pormenorizadas sobre esta.

18.2. Limites à execução do serviço

É conveniente ressaltar que o banco só pode prestar informação de caráter empresarial, ou, mais precisamente, sobre empresas. Quanto às pessoas que dirigem a empresa, o banco deve se eximir de dar informações, a menos que seja do tipo empresarial; por exemplo, se o Senhor Ulpiano é sócio de alguma empresa. Se ele for quotista de empresas, o banco deve ter registro delas e a própria Junta Comercial pode fornecer cópia do registro e os atos constitutivos das empresas, bem como uma ficha cadastral, que recebe o nome de **Breve Relato**.

O banco não pode dar uma de Sherlock Homes, averiguando a vida de pessoas ou a existência de crimes, como se fosse detetive particular. Esse tipo de atividade é vedado até mesmo aos informantes comerciais, por ser atribuição das autoridades policiais. Os informantes comerciais, cujas atividades são reguladas pela Lei 3.099/57 e Decreto 50.532/61, realizam pesquisas e prestam informações semelhantes às dos bancos. Essa atividade é rigidamente acompanhada pelo Poder Público, tanto que o informante comercial deverá ser registrado na Junta Comercial e na Secretaria de Segurança Pública, para não se desviar de suas funções. Esses profissionais são influenciados pelos filmes norte-americanos, em que os detetives são legalmente autorizados.

Os bancos pequenos serviam-se desses profissionais, mas as grandes organizações têm serviço organizado de cadastro e informantes próprios para esse mister. Em situações especiais os bancos servem-se desse tipo de serviço, ou então para informações reservadas. Por exemplo: um banco vai contratar um gerente que comporá seu quadro de funcionários; nesse caso eles apelam para as agências de informações, que são aparelhadas para esse tipo de serviço.

Foram incluídos entre os agentes auxiliares das atividades empresariais os informantes comerciais, ou mais, precisamente, as empresas de informações comerciais. Quando se fala em atividades empresariais incluem-se também as bancárias, já que um banco é uma empresa, como já foi afirmado. O reconhecimento legal das empresas que se dedicam a esse ramo de atividade deu-se pela Lei 3.099, de 24/02/57, regulamentada pelo Decreto 50.532, de 03/05/61.

A Lei 3.099, de 24/02/57, determina as condições para o funcionamento de estabelecimento de informações reservadas ou confidenciais, empresariais ou particulares. Obriga-se esse tipo de "estabelecimento" a registrar-se no Registro Público de Empresas Mercantis e Atividades Afins, constituindo-se numa empresa. Destarte, o trabalho de informações constitui atividade mercantil. Deve ainda registrar-se na Secretaria de Segurança Pública. Deve haver para esse registro a influência norte-americana, dos famosos "detetives" ou investigadores particulares. São profissionais há muitos anos atuando nos EUA, cuja fama se vulgarizou graças aos filmes. Essa atividade era ilícita no Brasil até o advento da Lei 3.099.

Realmente, é função muito delicada; dá a impressão de bisbilhotar a vida alheia, provocando reações desfavoráveis dos informados. Se não for executada com muito cuidado, constituirá afronta à intimidade e confidência dos atos de pessoas físicas e jurídicas, enquadrando-se nas disposições penais. Poderá ainda invadir o campo privativo das autoridades policiais e até mesmo perturbar a ação oficial.

Procurou então a lei preservar a própria atividade de informações, exigindo dela não só a inscrição no Registro Público de Empresas Mercantis e Atividades Afins, como no registro policial. Qualquer modificação no contrato social deve ser inscrita no registro policial, como ainda a demissão de prepostos.

O art. 3º do Decreto 50.532, de 03/05/1961 veda às empresas de informações a prática de quaisquer atos ou serviços estranhos às suas finalidades, os que são privativos das autoridades policiais e os que atentem contra a inviolabilidade ou recato dos lares, a vida privada ou a boa fama das pessoas.

Só poderão essas empresas prestar informações por escrito, em papel timbrado e indicando o nome de seu responsável. Se essas informações forem solicitadas pelas autoridades policiais, deverão ser entregues a elas. A inobservância dessa exigência e das demais disposições da Lei 3.099/57 e do Decreto 50.532/61 poderá implicar a suspensão do funcionamento da empresa, determinada pelo Ministro da Justiça.

Normalmente, as grandes empresas já têm um setor organizado para colhimento de informações comerciais, mas podem também se socorrer desses agentes autônomos.

18.3. O teor das informações

Resumindo o ciclo de informações, podemos dizer que os bancos dizem se o averiguado paga em dia seus compromissos, ou costuma pagar com algum atraso; qual é o patrimônio, como o capital, o ativo imobilizado, contas a receber e a pagar, dados normalmente extraídos do balanço publicado na imprensa. Diz o ramo de atividade, o nome e qualificação dos sócios, a evolução empresarial, o faturamento anual; quais os bancos que dispõem de informação sobre o averiguado; o conceito que lhe dão os fornecedores. A maioria desses dados consta do contrato social e suas modificações. Em síntese, o banco não dá uma *opinião* sobre o averiguado, mas revela dados cadastrais de que dispõe.

18.4. Responsabilidade do banco pelas informações

O banco não é responsável pelo teor das informações que prestar, a não ser por falhas técnicas, que revelam incúria, falta de diligência ou uso de fontes inidôneas, ocorridas em certas ocasiões. Às vezes, o serviço do banco é remunerado, e, nesse caso, haverá responsabilidade do banco por contrato mal cumprido. O banco prestou um serviço defeituoso, do qual resultou prejuízo para alguém. Por exemplo: o banco disse que a empresa investigada tem vários protestos de títulos vencidos e não pagos; entretanto, a empresa nunca teve títulos protestados. Por causa dessa informação defeituosa, houve o rompimento de um contrato. Ou, então, o banco analisou o contrato social e deu informação de que a empresa pesquisada apresenta ativo bem inferior ao passivo, o que, na verdade, é o contrário. Se a falha grave não é do banco, mas da fonte que lhe forneceu dados cadastrais errados, o banco teve *culpa in eligendo*. Houve, no mínimo, falta de diligência.

Geralmente, todavia, esse serviço é gratuito e nesse caso a responsabilidade é menor. Além disso, cabe ao possível prejudicado demonstrar e provar a culpa e a responsabilidade do banco pela falha verificada. Tenha-se em vista que o banco atende um cliente e dá informações sobre outro cliente, dando a eles sua colaboração, pois não se pode presumir que sua intenção fosse difamá-los. Contudo, fica caracterizada má-fé ou desídia se o banco der informação a um estranho e sobre estranhos. Ele não estava obrigado a prestar esse serviço e não tinha autorização do investigado.

19. A COBRANÇA DE TÍTULOS

19.1. Aspectos conceituais
19.2. Despesas do serviço
19.3. O aceite de títulos

19.1. Aspectos conceituais

Fizemos análise da operação do desconto, pelo qual o banco recebe uma duplicata de seu cliente e lhe adianta o valor desse título, encarregando-se de cobrar esse valor do sacado e assim pagar-se pelo adiantamento feito. Há nesse negócio jurídico outras implicações: o banco tornou-se titular dos direitos sobre essa duplicata. Há ainda outra operação ínsita: o banco recebe um mandato da empresa beneficiária do desconto para executar a cobrança do valor incorporado na duplicata. O desconto é por isso uma operação complexa, constituída de várias fases, que iremos averiguar.

Nem sempre uma duplicata é utilizada em operação de desconto; pode ser aplicada na antecipação bancária ou na abertura de crédito. Em tais casos a duplicata utilizada no desconto, ou mesmo se for para simples cobrança, porta um tipo especial de endosso: o endosso para cobrança, ou endosso-mandato, ou endosso-procuração.

Às vezes, a empresa sacadora da duplicata quer apenas receber seu valor, sem utilizá-la numa operação creditícia. Encaminha então os títulos de seu faturamento ao banco, relacionando-os num formulário denominado borderô de cobrança. O banco distribui os títulos às suas agências ou aos correspondentes, reservando para si os títulos próximos, cujos devedores estejam localizados na sua vizinhança. Faz a cobrança dos títulos e credita o valor deles na conta de seu cliente.

19.2. Despesas do serviço

Trata-se de serviço acessório, porém remunerado. O banco cobra uma taxa de remuneração do serviço, de acordo com a tabela de preços elaborada por ele e distribuída a seus clientes e a outros bancos. A tendência atual no Brasil é a de se restringir a rede bancária a poucos bancos e só a bancos de amplitude nacional, reduzindo-se os bancos pequenos e regionais. Por isso, os bancos têm vasta rede de agências e a cobrança de títulos se faz em suas agências, geralmente as mais próximas do devedor da duplicata. Assim, o cliente entrega seus títulos na agência em que é cliente, mas esses títulos são distribuídos às suas agências, algumas na praça de São Paulo ou do Rio de Janeiro, e outras são enviadas às cidades em que o banco tenha agências.

Ocorre porém que um título deva ser cobrado em uma praça em que o banco tenha filial. Nessa hipótese, o banco mantém convenção com outros bancos para a execução da cobrança. A taxa de cobrança será então maior, visto que haverá comissão para o banco encarregado da cobrança e outra para o banco correspondente, que cobrará diretamente do devedor na praça do pagamento. Por esse motivo a tabela de preços da cobrança de um banco vai para todos os bancos convencionados. Essa função do banco ficou prevista no artigo 1.856 do Código Civil italiano:

> La banca risponde secondo le regole del mandato per l'esecuzione d'incarichi ricevuti dal correntista o da altro cliente.
> Se l'incaricho deve eserguirsi su una piazza dove non esistono filiali della banca, questa può incaricare dell'esecuzione un'altra o un suo corrispondente.

> *O banco responde segundo as normas do mandato para a execução de encargos recebidos do correntista ou de outro cliente.*
>
> *Se o encargo tiver que ser cumprido em outra praça onde não existam filiais do banco, este pode encarregar outro banco ou um seu correspondente.*

O endosso-mandato, também chamado de endosso-procuração ou endosso-cobrança, observa-se quando o endossatário se encarregar da cobrança do título. Por exemplo: o portador de uma promissória precisa apresentá-la para pagamento, mas o emitente, o devedor direto, está residindo em Curitiba; nesse caso, o portador poderá entregá-la a um banco com agência em Curitiba, para pedir o pagamento. O portador dará então ao banco o endosso transferindo o título, mencionando acima da assinatura "endosso-mandato", "valor em cobrança", ou qualquer outra afirmação que denote o intento de entregar o título para cobrança. O banco que irá apresentar a promissória ao devedor age como procurador do favorecido. O endosso que constar nesse título é apenas um instrumento de mandato; por ele não se transfere a propriedade da nota promissória nem implica responsabilidade.

O banco poderá receber o valor do título, protestá-lo se não for pago ou exercer os demais direitos, mas só como procurador do favorecido. O endosso que constar nesse título é apenas um instrumento de mandato; por ele não se transfere a propriedade da nota promissória nem implica responsabilidade. Ao receber a soma cambiária, obriga-se a entregá-la ao endossante, que continua a ser o beneficiário da promissória. Essa posição do banco, como procurador do beneficiário, é prevista pelo art. 18 da LUG.

Esse endosso-mandato tem uma peculiaridade, em desacordo com o mandato. Segundo a regulamentação do mandato, no Código Civil, a morte do mandante ou mandatário cancela automaticamente o mandato. Não é o que se dá com o mandato existente nesse endosso; mesmo morrendo o mandante, continua ele em vigor. A esse respeito, cumpre fazer um reparo ao artigo 18, § 3º do Decreto 57.663/66: fala ele na morte do mandatário; todavia é do mandante que fala a Convenção de Genebra. Nem teria lógica se, após a morte do mandatário, o mandato continuasse em vigor: como poderia o mandatário cumprir o mandato se ele já está morto? Por essa razão, transcrevemos esse parágrafo conforme consta no original da Convenção de Genebra:

> Le mandat renfermé dans un endos-sement de procuration ne prend pas fin par le decès du mandant ou la survenance de son incapacité.
>
> *O mandato contido num endosso não se finda pela morte do mandante ou a superveniência de sua incapacidade.*

Já fizemos referência ao fato de que a Convenção de Genebra foi redigida em francês e revela bom índice de perfeição. Contudo, a tradução feita para o nosso idioma, transformada em lei, está eivada de falhas, tanto que um professor da Universidade de Genebra qualificou-a como *affreuse* (medonha). Essa é uma dessas falhas.

O endossatário, como o banco no exemplo supracitado, poderá endossar o título a outra pessoa, mas será novo endosso-mandato, isto é, não implicará obrigação de pagamento nem transferirá a propriedade do título.

19.3. O aceite de títulos

Faz parte do próprio serviço de cobrança o aceite de títulos, mais precisamente de duplicatas, embora possa ser também de letra de câmbio, apesar de ser prática mais rara. Fatura e duplicata são títulos xifópagos; são irmãos gêmeos. Nascem juntos e juntos iniciam sua vida, saindo da mesma mãe, o sacador, e sendo enviados ao sacado juntos. Ao chegar ao sacado, dá-se a separação: a fatura é documento pertencente à contabilidade do sacado, mas a duplicata deve ser devolvida ao sacador, que vai utilizá-la para promover seu crédito. A remessa da duplicata poderá ser feita diretamente pelo vendedor ou por seus representantes, por intermédio de instituições financeiras, procuradores ou correspondentes que se incumbam de apresentá-la ao comprador na praça ou no lugar de seu estabelecimento, podendo os intermediários devolvê-la, depois de assinada, ou conservá-la em seu poder até o momento do resgate, segundo as instruções de quem lhes cometeu o encargo. O prazo para remessa da duplicata será de trinta dias, contados da data da emissão. Se a remessa for feita por intermédio de representantes, instituições financeiras, procuradores ou correspondentes, estes deverão apresentar o título ao comprador dentro de dez dias, contados da data de seu recebimento na praça de pagamento.

A duplicata, porém, deverá ser devolvida ao sacador com a assinatura do sacado, ou seja, devidamente aceita. O aceite torna a duplicata um título líquido e certo, podendo ensejar a ação cambiária caso não seja paga no vencimento. O aceite não é exigível no momento da apresentação, como na letra de câmbio; o sacado terá o prazo de dez dias a fim de verificar a mercadoria adquirida, e se o contrato de compra e venda foi devidamente cumprido pelo vendedor-sacador. Assim, diz o art. 7º que a duplicata, quando não for à vista, deverá ser devolvida pelo comprador ao apresentante dentro do prazo de dez dias, contados da data de sua apresentação, devidamente assinada ou acompanhada de declaração por escrito, contendo as razões da falta de aceite. Caso a duplicata esteja sendo cobrada por um banco, havendo expressa concordância da instituição financeira cobradora, o sacado poderá reter a duplicata em seu poder até a data do vencimento, desde que comunique, por escrito, à apresentante, o aceite e a retenção; essa comunicação substituirá, quando necessário, no ato do protesto ou na execução judicial, a duplicata a que se refere.

Portanto, a duplicata dependerá ainda do aceite para tornar-se um título líquido e certo, e o aceite dependerá de acertos do contrato de compra e venda. Até então a duplicata é um título causal, com o aceite vinculado ao cumprimento de cláusulas contratuais. Todavia, o sacado encontra restrições no seu poder de recusa. Não poderá reter a duplicata em suas mãos e, ainda que não a aceite, deverá devolvê-la ao sacador, com a justificativa devida. Além da exigência dessa justificativa exposta pelo art. 7º,

o comprador-sacado ficará restrito a apenas três motivos para recusar o aceite, expostos no art. 8º, a saber:
- a) Avaria ou não recebimento das mercadorias, quando não expedidas ou não entregues por sua conta e risco;
- b) Vícios, defeitos e diferenças na qualidade ou na quantidade de mercadorias, devidamente comprovados;
- c) Divergência nos prazos ou nos preços ajustados.

Até o aceite, a duplicata é um título causal, ainda discutível, como acabamos de examinar. Com o aceite, entretanto, abstrai-se ela de sua causa subjacente, tornando-se assim um título abstrato. O aceite é uma declaração cambiária, e as declarações cambiárias são autônomas e independentes. O aceite contém uma promessa de pagamento e, como tal, faz a duplicata equiparar-se à nota promissória. Se continuasse ela vinculada ao contrato de compra e venda, encontraria dificuldades na sua circulação.

20. CUSTÓDIA DE TÍTULOS E VALORES MOBILIÁRIOS

20.1. Aspectos conceituais
20.2. Administração dos valores depositados
20.3. Custódia de ações fungíveis

20.1. Aspectos conceituais

Já tivemos oportunidade de comentar alhures o sentido de custódia. Vamos agora examiná-la como um serviço bancário, chamado mais precisamente de custódia de títulos e valores. É outro serviço acessório prestado pelos bancos aos seus clientes. Consiste na guarda e administração de títulos e valores mobiliários.

De uma forma mais simples, assemelha-se ao contrato de depósito: o banco recebe de seu cliente, para guarda, títulos e valores mobiliários, durante certo prazo, devendo devolvê-los quando o depositante pedir a restituição deles. O contrato de custódia não está regulamentado por nossa lei, mas está previsto na Lei das Sociedades Anônimas e na Lei do Mercado de Capitais, como veremos adiante. Pela analogia, está enquadrado nas normas atinentes ao contrato de depósito, expostas nos artigos 627 a 652 de nosso Código Civil.

Há algumas diferenças entre a custódia bancária e o depósito comum; por exemplo: no contrato de depósito pode haver guarda de coisa fungível, como é o caso do depósito bancário de dinheiro. Todavia, não será possível no contrato de custódia bancária, em que os títulos e valores mobiliários depositados são coisas infungíveis, devendo ser devolvidos sem substituição ao depositante. Outra importante diferença é que o banco depositário não pode usar a coisa depositada, e o depósito bancário é usado pelo banco, para a concessão de crédito.

20.2. Administração dos valores depositados

Entretanto, vai mais além a simples custódia; nesse caso, seria mais fácil guardar os valores em cofre de segurança. O que vigora hoje é a custódia com administração dos títulos e valores mobiliários, envolvendo não só a guarda, mas também a administração dos direitos oriundos dos valores depositados. Por exemplo: o custodiante deposita ações de uma companhia em custódia, autorizando o banco a receber os dividendos dessas ações e depositá-los em sua conta-corrente. É o que se vê na Lei 6.385/76, que regulamenta o mercado de capitais, no seu artigo 24.

Dá esse artigo um conceito dessa custódia e a gestão dela. Poderá mesmo o banco ser encarregado de vender as ações e reaplicar o dinheiro obtido com a venda, desde que devidamente autorizado. Com autorização expressa do acionista-depositário, o banco poderá inclusive representá-lo, em função das ações, nas assembleias da companhia. Há também previsão dessa forma de custódia nos artigos 41 e 42 da Lei das Sociedades Anônimas.

20.3. Custódia de ações fungíveis

Para melhor compreensão desse tema, deveremos considerar três palavras sobre as quais esse tema se fundamenta: **custódia, depósito** e **fungíveis**. Custódia quer dizer guarda. Depósito é um contrato, devidamente regulamentado pelo Código Civil, pelo qual uma pessoa, chamada depositante, entrega para outra pessoa, chamada depositário, uma coisa móvel para que esta a guarde, e lhe devolva quando a coisa for pedida de volta pelo depositante.

Ulpiano, um produtor agrícola, deposita em armazém geral dez toneladas de feijão, para obter melhor preço. Esse feijão fica depositado pela companhia de armazéns gerais, que o guarda até Ulpiano o pedir de volta. Daí a cinco meses, Ulpiano pede de volta o seu feijão e a companhia de armazéns gerais lhe devolve as dez toneladas de feijão, mas não são os mesmos feijões que Ulpiano houvera entregado; são outros, porém, do mesmo número (dez toneladas), da mesma espécie e qualidade. Feijão, portanto, é uma coisa fungível.

Fungível é uma coisa que pode ser substituída por outra da mesma espécie e qualidade. Fungível tem o sentido de substituível. A coisa fungível por excelência é o dinheiro.

A instituição financeira (como é o caso de um banco) autorizada pela CVM a prestar serviços de custódia de ações fungíveis pode contratar custódia em que as ações de cada espécie e classe da companhia sejam recebidas em depósito como valores fungíveis, adquirindo a instituição depositária a propriedade fiduciária das ações.

A instituição depositária não pode dispor das ações e fica obrigada a devolver ao depositante a quantidade de ações recebidas, com as modificações resultantes de alterações no capital social ou no número de ações da companhia emissora, independentemente do número de ordem das ações ou dos certificados recebidos em depósito.

Dentro desses critérios, vamos examinar este exemplo. Modestino não quer se incomodar com suas ações, por vários motivos. Deposita suas ações num banco, ou qualquer outro tipo de instituição financeira, as quais serão custodiadas por ele. O banco encarrega-se da guarda das ações de modestino, recebe os dividendos e os deposita na conta do dono das ações. Essa custódia pode demorar anos, mas, se Modestino quiser suas ações de volta, o banco deverá devolvê-las. As ações devolvidas podem não ser as mesmas, mas podem ser outras, desde que tenha o mesmo número das ações, a mesma espécie e o mesmo valor, como por exemplo 200 ações ordinárias no valor de R$ 1.000,00 cada.

Esse depósito em custódia pode ser feito também com outros valores mobiliários, como Debênture, *Commercial Papers* ou Bônus de Subscrição. O banco ou instituição financeira depositária ficará obrigada a comunicar à companhia emissora das ações imediatamente o nome do proprietário efetivo quando houver qualquer evento societário que exija a sua identificação; e no prazo de até dez dias, a contratação da custódia e a criação de ônus ou gravames sobre as ações.

A propriedade das ações em custódia fungível será provada por contrato firmado entre o proprietário das ações e a instituição depositária, que tem as obrigações de depositária e responde perante o acionista e terceiros pelo descumprimento de suas obrigações. A instituição financeira representa, perante a companhia, os titulares das ações recebidas em custódia, para receber dividendos e ações bonificadas e exercer direito de preferência para subscrição de ações.

Sempre que houver distribuição de dividendos ou bonificação de ações e, em qualquer caso, ao menos uma vez por ano, a instituição financeira fornecerá à companhia a lista dos depositantes de ações recebidas, assim como a quantidade de ações de cada um.

O depositante pode, a qualquer momento, extinguir a custódia e pedir a devolução dos certificados de suas ações.

A companhia não responde perante o acionista pelos atos da instituição financeira depositária das ações. O contrato de depósito é bilateral, ou seja, entre duas pessoas, o acionista e a instituição financeira. A companhia emissora das ações não faz parte desse contrato; apenas lhe cabe registrar esse contrato nos seus livros. É bom lembrar também que só instituição financeira registrada na CVM, e autorizada por esta, poderá receber ações em custódia.

21. O SIGILO BANCÁRIO

- **21.1.** Aspectos conceituais
- **21.2.** Princípios informadores do sigilo
  - **21.2.1.** Princípio da privacidade
  - **21.2.2.** Princípio da publicidade
- **21.3.** As normas legais pertinentes
- **21.4.** A nova regulamentação
- 21.5. Isenção da inviolabilidade
- **21.6.** Deveres do BACEN – Banco Central do Brasil
- **21.7.** Convênios com entidades estrangeiras
- **21.8.** Informações ante a Comissão Parlamentar de Inquérito
- **21.9.** Dever de informar ao Fisco
- **21.10.** Possível existência de crimes
- **21.11.** Ação em conjunto dos dois órgãos reguladores

21.1. Aspectos conceituais

Eis aqui um tema importante, delicado, vibrante e polêmico, de difícil solução, ante as inúmeras dúvidas, tantas confusões e as várias interpretações que apresenta. Se tal não bastasse, o aspecto jurídico é altamente turbado pelos aspectos políticos. Embora seja bem difícil qualificar esta questão, procuraremos restringi-la só ao sigilo bancário, ou seja, à obrigação dos bancos de não revelar a terceiros os dados cadastrais de seus clientes e as relações que os vinculam. Vários fatores devem ser considerados:
- Quais são os fatos e dados objeto do sigilo: o que vai ser revelado;
- A quem será revelado, principalmente ao Fisco e à Justiça;
- Quais as normas a que o assunto está sujeito.

O sigilo bancário é o dever do banco de guardar para si o conhecimento de suas relações com seus clientes e as informações que ele colheu e formou a respeito deles. Pelo lado externo é o respeito à liberdade do banco em manifestar ou não sua opinião sobre o cliente e a revelar ou não o que sabe dele. Essa liberdade do banco esbarra em dois princípios antagônicos: da privacidade e da publicidade. Entretanto, não houve ainda interpretação correta sobre eles e em quais casos eles se aplicam. Vamos então analisar cada um deles.

O dever do sigilo também se refere às atividades do banco, às suas operações, pois estas quase sempre atingem seus clientes; a maioria das operações bancárias refere-se ao relacionamento com seus clientes. Se o banco divulga fatos íntimos, fatalmente revela a vida da clientela.

21.2. Princípios informadores do sigilo

21.2.1. *Princípio da privacidade*

A privacidade é a vida íntima das pessoas, que preferem manter em segredo os fatos reservados, salvaguardando-os da revelação aos olhos de terceiros, como, por exemplo, das autoridades fiscais. No caso de empresas, preferem não se expor à concorrência. Além disso, não querem se expor à sanha de chantagistas. O sigilo bancário decorre, em consequência, do direito natural e humano à vida íntima e privada; é a vida doméstica e familiar, pessoal, a vida interior, que o homem leva quando entra em casa e fecha a porta.

As operações bancárias atingem a intimidade da empresa. Com quem ela se relaciona; que lucros auferiu, que novos produtos pretende lançar; seu relacionamento com os empregados, a tecnologia utilizada em suas operações, quem são seus principais credores e devedores e outras mais. Muitos estão ávidos por essas informações, mormente os concorrentes. São informações cuja divulgação pode causar sensíveis prejuízos à empresa.

21.2.2. *Princípio da publicidade*

Os adversários da teoria da privacidade aceitam em parte essa doutrina, mas quando atinge o cidadão e não o administrador público; e também quando houver interesse social sobre os simples interesses de pessoas privadas. Por essa razão, o princípio da privacidade não é soberano, onipotente e absoluto, mas tem que se submeter às normas legais e judiciais, em vista do bem comum. Se uma empresa estoca substâncias proibidas, perigosas ou inconvenientes, às vezes proibidas pela lei, está pondo em risco a segurança coletiva e os interesses da coletividade. Deve ser alvo de investigação e suas relações bancárias devem ser desvendadas. Foi o que aconteceu em meados de 2008 com uma empresa de Porto Alegre, que importou lixo plástico da Inglaterra, e foi alvo de intervenção judicial e policial.

Em inúmeras vezes o Governo interferiu na questão, adotando medidas contra a privacidade. Foi o que aconteceu com o IOF – Imposto sobre Operações Financeiras, imposto criado sobre a movimentação bancária, como, por exemplo, sobre os cheques sacados. Destarte o Governo tornou-se apto a controlar a vida financeira dos cidadãos e das empresas. O imposto é ínfimo e nada representa na arrecadação tributária, mas, graças a ele, o Governo pôde desvendar a vida financeira da clientela dos bancos e do próprio banco.

Um médico ou enfermeiro que examinar uma pessoa baleada tem de informar à Polícia esse atendimento, que rompe o sigilo profissional. Se não der esse aviso, estará ocultando um crime. Se uma empresa dedica-se a atividades ilícitas, como contrabando, poderá ter sua ação ilícita revelada por sua movimentação bancária.

Em meados de 2009 o Brasil inteiro foi agitado pelo amplo noticiário da imprensa sobre escândalos provocados por componentes do Congresso Nacional, e, no entanto, a Justiça negou a revelação das contas bancárias dos acusados. Trata-se de fatos da administração pública, envolvendo dinheiro público, mas as investigações policiais ficam inibidas. Os bancos suíços estão abarrotados de dinheiro roubado no mundo inteiro e as contas bancárias não são reveladas nem ao Governo dos países roubados. Comenta-se que o sigilo bancário é a razão da própria existência desse país.

21.3. As normas legais pertinentes

A Constituição Federal de 1988 estabeleceu algumas previsões, mas com resistências na distorção do sentido da lei, às vezes por ela ter sentido genérico. É o que aconteceu com o inciso X do artigo 5º da Constituição Federal:

> *São invioláveis a intimidade, a vida privada, a honra, a imagem das pessoas, assegurado o direito à indenização pelo dano material ou moral decorrente de sua violação.*

Não esclarece o texto constitucional se as pessoas a que se refere sejam naturais ou jurídicas, e se privadas ou públicas. Parece mais pessoas naturais, de caráter privado. Ao nosso modo de ver, honra é um sentimento humano, próprio de pessoas naturais; uma empresa, por exemplo, não tem honra; tem interesses a tratar. Outra dúvida surge quando fala na inviolabilidade da vida privada; deve-se entender por vida privada a vida pessoal do cidadão, como a vida doméstica, social, religiosa. Conclui-se então que a garantia constitucional só atinge o cidadão privado e não a pessoa jurídica ou o homem público. O administrador público, como o dirigente de uma autarquia, não pode ser garantido pela inviolabilidade, pois administra dinheiro público e o paradeiro desse dinheiro é de interesse público e não privado. Uma pessoa jurídica, como uma empresa, também não. A Constituição Federal começa a deixar a descoberto certas situações, apresentando algumas exceções à inviolabilidade do cadastro bancário e das contas da clientela bancária. É o que se vê no inciso XII do artigo 5º:

> *É inviolável o sigilo da correspondência e das comunicações telegráficas, de dados e das comunicações telefônicas, salvo, no último caso, por ordem judicial, nas hipóteses e na forma que a lei estabelecer para fins de investigação criminal ou instrução penal processual.*

Vê-se, pois, uma exceção; aplica-se a inviolabilidade, mas **salvo** quando houver ordem da Justiça para sua violação, para facultar investigação policial ou a fase probatória de processos judiciais.

O Brasil reclamava diversas medidas quando foi adotada a atual Constituição Federal, em 1988. Acabávamos de sair de uma férrea ditadura militar, que não tinha qualquer respeito pelos direitos humanos e pelas garantias individuais do cidadão. Os bancos eram pressionados a revelar sua contabilidade aos inspetores federais. Muita gente era presa por simples suspeita e empresas eram invadidas. Dentro desse estado de espírito, nossa constituição foi por demais veemente no que tange à inviolabilidade. Foi então complementada pela Lei Complementar 105/2001, que dispõe sobre o sigilo das operações de instituições financeiras.

21.4. A nova regulamentação

A Lei Complementar 105/2001 estabelece a conservação do sigilo nas operações ativas e passivas e serviços prestados pelas instituições financeiras. O que se entende como instituição financeira são os bancos dos variados tipos, como os bancos de depósito, de investimento, de desenvolvimento. E também as organizações assemelhadas e equiparadas das quais traçamos um breve relato no início deste compêndio, mas devemos relacioná-las outra vez como lembrete:
1. Bancos de qualquer espécie;
2. Distribuidoras de títulos e valores mobiliários;
3. Corretoras de câmbio e valores mobiliários;
4. Sociedades de financiamento, crédito e investimentos;
5. Sociedades de crédito imobiliário;
6. Administradoras de cartões de crédito;
7. Administradores de mercado de balcão organizado;
8. Sociedades de arrendamento mercantil;
9. Cooperativas de crédito;
10. Associações de poupança e empréstimos;
11. Bolsas de valores e mercantil e futuros;
12. Entidades de liquidação e compensação;
13. Outras sociedades que, em razão da natureza de suas operações, assim venham a ser consideradas pelo Conselho Monetário Nacional;
14. Empresas de fomento comercial (*factoring*).

Para evitar dúvidas e evasivas, a Lei Complementar 105/2001 alarga o leque dos tipos de informações a todas as operações ativas e passivas, bem como a todos os serviços prestados pelos bancos públicos e privados, e quaisquer outras operações de natureza semelhante que venham a ser autorizadas pelo Banco Central do Brasil, Comissão de Valores Mobiliários, ou outro órgão competente. Para tornar mais preciso e objetivo esse campo, vamos relacioná-los:

Operações ativas: desconto, abertura de crédito, antecipação bancária, empréstimo de mútuo, financiamento rural, financiamento imobiliário, cédulas e notas de crédito, arrendamento mercantil (*leasing*), transações com ouro e ativo financeiro.

Operações passivas: conta-corrente de depósitos, redesconto.

Serviços prestados: cofres de segurança, cobrança bancária, prestação de informações, custódia de títulos e valores, câmbio (operações com moedas estrangeiras), transferência de valores para o exterior, aplicações em fundos de investimentos, cartões de crédito.

Operações e serviços assemelhados: aplicações em fundos de renda fixa ou variável, aplicação em fundos de investimento, câmbio, arrendamento mercantil (*leasing*), fomento mercantil (*factoring*), cartões de crédito, aquisição e vendas de títulos de renda fixa ou variável.

21.5. Isenção da inviolabilidade

Não constituem violação do dever de sigilo pelos bancos (quando falamos em bancos incluímos também as demais instituições financeiras) a troca de informações entre bancos para fins cadastrais, inclusive de centrais de risco (como o Serasa), observadas as normas baixadas pelo CMN – Conselho Monetário Nacional e pelo BACEN – Banco Central do Brasil. Aliás, essa é a principal finalidade da manutenção do setor de cadastro de um banco.

Também podem ser dadas informações sobre o cadastro de emitentes de cheques sem fundos e inadimplência de compromissos a entidades de proteção ao crédito, devendo ser observadas as normas baixadas pelo BACEN e pelo CMN.

Chegamos agora ao ponto crítico: o rompimento do sigilo pela decisão da Justiça. A quebra de sigilo poderá ser decretada quando necessária à apuração de ocorrência de qualquer ilícito, em qualquer fase do inquérito policial ou do processo judicial, e especialmente de certos crimes relacionados à vida financeira do país. São os crimes contra o sistema financeiro nacional. Esses crimes estão regulados pela Lei 7.492/86.

21.6. Deveres do BACEN – Banco Central do Brasil

O dever do sigilo aplica-se também ao BACEN, o banco dos bancos, que é também órgão regulador das questões bancárias; é extensivo ao BACEN, em relação às operações que realiza e às informações que obtiver no exercício de suas atribuições. O sigilo, inclusive quanto a contas de depósitos, aplicações e investimentos mantidos em instituições financeiras, não pode ser oposto ao BACEN, no desempenho de suas funções de fiscalização, compreendendo a apuração, a qualquer tempo, de ilícitos praticados por controladores, administradores, membros estatutários, gerentes, mandatários e prepostos de instituições financeiras. Deve ainda manter sigilo ao proceder a inquérito em instituição financeira submetida a regime especial.

As comissões encarregadas desses inquéritos poderão examinar quaisquer documentos relativos a bens, direitos e obrigações das instituições financeiras, de seus controladores, administradores, membros de conselhos estatutários, gerentes, mandatários e prepostos, inclusive contas-correntes e operações com outras instituições financeiras. Ressalte-se que a quebra de sigilo atinge também gerentes, mandatários e prepostos, que não são dirigentes estatutários do banco, mas seus empregados.

Tem acesso a essa documentação também a CVM – Comissão de Valores Mobiliários, quando se tratar de fiscalização de operações e serviços no mercado de valores mobiliários, inclusive nas instituições financeiras que sejam companhias abertas.

Cabe ainda ao BACEN e à CVM fornecer à Advocacia Geral da União as informações e os documentos necessários à defesa da união nas ações em que seja parte.

21.7. Convênios com entidades estrangeiras

Os dois órgãos, o BACEN e a CVM, em suas áreas de competência, poderão firmar convênios com outros órgãos públicos fiscalizadores de instituições financeiras, objetivando a realização de fiscalizações conjuntas, observadas as respectivas competências. E também com bancos centrais ou entidades fiscalizadoras de outros países, objetivando a fiscalização das filiais e subsidiárias de instituições financeiras estrangeiras, em funcionamento no Brasil, e de filiais e subsidiárias, no exterior, de instituições financeiras brasileiras.

Eles poderão ainda estabelecer cooperação mútua e o intercâmbio de informações para a investigação de atividades ou operações que impliquem aplicação, negociação, ocultação ou transferência de ativos financeiros e de valores mobiliários relacionados com a prática de comportamentos ilícitos.

Serão prestadas pelo BACEN, pela CVM e pelas instituições financeiras as informações ordenadas pelo Poder Judiciário, preservado o seu caráter sigiloso mediante acesso restrito às partes, que delas não poderão servir-se para fins estranhos à lide. Fica assim garantido maior sigilo até mesmo às informações determinadas pela justiça, apesar de liberadas.

Nesta orientação, o Banco Central mantém convênio de troca de informações sigilosas com o FED, o banco central americano, em vista de diversas sucursais de bancos brasileiros nos EUA e dos bancos americanos no Brasil, tornando-se necessária colaboração mútua dos bancos centrais dos dois países. Os norte-americanos sentem-se impelidos à ação na área de averiguações por pressão da Lei do Money Laundering (lavagem de dinheiro), autorizando o Governo a interferir nas filiais dos bancos americanos fora do país. Seria a polícia americana agindo no Brasil, embora no recinto das filiais de bancos americanos. A colaboração mútua propiciou então o sigilo das investigações entre os dois países.

21.8. Informações ante Comissão Parlamentar de Inquérito

O Poder Legislativo Federal, vale dizer, o Congresso Nacional, constituído da Câmara dos Deputados e Senado, adquiriu acentuado poder de investigação, criando as comissões parlamentares de inquérito, reproduzidas em quantidades, para investigar o comportamento de seus membros e dos outros poderes do Estado, e relações entre administradores públicos e empresas ou outras entidades privadas. Adquiriram o poder de investigar e obter dados confidenciais necessários às investigações, e de empreender ações judiciais.

O Banco Central e a CVM, nas áreas de suas atribuições, e as instituições financeiras fornecerão ao Poder Legislativo Federal as informações e os documentos necessários sigilosos que, fundamentadamente, se fizerem necessários ao exercício de suas respectivas competências constitucionais e legais.

As comissões parlamentares de inquérito, no exercício de sua competência constitucional e legal de ampla investigação, obterão as informações e os documentos sigilosos de que necessitarem, diretamente das instituições financeiras ou por intermédio do Banco Central do Brasil ou da Comissão de Valores Mobiliários.

21.9. Dever de informar ao Fisco

Este é um ponto bem delicado. Não é possível vedar o acesso de autoridades tributárias à contabilidade dos bancos ou das empresas, nem seria conveniente. As autoridades e os agentes fiscais tributários da União, dos Estados, do Distrito Federal e dos Municípios poderão examinar documentos, livros e registros de instituições financeiras, inclusive os referentes a contas de depósitos e aplicações financeiras. **Entretanto, somente quando houver processo administrativo instaurado ou procedimento em curso e tais exames sejam considerados indispensáveis pela autoridade administrativa competente.**

O Poder Executivo disciplinará, inclusive quanto à periodicidade e aos limites de valor, os critérios segundo os quais as instituições financeiras informarão à administração tributária da União as **operações financeiras** efetuadas pelos usuários de seus serviços. Essas operações financeiras são praticamente quase todos os atos da atividade bancária, como, por exemplo, a movimentação da conta-corrente com depósitos à vista e a prazo, inclusive as contas de poupança, e os pagamentos efetuados em moeda corrente ou em cheques; e os resgates em contas de depósitos à vista ou a prazo, inclusive de poupança.

Situam-se entre essas operações financeiras a serem comunicadas à administração tributária os empréstimos de dinheiro, como os contratos de mútuo nas variadas modalidades, que nós já estudamos neste compêndio, entre elas o desconto de duplicatas, *warrants* e outros títulos, como a nota promissória, que é utilizada em vários tipos de mútuo.

Devem ser informadas também as aplicações em fundos de renda fixa ou variável; aplicações em fundos de investimento; operações com ouro ou ativo financeiro, como o *factoring* (fomento mercantil); operações com cartão de crédito; e as diversas operações com moeda estrangeira, como os contratos de câmbio; conversão de moedas estrangeiras em moeda nacional; transferência de moeda e outros valores para o exterior.

Nessa categoria também são incluídos os contratos de arrendamento mercantil (*leasing*), fomento mercantil (*factoring*) e de cartões de crédito. Essas operações não são essencialmente bancárias, mas nossa legislação frequentemente as inclui nessa categoria. As empresas de cartões de crédito, malgrado não sejam bancos, normalmente pertencem a bancos e tão íntimas são suas relações que poderiam facultar fraudes. O fomento mercantil, chamado comumente de *factoring*, foi a princípio invocado pelos bancos como um tipo de mútuo bancário, mas nossa jurisprudência considerou-o como operação mercantil e não bancária; mesmo assim, nossa legislação cataloga esse contrato entre os bancários. O arrendamento mercantil, chamado normalmente de *leasing*, não é contrato bancário, mas executado por empresa mercantil. Entretanto, a maioria das empresas de *leasing* pertence a bancos, e sua atividade apresenta analogia com o financiamento empresarial.

Todavia, não é totalmente liberalizado o fornecimento dessas informações, ficando restringidas a casos específicos e bem identificados. As autoridades e os agentes fiscais tributários da União, dos Estados, do Distrito Federal e dos Municípios somente poderão examinar documentos, livros e registros de instituições financeiras quando houver processo administrativo instaurado ou procedimento fiscal em curso, e tais exames sejam considerados indispensáveis pela autoridade administrativa competente. Estão incluídas no registro das instituições financeiras reservadas as referentes a contas de depósitos e aplicações financeiras.

21.10. Possível existência de crimes

Quando no exercício de suas atribuições, o BACEN e a CVM verificarem a ocorrência de crime definido em lei como de ação pública, ou indícios da prática de tais crimes, informarão o Ministério Público, juntando à comunicação os documentos necessários à apuração ou comprovação dos fatos. Essa comunicação será efetuada pelos Presidentes do BACEN e da CVM, admitida delegação de competência, o prazo máximo de quinze dias, a contar do recebimento do processo, com manifestação dos respectivos serviços jurídicos.

Os dois órgãos deverão ainda comunicar aos órgãos públicos competentes as irregularidades e os ilícitos administrativos de que tenham conhecimento, ou indícios de sua prática, anexando os documentos pertinentes.

21.11. Ação em conjunto dos dois órgãos reguladores

O Banco Central do Brasil e a Comissão de Valores Mobiliários manterão permanente intercâmbio de informações acerca dos resultados das inspeções que realizarem, dos inquéritos que instaurarem e das penalidades que aplicarem, sempre que as informações forem necessárias ao desempenho de suas atividades. O cumprimento das exigências e formalidades retrocitadas, como das comissões parlamentares de inquérito e das autoridades alfandegárias, será expressamente declarado pelas autoridades competentes nas solicitações dirigidas aos dois órgãos: BACEN e CVM.

22. O BANCO MUNDIAL

22.1. O Tratado de Bretton Woods
22.2. O FMI – Fundo Monetário Internacional
22.3. Organização do FMI
22.4. Natureza jurídica
22.5. Foro competente
22.6. DES – Direitos Especiais de Saque
22.7. O Banco Mundial
22.8. O BIRD – Banco Internacional de Reconstrução e Desenvolvimento
22.9. A AID – Agência Internacional de Desenvolvimento
22.10. A CFI – Corporação Financeira Internacional

22.1. O Tratado de Bretton Woods

A última guerra mundial (1939-1945) haveria de provocar inúmeras e profundas reformas na vida das nações, e entre elas houve a reforma que instituiu a nova ordem econômica internacional. Esta instituição se deu mesmo antes do fim da guerra, em 1994, graças a uma convenção realizada em Bretton Woods, lugarejo localizado no Estado de New Hampshire, perto de Nova York.

Reuniram-se em Bretton Woods 44 países, entre eles o Brasil, participando da Conferência Monetária Internacional, também conhecida como Tratado de Bretton Woods. Criou-se, então, o novo Sistema Monetário Internacional, que visava principalmente à recuperação do comércio internacional e à sua expansão, graças à adoção de uma moeda estável, à concessão de empréstimos a países em fase de desenvolvimento ou em reconstrução e à manutenção da estabilidade cambial.

A reforma substituiu o padrão-ouro pelo padrão-dólar-ouro, adotando, então, o dólar americano como moeda internacional. Como órgãos realizadores dessa reforma, foram criadas duas organizações internacionais que, dia a dia, se realçam no cenário financeiro internacional: o FMI e o BANCO MUNDIAL. O presidente do FMI é sempre um europeu e o presidente do Banco Mundial, um norte-americano.

22.2. O FMI – Fundo Monetário Internacional

O Tratado de Bretton Woods criou o principal órgão regulador do Sistema Monetário Internacional, com vários objetivos previstos no artigo 1º do Tratado:

I. Promover a cooperação monetária internacional por meio de uma instituição permanente que proporcione um mecanismo para consultas e colaboração sobre problemas monetários internacionais.

II. Facilitar a expansão e o desenvolvimento equilibrado do comércio internacional, contribuindo, assim, para a promoção e manutenção de altos níveis de emprego e de renda real para o desenvolvimento da capacidade produtiva de todos os membros, como objetivos precípuos da política econômica.

III. Promover a estabilidade cambial, manter a disciplina do câmbio entre os membros e evitar depreciações competitivas.

IV. Auxiliar no estabelecimento de um sistema multilateral de pagamentos de transações correntes entre os membros, e na eliminação das restrições cambiais, as quais dificultam o desenvolvimento do comércio mundial.

V. Inspirar confiança nos países-membros, pondo os recursos do Fundo à sua disposição sob garantias adequadas, assim facultando-lhes corrigir desajustes no balanço de pagamentos sem recorrer a medidas comprometedoras da prosperidade nacional e internacional.

VI. De acordo com o supradito, abreviar o prazo e reduzir o grau de desequilíbrio nos balanços internacionais de pagamentos dos membros.

Para atingir seus objetivos, o FMI amealhou vultoso capital, formado por ouro, moedas e divisas. A formação do fundo deve-se aos países-membros, que subscreveram cotas, de acordo com a capacidade apurada de cada país; 25% da subscrição é feita em ouro e o restante em moeda do país subscritor.

O poder de voto de cada país está de acordo com seu capital, mas sofre deságio em função dos empréstimos que um país levantar junto ao Fundo. Esse critério explica o poder de controle que os EUA exercem sobre o Fundo; este país subscreveu a maior cota para a formação do fundo e, por outro lado, não levanta empréstimos, mantendo integral o seu poder. O FMI é formado só de países, não podendo a ele se associar pessoas privadas. A sede deverá ser localizada no país que detiver a maior cota: por isso é em Washington.

Conforme foi exposto, a fonte primária dos recursos do FMI é a subscrição das cotas pelos países-membros. Contudo, vão mais longe o poder e as funções do FMI na captação de recursos: levanta empréstimos junto ao governo de países ricos e dos países exportadores de petróleo, como Arábia Saudita. Poderá também obter numerário de instituições financeiras privadas, mas prefere atuar principalmente no setor público.

Sentiu-se, na conferência de Bretton Woods, o choque de teorias elaboradas pelo consagrado economista inglês John Maynard Keynes e as teorias elaboradas pela equipe americana, liderada por Harry Dexter White. Keynes propugnou pela adoção de um sistema financeiro internacional, dotado de instrumentos adequados para garantir equilíbrio entre as nações. Advogou a criação de uma moeda internacional: o *bancor*. Essa moeda deveria ser utilizada nas operações internacionais.

Criar-se-ia ainda um Banco Central Mundial, que seria o emissor do *bancor*. Essa moeda mundial estava destinada a manter o equilíbrio necessário entre os recursos financeiros mundiais que estavam sobrando e as necessidades de crédito por parte das nações deficitárias. As nações com *superavit* no balanço de pagamentos recolheriam seus recursos, em *bancor*, no Banco Central Mundial; as nações em *deficit* receberiam créditos com os excedentes do *bancor*. Haveria sempre um equilíbrio, pois a todo crédito proveniente de operações internacionais haveria o débito correspondente. O Banco Central Mundial funcionaria como Câmara de Compensação (*Clearing House*), operando na vida financeira internacional.

A ideia de Keynes foi vencida e vingou a teoria de White, graças à força dos interesses americanos. Em vez do Banco Central Mundial, foi criado o FMI; em vez do *bancor*, foi imposto o dólar americano como moeda internacional. O FMI foi criado também como órgão assessor, com poder de ingerência no sistema econômico das nações, como aconteceu várias vezes com o Brasil. O capital do novo organismo internacional, em vez de fundos disponíveis, foi constituído por cotas, cuja maioria foi subscrita pelos EUA, que ficaram como acionistas majoritários numa Sociedade Anônima.

22.3. Organização do FMI

Possui dois importantes órgãos diretivos: Conselho dos Governadores e a Diretoria Executiva. Existe ainda uma equipe técnica de alto nível, que assessora os dois órgãos: o Conselho dos Governadores é formado pelos representantes dos países-membros do FMI, geralmente pelo Ministro da Fazenda de cada país. Embora haja atualmente 180 países-membros, o número de correspondentes do Conselho de Governadores é geralmente inferior, pois uma só pessoa pode representar vários países. Um dos Governadores será eleito presidente pelos demais. O Conselho de Governadores delibera sobre admissão ou demissão dos sócios do FMI, fixa as cotas de cada um, aprova modificação uniforme na paridade das moedas, estabelece formas de cooperação com outros organismos internacionais. Realiza normalmente uma reunião anual e as deliberações das reuniões são tomadas por maioria de votos, não votos por cabeça, mas pelo número de cotas de cada membro.

A Diretoria Executiva é a que faz funcionar o FMI, com os trabalhos administrativos e técnicos. Os diretores executivos são eleitos pelo Conselho dos Governadores, em número de catorze e os outros seis são nomeados pelas grandes potências, ou seja, os portadores de maiores cotas no Fundo. Os diretores executivos elegerão um deles, que será chamado de diretor-gerente e operará como se fosse o presidente da diretoria. Ao ser eleito, o diretor-

-gerente deixa de ser diretor-executivo e não terá direito a voto, a não ser o voto de Minerva.

Afora esses dois órgãos, o FMI tem uma administração interna, constituída de um quadro de pessoal de alto nível, tanto técnico como burocrático. Esses funcionários, como o próprio diretor-gerente, qualquer que seja a nacionalidade deles, ficam subordinados ao FMI e não mais a qualquer órgão de seus países.

22.4. Natureza jurídica

Sendo muito complexa a finalidade e atuação do FMI, complexa será sua natureza jurídica, envolvendo os diversos aspectos pelos quais ela seja analisada. É uma organização internacional, isto é, uma pessoa jurídica de Direito Internacional Público, por ser constituída de países diversos. Ao enquadrá-la no regime jurídico a que se subordina, porém, surgem diversas apreciações.

A primeira ideia que se liga a esta instituição é a de que seja ela uma instituição financeira, um banco. Realmente, o FMI é um intermediário entre o dinheiro excedente e as operações mercantis ou financeiras, que necessitem de dinheiro. Assim, o FMI arrecada dinheiro dos países que o tenham em excesso e sem boas perspectivas de aplicação interna, transferindo-o aos países que necessitem de dinheiro para equilibrar suas finanças internacionais. Há algumas distinções com referência a um banco nacional, segundo as normas de nosso direito bancário: este é de caráter mercantil, com manifesto objetivo de lucro. O FMI não tem finalidade lucrativa, cobrando pelos empréstimos apenas uma taxa para a manutenção de seus serviços.

Outro aspecto a ser considerado é que a intermediação do FMI na captação de numerário disponível é apenas secundária, pelo menos do que consta na Convenção Constitutiva, de Bretton Woods, em 1944. A princípio, o numerário que deveria formar o capital do FMI seria fornecido pelos próprios países que dele fizessem parte e utilização dos fundos. Neste aspecto, aproxima-se mais de uma cooperativa de crédito, antigamente designada como "banco de crédito luzzatti", ainda adotada pela doutrina italiana.

Muita correlação existe entre a constituição e a atividade do FMI com um condomínio. O Fundo é uma propriedade coletiva, pertencendo a todos os países-membros, tendo cada país um certo quinhão; são eles, portanto, coproprietários dos fundos arrecadados, tanto que, no caso de extinção do fundo, será ele rateado entre Estados-membros, na proporção em que eles tiverem integralizado suas cotas.

22.5. Foro competente

Segundo a própria Convenção de Bretton Woods, os conflitos existentes entre o Fundo e os membros serão resolvidos por arbitragem, perante um tribunal arbitral constituído por três árbitros: um indicado pelo FMI, outro pelo país querelante, presidido pelo Presidente da Corte Permanente de Arbitragem. Por essa razão, foi criado posteriormente um novo órgão, denominado CIADI – Centro Internacional para a Arbitragem de Disputas sobre Investimentos. No recente conflito com a Bolívia a respeito da expropriação da Petrobrás na Bolívia, o Brasil ameaçou submeter a questão ao CIADI, o que levou esse país a retirar-se desse órgão.

22.6. DES – Direitos Especiais de Saque

O DES é um dos mecanismos monetários primordiais do FMI. Consiste numa reserva formada por contribuições de todos os países-membros. Quando um país tem *superavit* no balanço de pagamentos, deixa um numerário a mais para a formação do DES. Na constituição do capital do FMI, a maior parte do valor das cotas subscritas também vai para essa verba.

Quando um país sofre um *deficit* em seu balanço de pagamentos, saca então a diferença desse fundo, mantendo o equilíbrio. O DES é, contudo, uma moeda escritural, pois o dinheiro não circula, mas apenas o lançamento débito-crédito do FMI. Cada país tem, assim, uma cota à sua disposição para o saque.

O FMI criou depois um crédito especial, chamado *stand-by*, pelo qual os saldos excedentes ficam à disposição para empréstimos extras. Porém, o país que obtiver esses créditos só poderá sacá-los se houver necessidade para isso, devido ao desequilíbrio de seu balanço de pagamentos. Um DES vale aproximadamente um dólar.

Os empréstimos do FMI aos países são de dois tipos, questão que provoca muitas controvérsias. Há empréstimo de alta e baixa condicionalidade, de acordo com a intensidade de condições impostas pelo FMI ao conceder o empréstimo. A baixa condicionalidade representa uma posição bem liberal do FMI para com o país mutuário; a exigência é de que o país tenha um *deficit* no balanço de pagamento e esteja adotando medidas para sanear o desequilíbrio.

O empréstimo de alta condicionalidade é concedido a um país que se comprometa a adotar sérias medidas para corrigir suas distorções monetárias. A equipe técnica do FMI elabora planos de ajustamento, apresenta-os aos países e acompanha sua execução. Ao levantar empréstimos, o país aceita esses planos, mas na hora de cumpri-los alega ingerência externa na sua vida interna. É o que se vê no Brasil e demais países endividados.

22.7. O Banco Mundial

Juntamente com o FMI, o Tratado de Bretton Woods criou outro órgão paralelo, conhecido como Banco Mundial, que proporciona assistência financeira e técnica para estimular países ao desenvolvimento econômico. O Banco Mundial está formado por mais de 150 países e constituído de cinco organizações:
- BIRD – Banco Internacional de Reconstrução e Desenvolvimento (IBRD – International Bank for Reconstrution and Development).
- AID – Agência Internacional de Desenvolvimento (IDA – International Development Agency).
- CFI – Corporação Financeira Internacional (IFC – International Finance Corporation).

- CIADI – Centro Internacional para a Arbitragem de Disputas sobre Investimentos (destinada a solucionar conflitos a respeito de investimentos estrangeiros, pelo sistema de arbitragem).
- AMGI – Agência Multilateral de Garantia sobre Investimentos (estimula investimentos estrangeiros nos países em desenvolvimento, dando garantias aos investidores contra prejuízos causados por riscos não comerciais, e assessoria sobre investimentos).

Quando qualquer país quiser se filiar ao novo Sistema Monetário Internacional, deverá fazer parte das cinco organizações: FMI, BIRD, AID, CFI, CIADI, AMGI.

Os conflitos entre os países e o Banco Mundial são resolvidos por arbitragem, como acontece com o FMI. Aliás, as cinco organizações são integradas e observam critérios comuns e estruturas mais ou menos semelhantes. Como a do FMI, a sede do Banco Mundial é em Washington e também segue a organização do FMI, com dois órgãos primordiais: Conselho dos Governadores (Board of Governors) e Conselho de Diretores (Board of Directors). Em um aspecto são diferentes: o presidente do FMI é sempre um europeu, e o presidente do Banco Mundial é sempre um norte-americano.

Por esse aspecto, é marcante a influência norte-americana sobre o Banco Mundial. Em primeiro lugar, o presidente é um norte-americano; além disso, o poder de voto dos EUA é correspondente a 25% do capital do banco, subscritos pelos EUA, e a arrecadação de fundos pelo Banco Mundial processa-se principalmente nos EUA. Para se ter uma ideia dessa predominância, no final de 2007 foi eleito presidente do Banco Mundial o ex-Secretário de Estado, Roberto Zoellik, para o quinquênio 2008-2012. Esse mesmo cidadão, como Secretário de Estado, dois meses antes, ameaçou o Brasil com sérias medidas, se o Brasil não adotasse restrições firmes contra a pirataria que afetasse produtos americanos; e o Brasil votou nele.

É também comentada a influência de Wall Street e dos grandes grupos econômicos americanos; dos seis presidentes, três eram dirigentes de instituições do grupo Rockfeller e outro diretor do Banco de Chicago, outro ainda diretor de banco privado. O sexto presidente, Robert Macnamara, foi Secretário da Defesa dos EUA e o atual, Roberto Zoellik, é um milionário ligado a bancos e empresas petrolíferas.

22.8. O BIRD – Banco Internacional de Reconstrução e Desenvolvimento

O BIRD, como o próprio nome indica, é um banco internacional, agrupando recursos para aplicação em outro país. Destina-se a financiar projetos de desenvolvimento, mas não mais em reconstrução, porquanto essa circunstância surgiu após a grande guerra mundial, em um mundo semidestruído e necessitando de reconstrução.

22.9. A AID – Agência Internacional de Desenvolvimento

A AID faz empréstimos a países não suficientemente abonados para os financiamentos do BIRD ou que não possam atender a todas as condições impostas pelo IRD. Só concede também financiamentos a governos, sendo assim uma complementação do BIRD.

A AID também é formada e mantida com capitais fornecidos pelos governos-membros. Esses recursos financeiros são repassados aos governos de países em desenvolvimento, em condições mais favoráveis do que as do BIRD; os juros são mais módicos e às vezes há até isenção de juros; os prazos são normalmente mais longos, geralmente de 50 anos.

22.10. A CFI – Corporação Financeira Internacional

A CFI é a maior organização internacional do mundo, que proporciona assistência financeira na forma de empréstimos e investimentos no setor privado dos países em desenvolvimento. O fim primordial é promover o desenvolvimento dos países-membros, que estejam em fase de desenvolvimento, graças ao suporte financeiro à iniciativa privada desses países, que representam 90% dos membros, já que é pequeno o número de países considerados como desenvolvidos.

É filiada ao Banco Mundial, mas opera como organização independente, com outra equipe de dirigentes e fundos próprios. Suplementa a atividade do BIRD, proporcionando à iniciativa privada investimentos e empréstimos, sem garantia governamental. A CFI só fará investimentos se o capital necessário não puder ser obtido, em condições favoráveis, em outras fontes. Muitas vezes, a CFI serve como catalisadora para um projeto, encorajando outros investidores, de dentro e de fora do país hospedeiro, para fazer esses investimentos com o patrocinador local, para um especial projeto.

A clientela da CFI é exclusivamente da iniciativa privada. Nesse aspecto, distancia-se do BIRD e da AID, que só atuam em nível de governos. A CFI investe em investimentos privados (*ventures*) por meio de empréstimos e subscrição de capital, em colaboração com outros investidores. Evita tornar-se dona do empreendimento, conservando participação minoritária e participa de empresas que contribuem para o desenvolvimento do país beneficiário e proporciona lucros aos investidores.

No decorrer desses anos, a CFI formou substancial experiência financeira, técnica e legal, que pode ser de considerável proveito aos investidores. Além disso, sua posição como organização internacional pode proporcionar assistência e segurança aos investidores. Seus aportes financeiros espalham-se por quase 100 países, em quase mil empresas beneficiárias, sendo o Brasil o principal deles, com 15% das aplicações da CFI. Entre as muitas empresas beneficiárias figuram: Villares, Perdigão, Amapá Florestal, Cimetal, Ciminas, Sococo, Alpargatas, o Frigorífico Chapecó, o Frigorífico Bertin, da cidade de Lins.

A CFI é suprida pelo seu capital, formado com a subscrição das cotas pelos países-membros, mas também levanta fundos perante o Banco Mundial e coloca títulos no mercado internacional de capitais.

Por derradeiro, repetimos que a CFI é um banco, como são bancos o BIRD e a AID, por serem organizações que recolhem dinheiro de um lado para aplicá-lo em outro. É um banco internacional, porque seu capital é formado de dinheiro de vários países, e só aplica esse dinheiro na área internacional. É banco público em vista de apenas pessoas jurídicas de direito público poderem subscrever seu capital. E, ainda, com exceção da CFI, todos os demais só operam com Governos.

23. BID – BANCO INTERAMERICANO DE DESENVOLVIMENTO

23.1. Categoria do BID
23.2. Funções básicas
23.3. A organização financeira
23.4. Política operativa básica
23.5. Os objetivos estratégicos

23.1. Categoria do BID

É uma instituição regional de financiamento aos países--membros, com a mobilização de recursos financeiros e sua aplicação em projetos de desenvolvimento econômico e social. Sendo banco de desenvolvimento econômico e social, seu objetivo é o de contribuir para a celebração do progresso individual e coletivo de países em via de desenvolvimento. É pois uma instituição financeira pública, internacional e de caráter regional. É pública porquanto financia o crédito público dos países, ou seja, em projetos governamentais e foi constituído por países.

É internacional, por mobilizar capitais de vários países, para aplicá-los em outros; é regional, uma vez que financia projetos de uma só região: a América, e é formado só por países americanos. O próprio nome revela sua categoria, sua natureza; se for um banco, é uma instituição financeira, isto é, arrebanha capitais; exerce, pois, a intermediação de recursos financeiros. Ao dizer *interamericano*, situa-se no âmbito de uma região, mais precisamente da Organização dos Estados Americanos – OEA, compreendendo todos os países da América, desde os grandes, como os EUA, o Brasil e o Canadá, como os pequenos como os do Caribe. O termo *desenvolvimento* dá-nos a ideia de fomento ao progresso.

Nasceu o BID em uma reunião da OEA em San Salvador, no ano de 1960, e no mesmo ano iniciava suas operações, financiando um projeto para fornecimento de água potável no Peru. Seguiram-se inúmeros financiamentos, mas daremos como exemplo uma operação situada perto de nós: a ampliação da Faculdade de Direito da Universidade de São Paulo. Há muitos anos, o Governo do Estado de São Paulo desapropriou uma área atrás da Faculdade de Direito, e permaneceu esse terreno utilizado como estacionamento de veículos. Um financiamento do BID permitiu à USP construir um majestoso edifício, dando à Faculdade de Direito sugestiva ampliação de suas instalações. Outro exemplo bem próximo foi o financiamento concedido para a duplicação da Rodovia Fernão Dias, ligando São Paulo a Belo Horizonte, que foi iniciada, mas depois se deteve por razões internas.

23.2. Funções básicas

O art. 1º do Ato Constitutivo do BID enumera as suas funções básicas:
1. Promover a inversão de capitais públicos e privados, com vistas ao desenvolvimento econômico e social dos países-membros.
2. Utilizar o próprio capital, os fundos obtidos nos mercados financeiros e demais recursos disponíveis, para o funcionamento dos países-membros, dando aos projetos meios eficazes para o crescimento econômico.
3. Estimular as inversões privadas em projetos, empresas e atividades de efetiva contribuição ao desenvolvimento econômico, e complementar as inversões privadas quando não houver capitais particulares disponíveis e em condições razoáveis.
4. Cooperar com os países-membros na orientação da política de desenvolvimento para melhor utilização de seus recursos, de maneira compatível com os objetivos de maior complementação de suas economias e da promoção do crescimento ordenado do comércio exterior.

5. Prover assistência técnica para a preparação, financiamento e execução de planos e projetos de desenvolvimento, incluindo o estudo de prioridades e a formação de propostas sobre projetos específicos.

A análise dessas funções dá ideia da sua complexidade e faz do BID um promotor de inversões públicas e privadas, dando assistência técnica aos projetos de inversão destinados a incrementar a existência de capital reprodutivo e social e, por conseguinte, o fluxo de mercadorias e serviços associados com esses projetos. Outra tarefa relaciona-se com a assistência técnica, orientada para facilitar a transferência de conhecimentos técnicos e experiências em diferentes campos com o fim de complementar e melhorar a capacidade técnica e operativa dos mutuários do BID.

A complexidade dessas funções obrigou o BID a realizar análise permanente para definir os problemas, condições, exigências e prioridades de desenvolvimento em cada país americano e a capacidade financeira e técnica deles, para atendê-los adequadamente. Essas circunstâncias levam o BID a prestar atenção mais aos países de menor grau de desenvolvimento, às regiões menos favorecidas sob o ponto de vista econômico e social.

Ao atender a essas necessidades, o BID estimula a inversão de recursos públicos e privados, mediante a coordenação das disposições dos países beneficiados; ao colocar ao acesso de seus membros os recursos do BID, este procura obter recursos também no mercado interno do país em que o projeto estiver sendo executado. Ao mesmo tempo em que concede um empréstimo, estimula a inversão local.

O BID só financia projetos e programas técnica e financeiramente viáveis e que tenham relação direta com o processo de desenvolvimento econômico do país mutuário. Nesse sentido leva em conta a prioridade do projeto e considera cada país um caso especial e cada projeto peculiar a esse país. Para tanto, realiza estudo das necessidades de cada país e elabora o *Programa de Atividades* para o futuro, projetando a solução dos problemas regionais. Aproveita-se ainda das análises elaboradas por outras organizações internacionais, como o FMI e o BIRD. Considera também o efeito multiplicador do projeto financiado, sobre a economia do país, no que tange à contribuição do projeto para o aumento da produtividade e o impacto na melhoria das condições sociais, e na balança de pagamentos.

23.3. A organização financeira

A fim de poder financiar projetos de desenvolvimento, o BID procura formar fundos provenientes das mais variadas fontes, geralmente dos próprios países-membros. Seu ato constitutivo aponta, em princípio, três fontes básicas:
1. Recursos ordinários de capital;
2. Recursos inter-regionais de capital;
3. Recursos do fundo para operações especiais.

Além desses recursos básicos de um banco de fomento, o BID pode apelar para outras fontes adicionais para o financiamento de suas operações. O BID é como se fosse uma S.A., com seu capital formado por inversões de todos os países-membros, como acontece com o FMI e o BIRD.

O capital, contudo, é mais usado como garantia ou emergências, necessitando o BID de fontes extras de recursos, como o Fundo para Operações Especiais. O capital do BID é pois formado pelos **Recursos Ordinários de Capital**. O primeiro é de valores já integrados ao capital e o segundo é um *capital exigível*, um recurso extra a ser concedido em créditos.

O *Fundo para Operações Especiais* origina-se de contribuições especiais de países-membros, para empréstimos e em termos que permitam fazer frente a circunstâncias especiais de determinados países e projetos, e dentro do objeto e funções do banco. Atende a setores socioeconômicos mais deprimidos e carentes de recursos. Para tanto, o Fundo recorre ao mercado de capitais para conseguir a maioria de seus recursos. Além disso, procura trazer para sua administração alguns fundos especiais estabelecidos por governos e organismos especializados, ou então no sistema de fideicomisso.

23.4. Política operativa básica

As operações de empréstimos e de garantias do BID são definidas segundo os recursos utilizados. Destarte, há operações ordinárias, em que são aplicados os recursos ordinários de capital; operações com recursos inter-regionais em que se empregam os fundos do capital inter-regional; e operações especiais, financiadas com recursos do Fundo para Operações Especiais. Além desses financiamentos, sob condições especiais derivadas de acordos de fideicomisso, o BID financia operações com recursos distintos das três fontes retromencionadas. Poderá ainda dar garantia a empréstimos contraídos por qualquer país-membro.

A política básica do BID leva em consideração certos critérios e exige muitas formalidades. É preciso que o país solicitante apresente proposta bem minuciosa e esclarecedora para ser examinada pelos analistas. Deverá demonstrar ter capacidade legal para contratar com o BID; capacidade técnica para executar por sua conta e de seus contratados as obras do projeto, mantendo-as adequadamente; mais ainda, deverá ter capacidade administrativa para mandar, manter e operar o projeto; e dar garantias de cumprimento das obrigações contraídas. Necessário se torna a demonstração de que o projeto seja prioritário para as necessidades do país, não devendo, pois, haver projetos mais importantes e viáveis.

Ao avaliar os pedidos de financiamentos, leva ainda o BID em conta o efeito "multiplicador" do projeto sobre a economia nacional, vale dizer, o grau em que o projeto contribuirá para aumentar a produção e a produtividade. Verá se o financiamento ou a garantia causará impacto na melhoria das condições sociais, auxílio na eliminação de obstáculos ao progresso do país, na balança de pagamentos, e se oferece oportunidade para a substituição de importações e aumento das exportações, a adoção de inovações e técnicas que melhorem a produtividade.

Além da concessão de empréstimos e garantias a outros empréstimos, o BID presta assistência e assessoramento técnicos a países solicitantes e mesmo a empresas privadas. Essa assistência consta da preparação, financiamento e execução de planos e projetos de desenvolvimento, incluindo os estudos de prioridades e preparação de propostas e treinamento de pessoal por meio de seminários e outras iniciativas similares. A assistência técnica é uma modalidade de financiamento, tendo por objeto facilitar a transferência de conhecimentos técnicos e experiências qualificadas, tendo em mira complementar e favorecer a capacidade técnica dos países em desenvolvimento.

A cooperação técnica consiste basicamente no financiamento de atividades e estudos, assessoramento ou adestramento que são executados pelas instituições receptoras do auxílio ou por consultores individuais ou empresas consultoras especializadas, que transmitam para os beneficiários os conhecimentos e experiências especializadas. Essa contribuição deve fazer com que o beneficiário possa assimilar novos conhecimentos e lhe permitam melhorar a capacidade para executar projetos similares.

A cooperação técnica não é apenas a concessão de recursos financeiros, como um empréstimo, mas o financiamento de serviços para a execução de atividades específicas a serem continuadas pelo beneficiário. Visa à melhoria da produtividade e ao aprimoramento dos conhecimentos especializados. Os jornais paulistas anunciam frequentemente a realização de seminários patrocinados ou apoiados pelo BID, como os estudos do MERCOSUL, realizados recentemente em São Paulo. Exemplo ainda de cooperação técnica foi a doação de quinze milhões de dólares para o Brasil desenvolver a prática da arbitragem e da mediação da resolução de conflitos.

23.5. Os objetivos estratégicos

Muitos são os objetivos estratégicos do BID, citando-se, entre os principais, o objetivo global econômico e social, a mobilização de recursos, a promoção das exportações, a planificação econômica, a infraestrutura econômica e social, a integração regional. Empenha-se o BID em que os países interamericanos possam elevar a taxa de crescimento econômico, lograr canalização maior de capitais privados e públicos para uma região, e que, na execução de projetos prioritários sejam beneficiados grupos sociais marginalizados. Amplia desta maneira a participação coletiva no processo de desenvolvimento econômico e social. Visa mais aos países americanos de menor desenvolvimento e de mercados limitados, como ainda às regiões pouco desenvolvidas, localizadas em países mais avançados.

Reconhece o BID que o esforço principal na mobilização de recursos destinados ao financiamento do desenvolvimento origina-se dos próprios países americanos. Contudo, os objetivos não se resumem em seus recursos apenas, mas procuram obter recursos de fontes externas, como os acordos de fideicomisso, ou com financiamentos paralelos ou complementares, de fontes variadas: privadas, públicas e internacionais. Igualmente, o BID, em sua ação catalítica, procura mobilizar recursos internos no país favorecido e ajudá-lo nessa mobilização, complementando sua ação com o país beneficiário, para iniciar ou ampliar melhorias institucionais que aumentem sua capacidade de absorver os financiamentos concedidos.

Assim como faz a IFC – International Finance Corporation (CFI), o BID fomenta os investimentos privados, de acordo com o Governo do país beneficiado, participando do capital de empresas que contribuam para o desenvolvimento do país.

Outro objetivo estratégico é o incremento das exportações, como fonte de ingresso de divisas para financiar as importações e outros projetos. Os financiamentos podem ainda estimular as exportações ou a produção de mercadorias manufaturadas ou semifaturadas destinadas à exportação.

A planificação econômica dos países americanos é de importância primordial para o BID. Por isso, presta colaboração financeira e técnica ao Governo para melhorar a eficiência de suas técnicas de planificação. Outorga-lhe assistência técnica para os projetos governamentais em todos os setores, principalmente os produtivos, como a agricultura, a indústria, a silvicultura, a mineração, o turismo, o transporte, as telecomunicações e a energia. Afora os setores produtivos, merecem também a atenção do BID os setores de infraestrutura social, como saúde, educação, ciência e tecnologia e conhecimentos técnicos.

24. SISTEMA FINANCEIRO NACIONAL

24.1. Organização e atribuições
24.2. Constituição do SFN
    24.2.1. Órgãos públicos normativos
    24.2.2. Órgãos públicos operacionais
    24.2.3. Comissões consultivas
24.3. Do CMN – Conselho Monetário Nacional
    24.3.1. Funções
    24.3.2. Atividades de sua competência
24.4. O BACEN – Banco Central do Brasil
    24.4.1. Aspectos conceituais
    24.4.2. Competência do banco
    24.4.3. Administração do BACEN
24.5. O Banco do Brasil
    24.5.1. Competência privativa
    24.5.2. Competência não privativa
    24.5.3. Administração do Banco do Brasil
    24.5.4. As receitas
24.6. Das instituições financeiras
    24.6.1. Aspectos conceituais
    24.6.2. Instituições financeiras públicas
    24.6.3. Instituições financeiras privadas

24.1. Organização e atribuições

O SFN – Sistema Financeiro Nacional cuida do crédito, do mercado de dinheiro, ou seja, do uso do dinheiro circulante no país, com sua aplicação nas atividades produtivas. Esse mercado divide-se em dois: **mercado de capitais** e **mercado financeiro**. O mercado de capitais é a movimentação do dinheiro mais aplicado, mais imobilizado, de recuperação mais demorada e somente em situações especiais; é o caso do dinheiro investido no capital de empresas. Não nos ocuparemos, neste compêndio de **Direito Bancário**, desse tipo de mercado, uma vez que é tema pertencente a outro ramo do Direito Empresarial, o **Direito do Mercado de Capitais**. É este realmente um ramo paralelo ao Direito Bancário, mas com características próprias.

Ocupamo-nos agora do mercado financeiro, de movimentação mais ágil, móvel e flexível do dinheiro, aplicado para recuperação em curto prazo. É fácil localizá-lo, por ser o dinheiro encontrado em depósito nos bancos, e usado por estes nos empréstimos em curto prazo. Quando falamos em curto prazo, referimo-nos ao tempo de até 120 dias. E quando falamos em bancos, queremos nos referir a todos os tipos de banco e conjunto de empresas chamadas de instituições financeiras.

Esse mercado exige rígido controle, regulamentação ampla e interesse constante, pois qualquer transtorno verificado nele provocará abalos na economia do país. Além disso, ele é extremamente sensível a qualquer acontecimento, noticiário, boatos. Sua regulamentação é representada pela lei básica, chamada Lei da Reforma Bancária, a Lei 4.595/64. Trata-se de lei de quase meio século e está exigindo nova reformulação. Todavia, ela é constantemente atualizada por um enorme cipoal legislativo, formado por resoluções, circulares e outros atos normativos expedidos pelos órgãos reguladores do SFN, como o BACEN – Banco Central do Brasil, o CMN – Conselho Monetário Nacional, e, às vezes, a CVM – Comissão de Valores Mobiliários.

Todo esse complexo de normas constitui um direito especial, referente à regulamentação do SFN. Este, por sua vez, é formado por ampla e complexa rede de bancos e outras organizações, que, direta ou indiretamente, atuam no mercado de crédito. Essa estrutura é que garante a estabilidade e segurança no mercado de dinheiro.

Outros consideram o SFN, sob outro lado, como o conjunto de órgãos e instituições financeiras formados para a gestão da política monetária do Governo Federal.

24.2. Constituição do SFN

O SFN – Sistema Financeiro Nacional é formado por um complexo de órgãos e instituições que operam na vida econômica do país, mais precisamente no mercado financeiro e no mercado de capitais. São instituições financeiras públicas e privadas e órgãos públicos, cada um com finalidades específicas: uns são reguladores, outros supervisores, outros operadores. É difícil classificá-los, ante os diferentes pontos de vista, mas podemos apresentar alguns quadros:

24.2.1. *Órgãos públicos normativos*
Conselho Monetário Nacional, Banco Central do Brasil, Conselho Nacional de Seguros Privados, Conselho de Gestão da Previdência Complementar.

24.2.2. *Órgãos públicos operacionais*

Banco do Brasil, Banco Nacional de Desenvolvimento Econômico e Social, instituições financeiras públicas.

24.2.3. *Comissões consultivas*

Conselho Superior das Caixas Econômicas, Bancos e caixas econômicas estaduais, bancos privados, Comissão Bancária e muitos outros órgãos públicos e privados, que são consultados quando necessário.

24.3. Do CMN – Conselho Monetário Nacional

24.3.1. *Funções*

É o órgão máximo do SFN e formula a política da moeda e do crédito. Sua finalidade é a de formular a política da moeda e do crédito, objetivando o progresso econômico e social do país. Essa política norteia os objetivos mais diretos desse órgão, como adaptar o volume dos meios de pagamento às reais necessidades da economia nacional e seu processo de desenvolvimento. Pertence ao Ministério da Fazenda e seu presidente é sempre o Ministro da Fazenda.

Regula o valor interno da moeda e o equilíbrio no balanço de pagamento do país, tendo em vista a melhor utilização dos recursos em moeda estrangeira. Orienta a aplicação dos recursos das instituições financeiras, quer públicas, quer privadas, tendo em vista propiciar, nas diferentes regiões do país, condições favoráveis ao desenvolvimento harmônico da economia nacional.

Propicia o aperfeiçoamento das instituições e dos instrumentos financeiros, com vistas à maior eficiência do sistema de pagamentos e de mobilização de recursos. Zela pela liquidez e solvência das instituições financeiras. Coordena as políticas monetária, creditícia, orçamentária, fiscal e da dívida pública.

24.3.2. *Atividades de sua competência*

Compete ao CMN, segundo diretrizes estabelecidas pelo Presidente da República, autorizar o BACEN a emitir, anualmente, papel-moeda até o limite de 10% dos meios de pagamento existentes a 31 de dezembro do ano anterior, para atender às exigências das atividades produtivas e da circulação da riqueza do país, devendo, porém, solicitar autorização do Poder Legislativo, mediante mensagem do Presidente da República, para as emissões que, justificadamente, se tornarem necessárias além daquele limite.

Aprova os orçamentos monetários, preparados pelo BACEN, por meio dos quais se estimarão as necessidades globais de moeda e crédito. Fixa as diretrizes e normas da política cambial, inclusive quanto à compra e venda de ouro e quaisquer operações em DES – Direitos Especiais de Saque e em moeda estrangeira.

Disciplina o crédito em todas as suas modalidades e as operações creditícias em todas as duas formas, inclusive aceites, avais e prestações de quaisquer garantias por parte das instituições financeiras. Coordena a política do CMN. Regula a constituição, o funcionamento e a fiscalização dos que exercem atividades bancárias, bem como a aplicação das penalidades previstas.

Limita, sempre que necessário, as taxas de juros, descontos, comissões e qualquer outra forma de remuneração de operações e serviços bancários ou financeiros, inclusive os prestados pelo BACEN, assegurando taxas favorecidas aos financiamentos que se destinem a promover recuperação e fertilização do solo; reflorestamento; combate a epizootias e pragas, nas atividades rurais; eletrificação rural; mecanização; irrigação, investimentos indispensáveis às atividades agropecuárias.

Determina a percentagem máxima dos recursos que as instituições financeiras poderão emprestar a um mesmo cliente ou grupo de empresas. Estipula índices e outras condições técnicas sobre encaixes, mobilizações e outras relações patrimoniais, a serem observadas pelas instituições financeiras.

Muitas outras atribuições são da competência do CMN; aliás, quase tudo na área bancária, a maioria prevista no artigo 4º da Lei 4.595/64.

24.4. O BACEN – Banco Central do Brasil

24.4.1. *Aspectos conceituais*
É uma autarquia federal e órgão normatizador, orientador e controlador do SFN. Foi criado em 1964, pela Lei da Reforma Bancária, mas, anteriormente, suas funções eram executadas pela SUMOC – Superintendência da Moeda e do Crédito, que foi absorvida pelo BACEN e pelo CMN. É o principal órgão promotor das resoluções do CMN. Sendo autarquia, tem personalidade jurídica e patrimônio próprios, este constituído de bens, direitos e outros valores. Ele pode emitir títulos de responsabilidade própria, de acordo com as condições estabelecidas pelo CMN.

24.4.2. *Competência do banco*
Variadíssima gama de atribuições do BACEN estão na manta de sua competência, algumas de sua **competência exclusiva**, expostas no artigo 10 da Lei 4.595/64.

1. Compete privativamente ao BACEN a emissão de papel-moeda e moeda metálica, nas condições e limites autorizados pelo CMN. Essa competência é de ordem técnica, pois muitos poderes dela participam. A competência, segundo nossa Constituição Federal, é da União, e o BACEN é um órgão federal, integrado no sistema, e, segundo ela, cabe ao Congresso Nacional dispor sobre a moeda, seus limites de emissão e montante da dívida mobiliária federal. A competência da União para emitir moeda será exercida exclusivamente pelo BACEN, mas lhe é vedado conceder direta ou indiretamente empréstimos ao Tesouro Nacional e a qualquer órgão ou entidade que não seja instituição financeira. O BACEN poderá comprar e vender títulos do Tesouro Nacional, com o objetivo de regular a oferta de moeda ou a taxa de juros. As disponibilidades de caixa da União serão depositadas no BACEN.
2. Competência exclusiva do BACEN é a de receber depósitos compulsórios de outros bancos. Conforme se viu, os bancos são obrigados a manter em depósito no BACEN

uma porcentagem de seus depósitos, mais ou menos 10%, como reserva para uma contingência momentânea. Os bancos somente podem manter conta-corrente no BACEN. O BACEN operará exclusivamente com instituições financeiras públicas e privadas, vedadas operações bancárias de qualquer natureza com pessoas de direito público ou privado, salvo as expressamente autorizadas por lei. Os encargos e serviços de competência do BACEN, quando por ele não executados diretamente, serão contratados de preferência com o Banco do Brasil, exceto nos casos especialmente autorizados pelo CMN.

3. Em terceiro lugar, cabe ao BACEN conceder autorização às instituições financeiras, a fim de que possam funcionar no Brasil, instalar ou transferir suas sedes ou dependências, inclusive no exterior, e ser transformadas, fundidas, incorporadas ou encampadas. O BACEN autoriza a prorrogação dos prazos concedidos para funcionamento, ou para alterar o estatuto delas, alienar ou, por qualquer forma, transferir o seu controle acionário. Cabe-lhe também a fiscalização dos bancos. As instituições financeiras estrangeiras, porém, dependem de autorização do Poder Executivo, mediante decreto, para que possam funcionar no país.

4. Somente o Banco Central pode realizar redesconto de títulos descontados por bancos. Realizamos neste compêndio o estudo do desconto e do redesconto de títulos, operações tipicamente bancárias. Qualquer tipo de empréstimo de dinheiro (mútuo) a bancos só poderá ser feito pelo BACEN.

5. É da competência do BCB exercer o controle do crédito sob todas as suas formas e executar os serviços do meio circulante. Efetua ainda o controle dos capitais estrangeiros. Efetua, como instrumento de política monetária, operações de compra e venda de títulos públicos federais.

6. O BACEN regula a execução dos serviços de compensação de cheques e outros títulos. A Câmara de Compensação (Clearing House) é prática internacional, mas pode ser

criada como câmara privada no Brasil. Entretanto, só se conhece a Câmara de Compensação do Banco do Brasil. A regulamentação desse serviço, porém, cabe ao BACEN.
7. A vigilância nos mercados financeiros e de capitais se deve principalmente ao BACEN, embora colaborem nessa tarefa vários órgãos como o CMN e a CVM. Ele atua sobre as entidades que, direta ou indiretamente, interfiram nesses mercados e em relação às modalidades ou processo operacionais que utilizem.

24.4.3. *Administração do BACEN*

O BACEN será administrado por uma diretoria de nove membros, um dos quais será o Presidente, todos nomeados pelo Presidente da República, entre brasileiros de ilibada reputação e notória capacidade em assuntos econômico-financeiros, sendo demissíveis *ad nutum*. O presidente do BACEN será substituído pelo diretor que o CMN designar. O término do mandato, a renúncia ou a perda da qualidade de membro do CMN determinam igualmente a perda da função de diretor do BACEN. Compete ao seu Presidente definir a competência e as atribuições de sua diretoria.

O regimento interno do BACEN prescreverá as atribuições do presidente e dos diretores e especificará os casos que dependerão de deliberação da diretoria, a qual será tomada por maioria de votos.

24.5. O Banco do Brasil

É o maior e o mais antigo banco do país, com mais de 4.000 agências espalhadas por todo o território nacional. É uma sociedade estatal, mas não empresa pública, por não pertencer totalmente ao Governo. É uma sociedade de economia mista, com seu capital pertencente mais ou menos 70% ao Governo Federal e os outros 30% está pulverizado em milhões de acionistas. Sendo banco do Governo Federal, seu principal cliente é o próprio dono. Recebe os tributos e outras rendas dos contribuintes do Tesouro Nacional, lançando-os a crédito deste; e também as operações de crédito da União por antecipação da receita orçamentária.

Conforme já falamos, o Banco do Brasil mantém e faz funcionar a Câmara de Compensação de cheques (Clearing House) à qual pertencem quase todos os bancos. É um serviço amplo que facilita a ação de todos os bancos membros. Um banco recebe cheques em depósito ou pagamento de títulos, e teria muito trabalho em cobrar esses cheques. Encaminha-os então à Câmara de Compensação do Banco do Brasil, que credita aos bancos os cheques recebidos e os debita na conta dos bancos sacados. É um tipo de conta-corrente escritural, mantida entre todos os bancos, mas não há movimentação de dinheiro; só de cheques.

24.5.1. *Competência privativa*

O Banco do Brasil serve como instrumento da política creditícia e financeira do Governo Federal e Agente Financeiro do Tesouro Nacional. Realiza pagamentos por conta do Governo Federal, sendo agente pagador e recebedor fora do país. Adquire e financia estoques de produção exportável. Concede aval, fiança e outras garantias, consoante expressa autorização legal. Executa o serviço da dívida pública consolidada.

Como principal executor dos serviços bancários do Governo Federal, inclusive suas autarquias, o BB recebe em depósito, com exclusividade, as disponibilidades de quaisquer entidades federais, compreendendo as repartições de todos os ministérios civis e militares, instituições de previdência e outras autarquias e outros órgãos, com exceções das previstas em lei ou casos especiais, expressamente autorizados pelo CMN, por proposta do BACEN. Realiza, por conta própria, recebimentos ou pagamentos e outros serviços de interesse do BACEN, nas condições estabelecidas pelo CMN.

24.5.2. *Competência não privativa*

Financia a aquisição e instalação da pequena e média propriedade rural, nos termos da legislação que regular a matéria. Financia também as atividades industriais e rurais, com favorecimentos previstos em lei, observando nos diversos financiamentos das atividades econômicas das necessidades creditícias das diferentes regiões do país. Financia ainda as importações e exportações. Desta forma difunde o orienta o crédito, inclusive as atividades comerciais, suplementando a ação da rede bancária.

24.5.3. *Administração do Banco do Brasil*
A nomeação do presidente e dos diretores do Banco do Brasil S.A. será feita pelo Presidente da República, após aprovação do Senado Federal. As substituições eventuais do presidente não poderão exceder o prazo de tinta dias consecutivos, sem que o Presidente da República submeta ao Senado Federal o nome do substituto.

24.5.4. *As receitas*
Constituem receita do BACEN as rendas de operações financeiras e de outras aplicações de seus recursos; das suas operações de câmbio, da compra e venda de ouro e de quaisquer outras operações em moeda estrangeira; rendas eventuais, inclusive as derivadas de multa de juros de mora aplicados por força da legislação em vigor.

24.6. Das instituições financeiras

24.6.1. *Aspectos conceituais*
Consideram-se instituições financeiras as pessoas jurídicas públicas e privadas, que tenham como atividade principal ou acessória a coleta, intermediação ou aplicação de recursos financeiros próprios ou de terceiros, em moeda nacional ou estrangeira, e a custódia de valor de propriedade de terceiros. Equiparam-se às instituições financeiras as pessoas físicas que exerçam qualquer dessas atividades, de forma permanente ou eventual. Já tivemos oportunidade de relacionar as instituições financeiras, mas, a cada passo em que se trate delas, será conveniente relembrá-las:
1. Estabelecimentos bancários oficiais ou privados;
2. Sociedade de financiamento, crédito e investimentos;
3. Caixas econômicas e cooperativas de crédito ou a seção de crédito das cooperativas que a tenham.

Também se subordinam às disposições e disciplinas da Lei 4.595/64 e no que for aplicável:
1. Bolsas de valores;
2. Companhias de seguros e de capitalização;
3. Sociedades que efetuam distribuição de prêmios em imóveis, mercadoria ou dinheiro ou por qualquer forma;
4. As pessoas físicas ou jurídicas que exerçam, por conta própria ou de terceiros, atividade relacionada com a compra e venda de ações e outros quaisquer títulos, realizando, nos mercados financeiros e de capitais, operações ou serviços de natureza dos executados pelas instituições financeiras.

O BACEN, no exercício da fiscalização que lhe compete, regulará as condições de concorrência entre instituições financeiras, coibindo-lhes os abusos. Dependerão de prévia autorização do BACEN as campanhas destinadas à coleta de recursos do público, praticadas por pessoas físicas ou jurídicas na Lei 4.595/64, salvo para subscrição pública de ações, nos termos da Lei das Sociedades por Ações.

24.6.2. *Instituições financeiras públicas*
As instituições financeiras públicas são órgãos auxiliares da execução da política de crédito do Governo Federal. O Conselho Monetário Nacional regulará as atividades, capacidade e modalidade operacionais das instituições financeiras públicas federais, que deverão submeter à aprovação daquele órgão, com a prioridade por ele prescrita, seus programas de recursos e aplicações, de forma que se ajustem à política de crédito do Governo Federal.

A escolha dos diretores ou administradores das instituições financeiras públicas federais e a nomeação dos respectivos presidentes e designação dos substitutos seguem o critério adotado para o presidente e diretores do Banco do Brasil, ou seja, deverão ser pessoas de reputação ilibada e notória capacidade.

O Banco Nacional do Desenvolvimento Econômico e Social é o principal instrumento de execução de política de investimentos do Governo Federal. As instituições financeiras públicas federais ficam sujeitas a disposições relativas às instituições financeiras privadas. As caixas econômicas estaduais equiparam-se, no que couber, às caixas econômicas federais, estando isentas da taxa de fiscalização. Todavia, no presente momento só restou a Caixa Econômica Federal, pois as estaduais estão sendo absorvidas.

As instituições financeiras públicas deverão comunicar ao BACEN a nomeação ou a eleição de diretores e membros de órgãos consultivos, fiscais e semelhantes, no prazo de quinze dias da data de sua ocorrência. As instituições privadas estão sujeitas às mesmas obrigações.

24.6.3. *Instituições financeiras privadas*

As instituições financeiras privadas, exceto as cooperativas de crédito, constituir-se-ão unicamente sob a forma de sociedade anônima, devendo a totalidade de seu capital com direito a voto ser representada por ações nominativas. Atualmente só existem ações nominativas, pois as ações ao portador foram abolidas.

As instituições financeiras de direito privado, exceto as de investimento, só poderão participar de capital de quaisquer sociedades com prévia autorização do BACEN, solicitada justificadamente e concedida expressamente, ressalvados os casos de garantia de subscrição, nas condições que forem estabelecidas, em caráter geral, pelo CMN.

É vedado às instituições financeiras conceder empréstimos ou adiantamentos a seus diretores e membros dos conselhos fiscal, administrativo, e semelhantes, bem como aos respectivos cônjuges, aos parentes, até segundo grau dessas pessoas. Nem tampouco para pessoas físicas ou jurídicas que participem de seu capital, com mais de 10%. Será possível, mas com autorização específica do BACEN, em cada caso, quando se tratar de operações lastreadas por efeitos comerciais resultantes de transações de compra e venda ou penhor de mercadorias, em limites que forem fixados pelo CMN, em caráter geral.

Também não poderá fazer empréstimos a pessoas jurídicas das quais a instituição financeira participe do capital com mais de 10%. E também se os diretores ou administradores da instituição financeira, ou cônjuges e respectivos parentes até o segundo grau, participarem do capital da empresa que receberá o empréstimo em mais de 10% do capital.

Há outras vedações para as instituições financeiras: não podem emitir debêntures e partes beneficiárias. Também não podem adquirir imóveis, a não ser os destinados ao próprio uso, salvo os recebidos em liquidação de empréstimos de difícil ou duvidosa solução. Neste último caso, deverão vendê-los dentro do prazo de um ano, a contar do recebimento, prorrogável até duas vezes, a critério do BACEN.

25. INTERVENÇÃO E LIQUIDAÇÃO EXTRAJUDICIAL DE BANCOS

25.1. Aspectos conceituais
25.2. A intervenção extrajudicial
    25.2.1. Motivos da intervenção
    25.2.2. Período da intervenção
    25.2.3. Efeitos da intervenção
    25.2.4. Final de intervenção
    25.2.5. Obrigações do interventor
    25.2.6. Obrigações dos ex-administradores
    25.2.7. Consequências do relatório do interventor
25.3. A liquidação extrajudicial
    25.3.1. Conceito e finalidade
    25.3.2. Efeitos da liquidação
    25.3.3. O procedimento da liquidação
    25.3.4. Final da liquidação

25.1. Aspectos conceituais

Temos examinado até agora a atividade bancária na sua fase sadia: sua vida, operações, serviços prestados e outras formas de sua biologia, ou seja, a vida ativa. Veremos agora o banco na sua fase patológica, quando os vírus de variadas doenças começam a contaminar sua vida e estrutura. A fase patológica caracteriza-se principalmente quando o banco sente a situação de insolvência, com a dificuldade ou incapacidade de solver seus compromissos.

Seria esse problema questão de Direito Empresarial, mas é *sui generis*. Em primeiro lugar se trata de institutos falimentares de natureza exclusivamente bancária, o que carreia o assunto para a esfera do Direito Bancário. Em segundo lugar, a legislação falimentar, baseada na Lei de Recuperação de Empresas, a Lei 10.101/2005, não se aplica aos bancos e demais instituições financeiras e algumas organizações assemelhadas, como companhias de seguros.

Não só haverá choques jurídicos, mas a lógica e a prática tornariam impossível aplicar aos bancos os institutos falimentares, como a **falência** e a **recuperação judicial** (versão da antiga concordata). Ninguém irá se aventurar a depositar seu dinheiro em um banco que sabe estar em situação pré-falimentar ou em recuperação judicial. No caso da falência, seria impraticável um processo judicial nos moldes da Lei Falimentar.

Houve então necessidade de se criar institutos falimentares apropriados para esse tipo de empresa. E foi trazido pela Lei 6.024/74 o sistema aplicável às instituições financeiras, constituído de dois institutos básicos, denominados **intervenção extrajudicial** e **liquidação extrajudicial**. Vamos então discorrer sobre esses dois institutos peculiares aos bancos. Recebem o nome de extrajudicial por ser processo fora do Poder Judiciário, representando a intervenção administrativa estatal num banco, para evitar que ele cause prejuízos maiores à coletividade. No Brasil, essa intervenção estatal se faz por intermédio do Banco Central do Brasil, o BACEN.

Aplicam-se os dois institutos aos bancos privados e também aos públicos, desde que não sejam federais. Também estão sob seu manto as demais instituições financeiras e organizações assemelhadas como as companhias de seguros e as de arrendamento mercantil (*leasing*). A intervenção e a liquidação são sempre decretadas e executadas pelo BACEN, único órgão competente para esse fim.

25.2. A intervenção extrajudicial

25.2.1. *Motivos da intervenção*

A intervenção ocorre quando o Banco Central investe o interventor no banco, para fiscalizar e controlar seu funcionamento, e com plenos poderes de gestão. Os plenos poderes de gestão referem-se às atividades do banco, mas o interventor precisará de prévia e expressa autorização do Banco Central para a prática de certos atos mais delicados, como os que possam implicar disposição ou oneração do patrimônio ou partes do patrimônio do banco. Essa autorização também se faz necessária quanto à admissão e demissão de funcionários. A intervenção implica a retirada dos dirigentes estatutários do banco.

O próprio banco poderá pedir a intervenção se julgar necessário para sua recuperação econômica, mas este fato raramente ocorre. Normalmente, é o Banco Central que decreta *ex officio* a intervenção, nomeando, de imediato, o interventor. O BACEN realiza normalmente inspeção nos bancos para constatar se não se verificaram anormalidades administrativas e atos temerários; se forem verificadas reiteradas infrações a dispositivos da legislação bancária, não regularizadas após as determinações do BACEN, no uso de suas atribuições de fiscalização.

Poderá ainda ser motivo de intervenção se for constatado pela inspeção que o banco vem sofrendo prejuízos decorrentes de má administração, que sujeite seus credores a riscos. Ou então se forem observados atos suspeitos, invocados para a decretação da falência de uma empresa, previstos pela Lei Falimentar. Vamos citar alguns desses fatos. Se o banco foi executado e não pagou dívida, e não tem bens para penhorar, está com patrimônio reduzido a zero e, neste caso, nem adiantaria intervenção, mas liquidação direta.

Outro motivo será se o banco está-se desfazendo de bens, desfalcando seu patrimônio, e, como se sabe, o patrimônio do devedor é a garantia de seus credores. Ou então vende as ações para pessoas não merecedoras de crédito. A transferência de muitas ações, que possam mudar o controle acionário do banco, precisa ser autorizada pelo BACEN, que verifica se os novos acionistas têm respaldo patrimonial. Se não inspirar plena confiança ao BACEN, a transferência é suspeita e ensejará a intervenção.

São atos suspeitos também a concessão de garantias reais ou fidejussórias que impliquem responsabilidade elevada do banco em relação às suas possibilidades de solvência. Mais ainda será a prática de atos simulados ou de fraudes para retardar pagamentos. É vista ainda com suspeita a ação dos dirigentes do banco se procuram se desfazer de seus bens particulares, o que gera desconfianças, de acordo com o velho provérbio: se os ratos abandonam o navio é porque ele está prestes a se afundar.

25.2.2. *Período de intervenção*

O período de intervenção não excederá a seis meses, o qual, por decisão do BACEN, poderá ser prorrogado, uma única vez, até o máximo de outros seis meses. Se, ao final desse período, não foi possível a normalização do banco, a inspeção pode recomendar que se transforme a intervenção em liquidação. Aliás, a liquidação do banco pode ser decretada diretamente, sem passar antes pela intervenção. Com a finalidade de evitar a liquidação, a intervenção procura sanar as dificuldades do banco, fazendo-o voltar à normalidade. Se uma inspeção do BACEN julgar a situação financeira do banco comprometedora, poderá propor a liquidação direta.

A intervenção poderá ser requerida pelo próprio banco, como medida preventiva contra a liquidação, se o estatuto lhe conferir esta competência. O requerimento deve ser dirigido ao BACEN, com indicação das causas do pedido, sem prejuízo da responsabilidade civil e criminal em que incorrerem os mesmos administradores, por indicação falsa ou dolosa.

25.2.3. *Efeitos da intervenção*

A intervenção produzirá vários efeitos, desde sua decretação, começando com a suspensão da exigibilidade das obrigações vencidas, e a fluência do prazo das obrigações vincendas anteriormente contraídas. Os depósitos serão congelados, suspendendo a exigibilidade dos depósitos já existentes à data de sua decretação. São efeitos parecidos com a antiga concordata, desaparecida com a Lei de Recuperação de Empresas.

A intervenção determina a suspensão do mandato dos administradores e membros do Conselho Fiscal e dos de quaisquer órgãos criados pelo estatuto. Compete exclusivamente ao interventor a convocação da assembleia geral no caso em que julgar conveniente.

Com o objetivo de preservar os interesses da poupança popular e a integridade do acervo das entidades submetidas à intervenção ou à liquidação extrajudicial, o BACEN poderá estabelecer idêntico regime para as pessoas jurídicas que com elas tenham integração de atividade ou vínculo de interesse, verificando os seus administradores sujeitos aos preceitos referentes à intervenção.

Verifica-se integração de atividade ou vínculo de interesse, quando as referidas pessoas jurídicas forem devedoras do banco sob intervenção. Ou então quando seus acionistas participarem do capital dele em importância superior a 10%, ou seja, cônjuges, ou parentes até o segundo grau, consanguíneos ou afins, de seus diretores ou membros dos conselhos consultivo, administrativo, fiscal ou semelhantes.

25.2.4. *Final da intervenção*

A intervenção é medida provisória e efêmera, devendo durar no máximo um ano. Se no final de um ano a intervenção não surtir efeitos, ela cessará, transformando-se em liquidação. Contudo, se o Banco Central julgar que a intervenção tenha conseguido sanar as anormalidades financeiras do banco e reconduzi-lo à normalidade poderá suspendê-la, liberando o banco.

A intervenção poderá ter a cessação solicitada pelo banco se ele se julgar apto a retornar às atividades livremente. Neste caso, deverá apresentar justificativas para o pedido e as necessárias garantias do eficaz prosseguimento das atividades econômicas.

25.2.5. *Obrigações do interventor*

Independentemente da publicação do ato de sua nomeação, o interventor será investido, de imediato, em suas funções, mediante termo de posse lavrado no Diário da entidade. Na falta do Diário o termo será no livro que o substituir, com a transcrição do ato que houver decretado a medida e que o tenha nomeado.

Ao assumir suas funções, o interventor arrecadará, mediante termo, todos os livros da entidade e os documentos de interesse da administração. Levantará também o balanço geral e o inventário de todos os livros, documentos, dinheiro e demais bens da entidade, ainda que em poder de terceiros, a qualquer título. O termo de arrecadação, o balanço geral e o inventário deverão ser assinados também pelos administradores em exercício no dia anterior ao da posse do interventor, os quais poderão apresentar, em separado, as declarações e observações que julgarem, a bem dos seus interesses.

Dentro de 60 dias, contados da sua posse, prorrogável se necessário, o interventor apresentará ao Banco Central do Brasil relatório que conterá o exame da escrituração, da aplicação dos fundos e disponibilidade, e da situação econômico-financeira do banco. Fará ainda a indicação, devidamente comprovada, dos atos e omissões danosos que eventualmente tenha verificado. Apresentará proposta justificada da adoção das providências que lhe pareçam convenientes à instituição. As disposições deste artigo não impedem que o interventor, antes da apresentação do relatório, proponha ao BACEN a adoção de qualquer providência que lhe pareça necessária e urgente.

25.2.6. *Obrigações dos ex-administradores*

Os ex-administradores do banco em intervenção devem entregar ao interventor, dentro de cinco dias, contados da posse dele, declaração assinada em conjunto por todos eles, de que conste a indicação do nome, nacionalidade, estado civil e endereço dos administradores e membros do Conselho Fiscal, que estiverem em exercício nos últimos meses anteriores à decretação da medida.

A declaração indicará ainda os mandados que, porventura, tenham outorgado em nome do banco, indicando o seu objeto, nome e endereço do mandatário. E ainda os bens imóveis e móveis que não se encontrem no estabelecimento, e a participação que, porventura, cada administrador ou membro do Conselho fiscal tenha em outras sociedades, com a respectiva indicação.

O interventor prestará contas ao BACEN, independentemente de qualquer exigência, no momento em que deixar suas funções, ou a qualquer tempo, quando solicitado, e responderá, civil e criminalmente, por seus atos.

25.2.7. *Consequências do relatório do interventor*

De posse do relatório do interventor, se este for favorável, o BACEN poderá determinar a cessão da intervenção, hipótese em que o interventor será autorizado a promover os atos que, nesse sentido, se tornaram necessários. Se o relatório não for totalmente favorável, o BACEN poderá manter o banco sob intervenção até que sejam eliminadas as irregularidades que a tenham motivado. Se a situação for realmente desfavorável, poderá optar pela liquidação.

Das decisões do interventor caberá aos interessados recurso sem efeito suspensivo, dentro de dez dias da respectiva ciência, para o BACEN, em única instância. Findo esse prazo, sem a interposição de recurso, a decisão assumirá caráter definitivo. O recurso será entregue, mediante protocolo, ao interventor que o informará e o encaminhará, dentro de cinco dias, ao BACEN.

25.3. A liquidação extrajudicial

25.3.1. *Conceito e finalidade*

A liquidação extrajudicial é a intervenção do Poder Público num banco, a fim de evitar desgaste maior no patrimônio deste, para assegurar os direitos dos credores. Procura restabelecer as finanças do banco liquidante, recuperando seus créditos e evitando novas responsabilidades. Equivale, mais ou menos, à falência de uma empresa. Visa à liquidação do banco, apurando seu patrimônio e vendê-lo para o pagamento dos credores. É decretada pelo BACEN, que promoverá também todas as diligências para solucionar definitivamente a dolorosa situação de um banco quebrado.

Da mesma forma que a intervenção, a liquidação pode ser requerida pelo banco insolvente, ou *ex officio*, pela iniciativa do BACEN, quando ocorrerem fatos que justifiquem essa medida, devidamente previstos em lei.

A liquidação extrajudicial de bancos será decretada *ex officio* pelo BACEN em razão de ocorrências que comprometam sua situação econômica ou financeira especialmente quando deixar de satisfazer, com pontualidade, seus compromissos ou quando se caracterizar qualquer dos motivos que autorizem a declaração de falência.

E ainda, quando a administração violar gravemente as normas legais e estatutárias que disciplinam a atividade do banco, bem como as determinações do CMN ou do BACEN, no uso de suas atribuições legais. Ou então quando o banco sofrer prejuízo que sujeite a risco anormal seus credores quirografários.

Se for cassada a autorização para funcionar, o banco deve iniciar nos 90 dias seguintes sua liquidação ordinária; se não o fizer o BACEN promoverá a liquidação. Agirá da mesma maneira se verificar que a liquidação se processa de maneira muito morosa a tal ponto de acarretar prejuízo para os credores.

A liquidação poderá ser requerida pelos administradores do banco, se o respectivo estatuto lhes conferir essa competência, ou por proposta do interventor, expostos de forma circunstanciada os motivos justificadores da medida.

O BACEN decidirá sobre a gravidade dos fatos determinantes da liquidação extrajudicial, considerando as repercussões deste sobre os interesses dos mercados financeiros e de capitais. Poderá também, em lugar da liquidação, efetuar a intervenção, se julgar esta medida suficiente para a normalização dos negócios do banco, e preservação daqueles interesses.

O ato do BACEN, que decretar a liquidação, indicará a data em que se tenha caracterizado o estado que a determinou, fixando o termo legal da liquidação que não poderá ser superior a 60 dias contados do primeiro protesto por falta de pagamento ou, na falta deste, do ato que haja decretado a intervenção ou a liquidação.

A liquidação será executada por liquidante nomeado pelo BACEN, com amplos poderes de administração e liquidação, especialmente os de verificação e classificação dos créditos. Este poderá nomear e demitir funcionários, fixando-lhes os vencimentos, outorgar e cassar mandatos, propor ações e representar a massa em juízo ou fora dele. Os honorários do liquidante, a serem pagos por conta do banco liquidando, serão fixados pelo BACEN.

Com prévia e expressa autorização do BACEN, o liquidante poderá, em benefício da massa, ultimar os negócios pendentes e, a qualquer tempo, onerar ou alienar seus bens, neste último caso por meio de licitações.

Em todos os atos, documentos e publicações de interesse da liquidação, será usada obrigatoriamente a expressão "em liquidação extrajudicial", em seguida à denominação do banco liquidando.

25.3.2. *Efeitos da liquidação*

A decretação da liquidação produzirá vários efeitos, de imediato, entre os quais a suspensão das ações e execuções iniciadas sobre direitos e interesses relativos ao acervo do banco liquidando. Não poderão ser intentadas quaisquer outras, enquanto durar a liquidação. Excetuam-se as ações trabalhistas, uma vez que se trata de justiça federal. Provocará também o vencimento antecipado das obrigações do banco liquidando.

Fica suspenso o atendimento das cláusulas penais dos contratos unilaterais vencidos em virtude da decretação da liquidação. A prescrição relativa a obrigações de responsabilidade do banco fica interrompida. Não poderá ser reclamada a correção monetária de quaisquer dívidas passivas, nem de penas pecuniárias por infração de leis penais ou administrativas.

A liquidação extrajudicial determina a perda do mandato dos administradores do banco, vale dizer, dos diretores e membros do Conselho de Administração, incluindo-se também os membros do Conselho Fiscal.

25.3.3. *O procedimento da liquidação*

O processo de liquidação do banco segue, mais ou menos, os mesmos passos do processo de intervenção. De acordo com o exame que fizer do relatório ou da proposta do liquidante, o BACEN poderá adotar várias medidas. Poderá autorizar o liquidante a prosseguir na liquidação, caso haja questões ainda a resolver. Poderá, ao contrário, autorizá-lo a requerer a falência do banco se o seu ativo não for suficiente para cobrir pelo menos a metade do valor dos créditos quirografários, ou quando houver fundados indícios de crimes de natureza falimentar.

O BACEN poderá também, em qualquer tempo, estudar pedidos de cessação da liquidação, formulados pelos interessados, concedendo ou recusando a medida pleiteada, segundo as garantias oferecidas e as conveniências de ordem geral.

Se for determinado o prosseguimento da liquidação o liquidante fará publicar, no Diário Oficial da União e em jornal de grande circulação do local da sede do banco, aviso aos credores para que declarem os respectivos créditos. Ficam dispensados desta formalidade os credores por depósitos ou por letras de câmbio de aceite do banco liquidando.

25.3.4. *Final da liquidação*

A liquidação cessará se os interessados, apresentando as necessárias condições de garantia, julgadas a critério do BACEN, tomarem a si o prosseguimento das atividades econômicas do banco. Os interessados poderão ser diversas pessoas, começando pelos próprios ex-dirigentes do banco, como aconteceu com o COMIND. Poderão ser pessoas que possam conferir capital ao banco para o prosseguimento dele e outras pessoas que possam dar garantia de recuperar o banco. A liquidação extrajudicial transforma-se em liquidação ordinária.

Ela poderá chegar naturalmente ao seu fim, com a venda de todo o ativo e pagos os credores dentro da possibilidade e apresentação das contas finais do liquidante e consequente aprovação pelo BACEN. Nesse caso é feita a baixa no registro público competente. Em recurso extremo, pode ser requerida judicialmente a falência do banco.

26. REGIME DE ADMINISTRAÇÃO ESPECIAL TEMPORÁRIA

- **26.1.** Conceito e causas
- **26.2.** Situação do banco sob o regime especial
- **26.3.** O conselho diretor
- **26.4.** Os recursos necessários ao regime especial
- **26.5.** Possível mudança de regime
    - **26.5.1.** Transformação
    - **26.5.2.** Incorporação
    - **26.5.3.** Fusão
    - **26.5.4.** Cisão
- **26.6.** Recuperação dos recursos públicos
- **26.7.** Responsabilidade dos administradores do banco
- **26.8.** Cessação do regime

26.1. Conceito e causas

Além da intervenção e da liquidação, em 1987 o Decreto-lei 2.321/87 criou outro sistema de intervenção administrativa do Poder Executivo para tentar sanar as dificuldades momentâneas de bancos. Esse novo sistema, chamado de **administração especial temporária**, é, conforme aponta o nome, temporário, e executado pelo BACEN, observando, mais ou menos, os critérios estabelecidos pela Lei 6.024/74 para a intervenção e a liquidação.

O Banco Central poderá decretar o **regime de administração especial temporária**, nos bancos e nas outras instituições financeiras. Este regime aplica-se não só aos bancos privados, mas também aos públicos, desde que não federais. A principal característica desse sistema é que o banco continuará em atividade e funcionamento quase normalmente, até ser sanada sua fraca liquidez e voltar à livre atividade.

O Banco Central só poderá decretar o **regime de administração especial temporária** se houver motivos plausíveis previstos em lei, que são quase os mesmos motivos da intervenção e da liquidação, elencados no artigo 2º da Lei 6.024/74. É preciso que seja constatada a prática reiterada de operações contrárias às diretrizes da política econômica ou financeira traçadas pela lei; ou existência de passivo a descoberto, ou seja, passivo sem a suficiente cobertura de recursos ou crédito para solvê-lo.

Pode ser também o descumprimento das normas referentes à conta de Reservas Bancárias mantida no Banco Central; essa reserva é um depósito que o banco deve manter no Banco Central para eventualidade de insuficiência de sua caixa, que o banco só poderá sacar em caso de necessidade momentânea. Constituirá causa para a medida em apreço se for constatada no banco gestão temerária ou fraudulenta de seus administradores. Ou então se o banco estiver sofrendo prejuízos reiterados ou descumprir as normas legais e bancárias.

A duração da administração especial temporária será fixada no ato que a decretar, podendo ser prorrogado, se absolutamente necessário, por período não superior ao primeiro.

26.2. Situação do banco sob o regime especial

Esse regime é diferente da intervenção e da liquidação, porquanto o banco não terá suas atividades suspensas; ele não afetará o curso dos negócios do banco nem seu regular funcionamento. Todavia, os administradores perderão seu mandato, inclusive os membros do conselho fiscal. Como os bancos se revestem da forma societária de sociedade anônima, entendem-se como banqueiros os eleitos pela assembleia dos acionistas, sendo, portanto, os membros da diretoria e do conselho de administração. O conselho fiscal é equiparado aos demais e seus membros também são atingidos pela medida.

26.3. O conselho diretor

No lugar da **diretoria** e do **conselho de administração** ficará o **conselho diretor**, nomeado pelo Banco Central, com plenos poderes de gestão, constituído de tantos membros quantos julgados necessários para a condução dos negócios sociais. Ao **conselho diretor** competirá, com exclusividade, a convocação da assembleia geral dos acionistas. Seus membros poderão ser destituídos a qualquer tempo pelo BACEN. Apesar dos plenos poderes de que são dotados, os membros do conselho diretor só serão para os atos de ordinária gestão, mas vão depender de autorização expressa do Banco Central os atos que não sejam de rotina ou impliquem disposição ou oneração do patrimônio do banco.

Os membros do conselho diretor assumirão, de imediato, as respectivas funções, independentemente de publicação do ato de nomeação, mediante termo lavrado no livro de atas da diretoria, com a transcrição do ato que houver decretado o regime de administração especial temporária e do que os tenha nomeado.

Ao assumir suas funções, incumbirá ao conselho diretor eleger, entre seus membros, o Presidente; e estabelecerá as atribuições e poderes de cada um de seus membros, bem como as matérias que serão objeto de deliberação colegiada. Fará, mais ou menos, o papel do interventor na intervenção ou liquidação, tomando as providências próprias dele, como pedir aos ex-administradores do banco para entregar dentro de cinco dias declaração assinada em conjunto por todos eles, de que conste a qualificação dos membros do conselho fiscal que estiverem em exercício nos últimos doze meses anteriores à decretação da medida.

Deverão ainda declarar os mandatos que, porventura, tenham outorgado em nome do banco, indicando o seu objeto, nome e endereço do mandatário; dos bens imóveis, assim como dos móveis, que não se encontram no recinto do banco; da participação que, porventura, cada administrador ou membro do conselho fiscal em outras sociedades, com a respectiva indicação.

O conselho diretor, dentro de 60 dias, contados de sua posse, prorrogável se necessário, apresentará ao Banco Central relatório que conterá o exame da escrituração, da aplicação dos fundos e disponibilidades, e da situação econômico-financeira do banco. Conterá também a indicação comprovada dos atos e omissões danosos que eventualmente tenha verificado; e proposta justificada da adoção das providências que lhe pareçam convenientes ao banco. Essas providências não impedem que o interventor, antes da apresentação do relatório, proponha ao BACEN a adoção de qualquer providência que lhe pareça necessária e urgente. Em vez de nomear o conselho diretor, poderá o BACEN atribuir a pessoas jurídicas com especialização nesse tipo de atividade a administração especial temporária.

O **conselho diretor** prestará contas ao BACEN, independentemente de qualquer exigência, no momento em que cessar o **regime de administração especial temporária**, ou, a qualquer tempo, quando solicitado.

26.4. Os recursos necessários ao regime especial

Uma vez decretado esse regime, fica o BACEN autorizado a utilizar recursos da Reserva Monetária visando ao saneamento econômico-financeiro do banco. Não havendo recursos suficientes na conta da Reserva monetária, o BACEN os adiantará, devendo o valor de tais adiantamentos constar obrigatoriamente da proposta da lei orçamentária do exercício subsequente.

Os adiantamentos sacados à conta da Reserva Monetária serão aplicados no pagamento das obrigações das instituições submetidas ao regime de administração temporária, mediante cessão e transferência dos correspondentes créditos, direitos e ações, a serem efetivadas pelos respectivos titulares ao BACEN, e serão garantidos, nos termos do contato a ser firmado com o banco beneficiário. Poderão ser garantidos pela caução de notas promissórias, letras de câmbio, duplicatas, ações, debêntures, créditos hipotecários e pignoratícios, contrato de contas-correntes devedoras com saldo devidamente reconhecido e títulos da dívida pública federal. Ou então por hipoteca legal, independentemente de especialização conferida por lei ao BACEN, dos imóveis e por elas destinados à instalação de suas sedes e filiais. Ou ainda pela hipoteca convencional de outros imóveis pertencentes ao banco beneficiário ou a terceiros.

Os títulos, documentos e valores dados em caução considerar-se-ão transferidos, por tradição simbólica à posse do BACEN, desde que estejam relacionados e descritos em termo de tradição lavrado em instrumento avulso assinado pelas partes e copiado em livro especial para esse fim aberto e rubricado pela autoridade competente do BACEN.

O BACEN, quando entender necessário, poderá exigir a entrega dos títulos, documentos e valores caucionados e, quando recusada, mediante simples petição, acompanhada de certidão do termo de tradição, promover judicialmente a sua apreensão total ou parcial.

26.5. Possível mudança de regime

Há possibilidade de modificações no sistema adotado de administração especial temporária ou sua transformação em outro regime, dependendo do estado em que se encontra o patrimônio do banco beneficiário. À vista do relatório ou de propostas do conselho diretor, o BACEN poderá autorizar a **transformação**, a **incorporação**, a **fusão**, a **cisão** ou a **transferência** do controle acionário do banco, em fase das condições de garantia apresentadas pelos interessados.

Ou, então, propor a desapropriação, por necessidade ou utilidade pública ou por interesse social, das ações do capital social do banco. Sendo as ações desapropriadas, os acionistas não se sentem prejudicados, pois receberão o valor de suas ações, tendo-se em vista que não deve ser muito alto, por tratar-se de um banco em estado de intervenção pública. Nessa hipótese, fica o Poder Executivo autorizado a promover a desapropriação. Se o estado patrimonial do banco for por demais pesado, o BACEN poderá decretar sua liquidação extrajudicial.

A União será, desde logo, imitida na posse das ações desapropriadas, mediante depósito de seu valor patrimonial, apurado em balanço levantado pelo conselho diretor, que terá por base o dia da decretação da administração especial temporária. No banco em que o patrimônio líquido for negativo, o valor do depósito será simbólico e fixado no decreto expropriatório.

Uma vez imitida na posse das ações, a União exercerá todos os direitos inerentes à condição de acionista, inclusive o de preferência. Poderá ceder essa preferência, para subscrição de aumento de capital e o de votar, em assembleia geral, a redução ou elevação do capital social, o agrupamento ou o desdobramento de ações.

Poderá ainda promover a transformação, incorporação, fusão ou cisão da sociedade, e quaisquer outras medidas julgadas necessárias ao saneamento financeiro da sociedade e ao seu regular funcionamento.

Temos falado por diversas vezes sobre as mutações da estrutura jurídica do banco beneficiário, que serão provocadas pelo relatório do interventor no regime especial. Será preferível então discorrermos sobre essas mutações, mais precisamente a **transformação, incorporação, fusão e cisão**.

26.5.1. *Transformação*

A transformação é a alteração do tipo societário de uma sociedade mercantil e um banco é uma sociedade mercantil. Por exemplo: uma S.A. passa a ser uma sociedade limitada, ou vice-versa. Não ocorre solução de continuidade; suas operações empresariais continuam normalmente; continua ela com sua personalidade jurídica e seus direitos e obrigações permanecem. A transformação é a operação pela qual a sociedade passa, independentemente de dissolução ou liquidação, de um tipo para outro. Foi o que aconteceu

A transformação implica adaptação da nova sociedade às exigências de registro do novo tipo societário. Se uma sociedade por cotas transforma-se numa S.A., as cotas serão transformadas em ações, os antigos sócios, agora acionistas, devem se reunir em assembleia geral para aprovarem o estatuto. Criam-se obrigatoriamente novos órgãos. Os sócios precisam aprovar por unanimidade a transformação da sociedade por cotas em S.A., anulando-se então o contrato social. O sócio dissidente poderá apelar para o direito de recesso, retirando-se da sociedade, com o reembolso de seus créditos, a menos que o contrato social preveja a possibilidade de transformação.

Se uma S.A. for transformar-se numa sociedade por cotas, a operação precisa ser aprovada por unanimidade pela assembleia geral. O acionista pode apelar pelo seu direito de recesso, com o reembolso de suas ações, previsto no art. 45. Há procedência nessa disposição, uma vez que há mudança de responsabilidade entre um acionista e um sócio, não podendo um acionista ser obrigado a assumir responsabilidade própria de um sócio.

A transformação não poderá fraudar, porém, o direito dos credores anteriores à transformação. Caso a sociedade transformada em outra não cumpra seus compromissos, cabe aos credores até pleitear a anulação da transferência.

Um banco é uma sociedade anônima e se torna juridicamente impossível se transformar em outro tipo de sociedade. Entretanto, pode se transformar em outro tipo de instituição financeira, como um banco de depósitos em banco de investimentos.

26.5.2. *Incorporação*

Dá-se a incorporação quando uma companhia absorve outra sociedade, que desaparece. A incorporadora torna-se sucessora da incorporada, tanto dos direitos como das obrigações desta. A incorporação é a operação pela qual uma ou mais sociedades são absorvidas por outra, que lhes sucede em todos os direitos e obrigações. Incorporadora e incorporada deverão elaborar um protocolo, que deverá ser aprovado pela assembleia geral de ambas as companhias. Um banco, por exemplo, pode ser incorporado por outro. Foi o que aconteceu recentemente entre dois grandes bancos: o Banco Itaú incorporou nele o UNIBANCO; este foi assimilado pouco a pouco pelo primeiro, desaparecendo.

A aprovação do protocolo cria obrigações para ambas: para a incorporada a de autorizar seus administradores a promoverem a incorporação; para a incorporadora a de aumentar seu capital, que será realizado com a versão dos bens da incorporada. Esses bens deverão ser avaliados por peritos, para ser estabelecido um valor que será transformado no capital da incorporadora. Com a incorporação, extingue-se a incorporada.

26.5.3. *Fusão*

Fusão é a aglutinação de duas ou mais companhias, formando outra. O patrimônio delas passa a constituir um só, pertencente a uma nova companhia. Esta sucederá às companhias fundidas, nos direitos e obrigações. É um processo de unificação, uma vez que várias companhias se transformam em uma só, formando um só patrimônio. É a operação pela qual se unem duas ou mais sociedades para formar sociedade nova, que lhes sucederá em todos os direitos e obrigações.

Com a fusão extinguem-se as sociedades fundidas, surgindo uma nova. Se duas companhias quiserem se fundir, deverão elaborar um protocolo com as bases da fusão. Aprovado o protocolo em assembleia geral, esta nomeará os peritos para a avaliação do patrimônio líquido de ambas as sociedades. O perito de uma companhia fará a avaliação do patrimônio da outra; o mesmo acontece na assembleia geral para a aprovação dos laudos de avaliação, em que os acionistas de uma companhia fundida não poderão aprovar o laudo de avaliação do patrimônio da companhia da qual fazem parte.

Para a aprovação do laudo de avaliação, será convocada uma assembleia geral dos acionistas de ambas as companhias. Aprovados os laudos, essa mesma assembleia geral decidirá pela fusão, constituindo-se nova sociedade, sendo nomeados seus administradores. Os primeiros administradores ficam incumbidos de promover o arquivamento dos atos da fusão na Junta Comercial e a publicação deles.

26.5.4. *Cisão*

A cisão é uma forma de transformação da S.A., representando um desmembramento da companhia. Pela cisão, uma companhia transfere parcelas de seu patrimônio para uma ou mais sociedades, constituídas para esse fim ou já existentes, extinguindo-se a companhia cindida, se houver versão de todo o seu patrimônio, ou dividindo-se o seu capital, se parcial a versão. É o caso de uma companhia em que haja conflito de dois grupos de acionistas e todos, em assembleia geral, que decidem pela retirada de um grupo, incorporando-se o patrimônio da companhia cindida em outra sociedade já existente ou constituída para esse fim. Vê-se assim que há duas espécies de cisões:

a) **cisão total** – em que a totalidade do patrimônio da companhia cindida incorpora-se em outra ou outras. Em consequência da cisão, extingue-se a companhia cindida;

b) cisão parcial – em que a companhia cindida versa apenas parte de seu patrimônio em outras ou outra, mas subsiste com a outra parte.

Na cisão total, desaparece a companhia e seus direitos e obrigações para a nova sociedade, que será sucessora da cindida. Se o patrimônio da cindida for distribuído a duas ou mais sociedades, estas lhe sucederão na proporção do patrimônio transferido. Os administradores da sociedade absorvente promoverão o registro dos atos societários, referentes à cisão, na Junta Comercial e demais órgãos.

Na cisão parcial, a sociedade cindida permanece, mas parte de seu patrimônio é afastado e incorporado ao de outra sociedade. Essa outra sociedade sucede à cindida, nos direitos e obrigações relacionados no ato de cisão. A absorção do patrimônio pela nova sociedade obedece a critérios diferentes: se a sociedade absorvente for nova, ou seja, constituída para esse fim, a operação será deliberada pela assembleia geral; se a sociedade absorvente já existia, a operação obedecerá às regras da incorporação. Os atos societários deverão ser promovidos e registrados por ambas as sociedades.

26.6. Recuperação dos recursos públicos

O BACEN adotará as medidas necessárias à recuperação integral dos recursos aplicados no banco e estabelecerá, se for o caso, a forma, o prazo e as demais condições para o seu resgate. Conforme vimos, para atender às contingências momentâneas de salvação do banco alvo desse regime, o Banco Central vai precisar de dinheiro para atender às despesas urgentes e ao pagamento dos saques dos correntistas. Quando o banco se vê necessitado de contar com esse regime, é porque seu caixa não está aguentando o pagamento dos saques efetuados pelos correntistas. Tem que contar então com dinheiro aportado pelo BACEN. Este, por sua vez, apela então para o que dispuser da Reserva Monetária, que é uma reserva federal de contingências.

O Poder Público, porém, precisará de garantias para o ressarcimento dessas provisões, e precisará também recuperar esses adiantamentos. Caso contrário, pareceria um protecionismo a banqueiros incompetentes ou matreiros.

26.7. Responsabilidade dos administradores do banco

Se for decretado o regime de administração especial temporária, os administradores do banco beneficiário responderão solidariamente pelas obrigações assumidas pelo banco. Com eles responderão também as pessoas naturais ou jurídicas que com ela mantenham **vínculo de controle**, independentemente da apuração de dolo ou culpa.

Há vínculo de controle quando, alternativa ou cumulativamente, o banco e as pessoas jurídicas mencionadas estão sob controle comum. Ou ainda quando sejam, entre si, controladoras ou controladas. Ou quando qualquer delas, diretamente ou por meio de sociedades por ela controladas, é titular de direitos de sócio que lhe assegurem, de modo permanente, preponderância nas deliberações sociais e o poder de eleger a maioria dos administradores da sociedade. A responsabilidade solidária decorrente do vínculo de controle se circunscreve ao montante do passivo a descoberto do banco, apurado em balanço que terá por data-base o dia da decretação desse regime. O BACEN promoverá a responsabilidade, com pena de demissão, do funcionário ou diretor que permitir o descumprimento das normas referentes à conta de Reservas Bancárias.

26.8. Cessação do regime

O regime de administração especial temporária cessará se a União assumir o controle acionário do banco, ou nos casos de transformação, incorporação, fusão, cisão ou transferência do controle acionário do banco. Cessará, ainda, a critério do BACEN, se a situação do banco tiver sido normalizada, ou, então, se for decretada a liquidação extrajudicial.

27. RESPONSABILIDADE DOS ADMINISTRADORES DOS BANCOS

- 27.1. Consequências dos regimes de intervenção administrativa
- 27.2. Tipos de responsabilidades do banco
- 27.3. Os responsabilizados
- 27.4. Indisponibilidade dos bens
- 27.5. Bens não atingidos
- 27.6. Submissão a inquérito
- 27.7. Restrições aos ex-banqueiros
- 27.8. Apuração das responsabilidades
- 27.9. Medidas saneadoras do BACEN
- 27.10. A desapropriação de ações
- 27.11. O PROER

27.1. Consequências dos regimes de intervenção administrativa

Trata-se de questão prevista com muito interesse legislativo, com regulamentação representada pela Lei 6.024/74, pelo Decreto-lei 2.321/87 e Lei 9.447/87, acompanhada de outras disposições baixadas pelo Banco Central e pela Comissão de Valores Mobiliários. Envolve ainda a legislação penal e a Lei do Sistema Financeiro Nacional.

Os aspectos conceituais da responsabilidade são muito complexos, por ela ser olhada sobre diversos aspectos e suas variadas formas, além de uma legislação diversificada. Iremos então restringi-la a um ponto bem específico, que é responsabilidade bancária, vale dizer, dos dirigentes de um banco por atos que tenha praticado e depois não assumiu as consequências de seus atos. Temos também que focalizar as consequências dos atos praticados pelos dirigentes do banco e pelos quais eles tenham que responder, ou então o próprio banco responderá.

Além disso, a responsabilidade não se presume; decorre da lei ou do contrato. Nessas condições, cada caso é um caso e a este devemos aplicar as cláusulas contratuais ou a lei específica que o regulamenta. Em nosso caso restrito é principalmente a legislação acima referida.

Na antiga Roma um contrato era formalizado de forma muito simplista, usando o verbo *spondere* = prometer, compromissar-se, responsabilizar-se. Destarte, uma parte, após tudo combinado, perguntava à outra: *Spondes?*, ao que a outra respondia: *Spondeo*. Do verbo *spondere* surgiu responder, uma palavra de origem latina com o sentido de responsabilizar-se.

Assim, a responsabilidade é a obrigação de responder, assumir o pagamento do que se obrigou. Estamos falando, neste capítulo, da responsabilidade com o mesmo sentido: o compromisso de reparar danos causados por ele na direção de seu banco, ou dos atos ilícitos ou temerários que resultem em prejuízos de outrem. É o ônus que cabe ao banqueiro pela posição que ocupa.

27.2. Tipos de responsabilidades do banco

O banco e o banqueiro assumem vários tipos de responsabilidade, segundo a vasta tipologia apresentada por ela, como civil e penal, subsidiária e principal, solidária e limitada, legal ou convencional. Examinaremos o banqueiro e o banco ante esses diversos tipos. O banqueiro assume responsabilidade tanto legal como contratual (convencional). A responsabilidade legal decorre da lei, a contratual do contrato, que é uma convenção; o procedimento do banco apresenta-se destarte por um ato ilícito ou por inadimplemento contratual: em ambos os casos ele é responsável. Portanto, a responsabilidade surge de dois fatos: de um ato ilícito ou de um inadimplemento contratual.

A responsabilidade pode ser civil ou penal. A civil implica a obrigação de reparar o dano causado a outrem por um trabalho malfeito. Resulta normalmente de inadimplemento contratual e a sanção prescrita é a de reparar os prejuízos causados por culpa do banco ou do banqueiro, não por dolo. A responsabilidade penal surge da prática de ato ilícito, ocasionando sanção penal, além da civil. É o pagamento que cabe ao infrator da lei. As duas responsabilidades são imputadas ao banqueiro, de acordo com as disposições legais.

Sob outro aspecto, a responsabilidade pode ser principal ou subsidiária. A principal é direta e o responsável obriga-se por ato seu. A subsidiária (de *subsidiarius* = reserva, reforço) é secundária, auxiliar ou supletiva. Pressupõe sempre a responsabilidade principal frustrada. Segundo nossa lei, o banqueiro é alvo principalmente da responsabilidade subsidiária: quem é o responsável principal é o banco pelos atos que pratica; se o banco dá prejuízos a outrem, cabe a ele a responsabilidade pelos atos que pratica. Porém, se for constatado que o banco não tem recursos para cumprir seus compromissos, os seus administradores serão chamados a cumprir por ele supletivamente.

Chegamos porém ao ponto vital de nosso assunto: a responsabilidade pode ser individual ou limitada, e solidária; esta última é que nossa lei adota. Vamos examinar a situação de um compromisso de R$ 10.000,00, com cinco devedores. Se a responsabilidade for individual, é limitada a cada um, de acordo com o número de devedores: neste caso, cada um só responderá por R$ 2.000,00. Se houvesse somente dois devedores, cada um responderia por R$ 5.000,00. Entretanto, se a responsabilidade for solidária, cada devedor responde pelo total da dívida, ou seja, R$ 10.000,00. Se um deles pagar a dívida total, poderá cobrar dos demais devedores solidários os restantes R$ 8.000,00. Só existe solidariedade numa obrigação múltipla, isto é, com vários devedores ou vários credores; há uma pluralidade de devedores.

Este é o tipo de responsabilidade atribuída ao banqueiro. Os administradores e membros do Conselho Fiscal de instituições financeiras responderão, a qualquer tempo, salvo prescrição extintiva, pelos atos que tiverem praticado ou omissões em que houverem incorrido. Eles respondem **solidariamente** pelas obrigações assumidas durante sua gestão, até que se cumpram. Essa responsabilidade **solidária**, entretanto, se circunscreverá ao montante dos prejuízos causados.

27.3. Os responsabilizados

A responsabilidade atinge pessoas determinadas: o banco e os banqueiros. Entendem-se como banqueiros os administradores do banco. Administradores são os membros da Diretoria e do Conselho de Administração; estes últimos recebem o nome de **conselheiros** ou **administradores**, por causa do órgão a que eles pertencem; contudo, são administradores, juntamente com os diretores. Equiparam a eles, para efeito da responsabilidade, os membros do Conselho Fiscal. Às vezes são citados como administradores os gerentes e outros funcionários, mas estes são funcionários assalariados do banco; não são administradores estatutários.

27.4. Indisponibilidade dos bens

O primeiro efeito da responsabilidade bancária é a colocação dos bens dos responsáveis em indisponibilidade, conforme diz o artigo 36 da Lei 6.024/74:

> *Os administradores das instituições financeiras em intervenção, em liquidação extrajudicial ou em falência, ficarão com todos os seus bens indisponíveis, não podendo, por qualquer forma, direta ou indireta, aliená-los, até apuração e liquidação final de suas responsabilidades.*
>
> *A indisponibilidade prevista neste artigo decorre do ato que decretar a intervenção, a liquidação extrajudicial e a falência, e atinge a todos aqueles que tenham estado no exercício das funções nos últimos doze meses anteriores ao mesmo ato.*
>
> *Por proposta do Banco Central, aprovada pelo Conselho Monetário Nacional – CMN, a indisponibilidade prevista neste artigo pode ser estendida:*
>
> ***a)*** *aos bens de gerente, conselheiros fiscais e aos de todos aqueles que, até o limite da responsabilidade estimada de cada um, tenham concorrido, nos últimos doze meses, para a decretação da intervenção ou da liquidação extrajudicial.*
>
> ***b)*** *Os bens das pessoas que, nos últimos doze meses, os tenham a qualquer título adquirido de administradores da instituição, ou das pessoas referidas na alínea anterior, desde que haja seguros elementos de convicção de que se trata de simulada transferência com o fim de evitar os efeitos desta Lei.*

Atinge ainda os bens de pessoas naturais ou jurídicas, que detenham o controle direto ou indireto das instituições submetidas aos regimes de intervenção, liquidação extrajudicial, administração temporária ou falência.

27.5. Bens não atingidos

Não se incluem na indisponibilidade os bens considerados inalienáveis ou impenhoráveis pela legislação em vigor. Os bens impenhoráveis estão elencados no artigo 649 do Código de Processo Civil.

Não são igualmente atingidos pela indisponibilidade os bens objeto de contrato de alienação, de promessa de cessão de direitos, desde que os respectivos instrumentos tenham sido levados ao competente registro público, anteriormente à data da decretação da intervenção, da liquidação extrajudicial, da administração especial temporária ou da falência.

Objetivando assegurar a normalidade da atividade econômica e os interesses dos credores, o BACEN, por decisão de sua diretoria, poderá excluir da indisponibilidade os bens das pessoas jurídicas controladoras das instituições financeiras submetidas aos regimes especiais.

27.6. Submissão a inquérito

Outro efeito da responsabilidade é a obrigação de responder ao **inquérito** instaurado pelo BACEN. Decretada a intervenção, liquidação ou a falência de banco o BACEN procederá **a inquérito**, a fim de apurar as causas que levaram a sociedade àquela situação e a responsabilidade de seus administradores e membros do Conselho Fiscal. Para esses efeitos, se for decretada judicialmente a falência do banco, o escrivão da vara em que estiver o feito comunicará, dentro de 24 horas, ao BACEN. O **inquérito** será aberto imediatamente à decretação da intervenção ou da liquidação extrajudicial, ou ao recebimento da comunicação da falência, e concluído em 120 dias, prorrogáveis, se absolutamente necessário, por igual prazo.

No inquérito o BACEN poderá examinar, quando e quantas vezes julgar necessário, a contabilidade, os arquivos, os documentos, os valores e mais elementos dos bancos; tomar depoimentos, solicitando, se necessário, o auxílio da polícia. Poderá ainda solicitar informações a qualquer autoridade ou repartição pública, ao juiz da falência, ao órgão do Ministério Público, ao síndico, ao liquidante ou ao interventor; e examinar por pessoa que designar os autos da falência e obter, mediante solicitação escrita, cópias ou certidões de peças desses autos.

Poderá examinar a contabilidade e os arquivos de terceiros com os quais o banco tiver negociado e no que entender com esses negócios, bem como a contabilidade e os arquivos dos ex-administradores, de empresários sob firma individual, e as respectivas contas junto a outras instituições financeiras. Essa possibilidade tem certas restrições, devido à confidencialidade da contabilidade empresarial, dependendo do mandato que for expedido pela Justiça. Esse inquérito compreende também a apuração dos atos praticados ou das omissões incorridas pelas pessoas naturais ou jurídicas prestadoras de serviços de auditoria independente aos bancos submetidos aos regimes de intervenção, liquidação extrajudicial ou administração especial temporária.

Os ex-administradores poderão acompanhar o inquérito, oferecer documentos e indicar diligências. Concluída a apuração, os ex-administradores serão convidados, por carta, a apresentar, por escrito, suas alegações e explicações dentro de cinco dias, comuns para todos. Transcorrido esse prazo, com ou sem defesa, será o inquérito encerrado com um relatório, do qual constarão, em síntese, a situação do banco examinado, as causas de sua queda, o nome, a qualificação e a relação dos bens particulares dos que, nos últimos cinco anos, geriram a sociedade, bem como o montante ou a estimativa dos prejuízos apurados em cada gestão.

Se o inquérito concluir pela inexistência de prejuízo, será, no caso de intervenção e de liquidação extrajudicial, arquivado no próprio BACEN, ou, no caso de falência, será remetido ao competente juiz, que o mandará apensar aos respectivos autos.

27.7. Restrições aos ex-banqueiros

A liberdade dos administradores de banco que tenha entrado no regime de intervenção, liquidação, administração especial temporária ou falência terão sua liberdade de locomoção restringida, como acontece também aos administradores de empresas falidas. Os abrangidos pela indisponibilidade de bens não poderão ausentar-se do foro da intervenção e outros regimes, sem prévia autorização do BACEN ou do juiz da falência.

Se tiverem que viajar para fora do país ou tiverem longas ausências do foro em que o banco se encontra, deverão comunicar ao BACEN. Se estiver em falência, comunicarão ao juiz da falência. Além da liberdade de locomoção de pessoas, também serão afetadas a locomoção e circulação de seus bens. Para esse controle, deverão ser comunicados os órgãos de registro público. Decretada a intervenção e outros regimes, o interventor, o liquidante ou escrivão da falência comunicará ao registro público competente e às Bolsas de Valores a indisponibilidade de bens imposta ao banco e seus administradores.

Recebida a comunicação, a autoridade competente ficará relativamente a esses bens impedida de fazer transcrições, inscrições ou averbações de documentos públicos ou particulares; arquivar atos ou contratos que importem em transferência de cotas sociais, ações ou partes beneficiárias; realizar ou registrar operações e títulos de qualquer natureza, e processar a transferência de propriedade de veículos automotores.

É realmente desagradável a posição de banqueiros atingidos pelos regimes especiais: perderam seu mandato na direção do banco, seus bens ficaram indisponíveis, respondem a inquérito que se prolonga por anos; tiveram tolhida sua liberdade de circulação pessoal e patrimonial.

27.8. Apuração das responsabilidades

Se, todavia, o inquérito concluir pela existência de prejuízos, ele será, com o respectivo relatório, remetido ao BACEN, ao juiz da falência, ou ao que for competente para decretar as medidas contra os ex-administradores. Será enviado ao órgão do Ministério Público, que, em oito dias, sob pena de responsabilidade, requererá o sequestro dos bens dos ex-administradores, que não tinham sido atingidos pela indisponibilidade dos bens, quantos bastem para efetivação da responsabilidade.

Em caso de intervenção ou liquidação extrajudicial, a distribuição do inquérito ao juízo competente previne a jurisdição do mesmo juízo, na hipótese de vir a ser decretada a falência. Feito o arresto, os bens serão depositados em mãos do interventor, do liquidante ou do síndico, conforme a hipótese, cumprindo ao depositário administrá-los e prestar contas a final.

A responsabilidade dos ex-administradores será apurada em ação própria, proposta no juízo da falência ou no que for para ela competente. O órgão do Ministério Público, nos casos de intervenção e liquidação extrajudicial, proporá ação obrigatoriamente, dentro de trinta dias, a contar da realização do arresto, sob pena de responsabilidade e preclusão da sua iniciativa. Findo esse prazo, ficarão os autos em cartório, à disposição de qualquer credor, que poderá iniciar a ação, nos quinze dias seguintes. Se neste último prazo ninguém o fizer, levantar-se-ão o arresto e a indisponibilidade, apensando-se os autos aos da falência, se for o caso.

Se, decretado o arresto ou proposta a ação, sobrevier a falência do banco, competirá ao síndico tomar, daí por diante, as providências necessárias ao efetivo cumprimento das determinações da lei, cabendo-lhe promover a devida substituição processual, no prazo de trinta dias, contados da data do seu compromisso.

Independentemente do inquérito e do arresto, qualquer das partes, no prazo nele previsto, poderá propor a ação de responsabilidade dos ex-administradores na forma da lei. Passada em julgado a sentença que declarar a responsabilidade dos ex-administradores, o arresto e a indisponibilidade de bens e convolarão em penhora, seguindo-se o processo de execução.

Apurados os bens penhorados e pagas as custas judiciais, o líquido será entregue ao interventor, ao liquidante ou ao síndico, conforme o caso, para rateio entre os credores do banco. Se, no curso da ação ou da execução, encerrar-se a intervenção ou a liquidação extrajudicial, o interventor ou o liquidante, por ofício, dará conhecimento da ocorrência ao juiz. E logo em seguida solicitará sua substituição como depositário dos bens arrestados ou penhorados, e fornecendo a relação nominal e respectivos saldos dos credores a serem, nesta hipótese, diretamente contemplados com o rateio.

27.9. Medidas saneadoras do BACEN

A liquidação de um banco, como também de uma empresa, é uma chaga social; representa inúmeros prejuízos à sociedade e à economia pública. Por esse motivo, nossa legislação confere ao BACEN vários mecanismos para minorar os efeitos danosos da derrocada de um banco. Um desses mecanismos, por exemplo, foi a criação da administração especial temporária, quando caracterizada a situação estremecida do banco.

Desde que verificada a ocorrência das hipóteses a exigir medidas saneadoras com a intervenção administrativa, é facultado ao BACEN adotar certas medidas visando assegurar a normalidade da economia pública e resguardar os interesses dos depositantes, investidores e demais credores. Essas medidas podem ser adotadas sem prejuízo da posterior adoção dos regimes de intervenção, liquidação extrajudicial ou administração especial temporária.

As medidas são a capitalização do banco, com aporte de recursos necessários ao seu soerguimento, em montante por ele fixado; transferência do controle acionário; e reorganização societária, inclusive mediante incorporação, fusão ou cisão. Se não forem implementadas essas medidas, no prazo estabelecido pelo BACEN, decretar-se-á o regime especial cabível.

No resguardo da economia pública e dos interesses dos depositantes e investidores, o interventor, o liquidante ou o conselho diretor do banco submetido aos regimes de intervenção, liquidação extrajudicial ou administração especial temporária, quando prévia e expressamente autorizado pelo BACEN poderá tomar outras medidas mais avançadas. Poderá transferir para outra ou outras sociedades, isoladamente ou em conjunto, bens, direitos e obrigações da empresa ou de seus estabelecimentos; ou então alienar ou ceder bens e direitos a terceiros e acordar a assunção de obrigações por outra sociedade.

Poderá proceder à constituição ou reorganização de sociedade ou sociedades para as quais sejam transferidos, no todo ou em parte, bens, direitos e obrigações do banco sob intervenção, liquidação extrajudicial ou administração especial temporária, objetivando a continuação geral ou parcial de seu negócio ou atividade.

A implementação desses regimes especiais não prejudicarão o andamento do inquérito para apuração das responsabilidades dos controladores, administradores, membros dos conselhos do banco e das pessoas naturais ou jurídicas prestadoras de serviços de auditoria. Será do Ministério Público a legitimidade para propor essas ações.

A intervenção e a liquidação extrajudicial de bancos poderão também, a critério do BACEN, ser executadas por pessoa jurídica. Repetimos que, quando falamos em bancos, estamos nos referindo às demais instituições financeiras.

Instaurado processo administrativo contra o banco, seus administradores, membros de seus conselhos, a empresa de auditoria contábil ou o auditor contábil independente, o BACEN, por decisão da diretoria, considerando a gravidade da falta, poderá cautelarmente determinar o afastamento dos indiciados da administração dos negócios do banco, enquanto perdurar a apuração de suas responsabilidades. E ainda poderá impedir que os indiciados assumam quaisquer cargos de direção ou administração de bancos ou atuem como mandatários ou prepostos de diretores ou administradores.

Dessas decisões do BACEN caberá recurso, sem efeito suspensivo para o Conselho de Recursos do Sistema Financeiro Nacional, no prazo de cinco dias. Não concluído o processo, no âmbito do BACEN, no prazo de 120 dias, a medida cautelar perderá sua eficácia. Esse critério aplica-se às demais instituições financeiras autorizadas a funcionar pelo BACEN.

27.10. A desapropriação de ações

Iniciativa bem ousada é a tomada pelo Poder Público em desapropriar as ações de um banco em condição periclitante. Nesse caso, o Governo torna-se dono do banco, herdando suas obrigações. A alienação do controle do banco, cujas ações sejam desapropriadas pela União, será feita mediante oferta pública na forma do regulamento, assegurada igualdade de condições a todos os concorrentes.

O decreto expropriatório fixará, em cada caso, o prazo para alienação do controle, que poderá ser prorrogado por igual período. Desapropriadas as ações, o regime de administração especial temporária prosseguirá, até que efetivada a transferência pela União, do controle acionário da instituição.

27.11. O PROER

O sistema de desapropriação incrementou-se há alguns anos, graças ao Programa de Estímulo à Reestruturação e ao Fortalecimento do Sistema Financeiro Nacional – PROER. Esse programa para recuperar bancos que estivessem com problemas de ordem econômica ou financeira foi criado pela Resolução 2.208/95 do Conselho Monetário Nacional e regulamentado por várias circulares do BACEN. Cuidava principalmente da desapropriação de ações, com a transferência posterior do controle acionário e modificação do objeto social e saneamento do passivo. Ainda está em vigor, mas não tem sido mais aplicado, devido ao retraimento do número de bancos.

Nos empréstimos realizados no âmbito do PROER poderão ser aceitos como garantia os títulos ou direitos relativos a operações de responsabilidade do Tesouro Nacional ou de entidades da Administração Pública Federal indireta. Exceto nos casos em que as garantias sejam representadas por títulos da dívida pública mobiliária federal vendidos em leilões competitivos, o valor nominal das garantias deverá exceder em pelo menos 20% o montante garantido.

Na hipótese de operações financeiras ao amparo do PROER, o BACEN informará, tempestivamente, à Comissão de Assuntos Econômicos do Senado Federal, em cada caso os motivos pelos quais a instituição financeira solicitou sua inclusão no Programa; o valor da operação; os dados comparativos entre os encargos financeiros médios pagos pelo BACEN na colocação de seus títulos no mercado; e as garantias aceitas e seu valor em comparação com o empréstimo concedido.

28. O ACORDO DE BASILEIA

28.1. Surgimento do acordo
28.2. Os princípios basilares
28.3. Componentes do acordo
28.4. Conveniência do acordo

28.1. Surgimento do Acordo

Na confluência de três países, Suíça, Alemanha, França, situa-se a cidade de Basileia, no lado suíço, cidade inferior a 200 mil habitantes, mas muito importante ante o Direito Internacional. O rio Reno corta a cidade no meio e o liga a inúmeros outros lugares banhados pelo mesmo rio. O que é importante para nós neste momento é que lá está instalado o BIS – Bank of International Settlementes, ou Banco de Compensação Internacional, formado por 55 países, entre eles o Brasil. O Presidente do Banco Central de cada país membro reúne-se frequentemente com seus pares dos demais países, para discutir, deliberar e estabelecer medidas de caráter bancário e monetário.

Integrado no BIS funciona o Comitê de Supervisão Bancária, órgão criado pelo Grupo G-10 e formado pelos países mais ricos e industrializados: USA, Reino Unido, Alemanha, França, Itália, Japão, Bélgica, Holanda, Canadá, Suécia e Suíça. Esse comitê reúne-se com mais frequência e se ocupa das questões bancárias internacionais, mormente quanto a uniformização do sistema bancário, segurança das operações bancárias e gestão do sistema financeiro.

Numa dessas reuniões, em 1988, foi celebrado o Acordo de Basileia, do qual participou mais de uma centena de países.

O Acordo de Basileia estabeleceu os princípios básicos a serem adotados pelos países participantes do Acordo contra os riscos danosos do crédito.

28.2. Os princípios basilares

Os objetivos do Acordo de Basileia repousam em três pilares, estabelecidos desde a versão de 1988 e atualizados pelos acordos subsequentes, que são: I – Capital Regulatório, II – Supervisão do Sistema Bancário, III – Disciplina do Mercado e Transparência. Necessário traçar algumas explanações sobre cada um deles.

I – *Capital Regulatório*

Cada banco deverá ter um capital mínimo para garantia de seus ativos e reservas ou fundos de previsão. O mínimo final estabelecido foi de 8% sobre os ativos. Assim, por exemplo, se o banco tiver um ativo de R$ 1.000.000,00, deverá deixar reservado 8% desse valor, ou seja, R$ 80.000,00, que ficará em caixa, para socorrer possíveis inadimplências ou desequilíbrios. Essa reserva é chamada no Brasil de "encaixe". Poderá ter outros fundos para essa segurança. Examinando o balanço dos bancos brasileiros, nota-se no ativo a verba: "Fundo de Devedores Duvidosos", que é uma reserva de dinheiro para cobrir um possível devedor que não solva seu débito para com o banco. Há outras verbas com o mesmo sentido, como "Reserva de Contingência", que são valores reservados para possíveis desacertos momentâneos, como retiradas inesperadas de dinheiro depositado.

Essa exigência de um capital de reserva para as instituições financeiras visa a dar maior segurança ao sistema bancário e confiança ao banco para atendê-la. Essa exigência é também chamada de "Índice Mínimo de Capital para Cobertura de Risco de Crédito". O ativo do banco, isto é, o montante dos empréstimos concedidos pelo banco a seus devedores, tem um risco de crédito, de possível inadimplência. A reserva de 8% é o quociente entre o capital regulatório e os ativos ponderados pelo risco: é a cobertura do risco de crédito.

II – Supervisão do Sistema Bancário

O segundo pilar do sistema BIS é o reforço dos poderes de supervisão e fiscalização do sistema financeiro pelos agentes reguladores, como, no Brasil, o BACEN-Banco Central do Brasil. É preciso aprimorar métodos de supervisão continuada e constante do mercado bancário, principalmente na obediência do capital mínimo exigido pelo Acordo de Basileia, adotado pelo Brasil. Os órgãos reguladores e legisladores devem monitorar as operações bancárias, mantendo-as no nível legal.

III – Disciplina do mercado e transparência

Deve haver a devida transparência para a situação dos bancos e de sua estrutura, dos cuidados e prevenções contra os riscos, para que os interessados, como os investidores e agentes reguladores, permaneçam cientes da segurança das aplicações. O balanço e demais demonstrações financeiras devem ser expostas àqueles que tenham interesse direto nas operações bancárias.

A abertura de informações possibilitará aos agentes reguladores controle da disciplina no mercado financeiro. A transparência das operações evita comentários desairosos, pois os boatos surgem quando não há notícias autênticas.

28.3. Componentes do Acordo

Os elementos componentes do acordo referem-se, em geral, à segurança da estrutura e das operações bancárias, às garantias dos credores, aos riscos enfrentados pelos bancos e à confiança que deve inspirar o sistema bancário. Adotado o Acordo de Basileia em 1988, mal chegou a ser aplicado, pois a década de 1990 foi marcada por uma crise financeira e econômica que afetou muito o sistema bancário, em que se verificou o abalo e a falência de muitos bancos, mormente nos EUA. Foi elaborado então em 2004 novo acordo, que foi denominado Acordo de Basileia-II, ficando o de 1988 conhecido como Acordo de Basileia-I, fazendo-se então alguns ajustes. Em 2010 novo Acordo foi celebrado, em consequência da nova crise financeira estourada em 2008, com o nome de Acordo de Basileia-III. Não são acordos separados, três versões de um só acordo. Iremos considerar suas decisões como um só sistema.

28. 4. Conveniência do Acordo

Preliminarmente, vamos ressaltar que o Acordo de Basileia foi oficializado no Brasil, graças à Resolução 2.099/94 do BACEN – Banco Central de Brasil, de tal forma que está em nosso sistema jurídico. Críticas surgiram de imediato, por ter sido o Acordo de Basileia considerado como intromissão em nossa política financeira. Entretanto, as disposições do Acordo de Basileia nada apresentam de excepcional ou de diferente, porquanto suas conclusões já eram seguidas pelos bancos brasileiros e supervisionadas pelo BACEN. E são medidas que se impõem; são necessárias para a saúde do sistema bancário. Foram então as práticas costumeiras e lógicas transformadas em normas jurídicas.

Por outro lado, o Brasil sofre também os efeitos e a tendência para a globalização e tem os mesmos anseios dos demais países para a uniformização das práticas e das normas bancárias. Os objetivos do DIS e do Comitê coincidem com os países membros e o Brasil ficaria na contramão se não adotasse os princípios do Acordo de Basileia.

Apesar de algumas críticas, a adoção do Acordo de Basileia pela Resolução 2.099/94 do BACEN teve sugestiva importância estratégica para o mercado financeiro mundial e de cada país, ainda que não tenha evitado crises econômicas diversas e a derrocada de bancos com prejuízo à coletividade. Bastaria dizer que a sucessão de acordos foi provocada pelas crises, provocando as três versões. Trouxe mais estabilidade para o sistema bancário, inspirando maior confiança dos investidores e da concorrência e competitividade. Provocou maior uniformização da legislação e as operações bancárias e criou melhor metodologia de avaliação de riscos operacionais.

29. LEI Nº 4.595, DE 31 DE DEZEMBRO DE 1964

Presidência da República
Casa Civil
Subchefia para Assuntos Jurídicos

LEI Nº 4.595,
de 31 de dezembro de 1964.

Dispõe sobre a Política e as Instituições Monetárias, Bancárias e Creditícias, cria o Conselho Monetário Nacional e dá outras providências.

O PRESIDENTE DA REPÚBLICA, Faço saber que o Congresso Nacional decreta e eu sanciono a seguinte Lei:

Capítulo I
Do Sistema Financeiro Nacional

Art. 1º. O Sistema Financeiro Nacional, estruturado e regulado pela presente Lei, será constituído:
I – do Conselho Monetário Nacional;
II – do Banco Central do Brasil;
III – do Banco do Brasil S.A.;
IV – do Banco Nacional do Desenvolvimento Econômico;
V – das demais instituições financeiras públicas e privadas.

Capítulo II
Do Conselho Monetário Nacional

Art. 2º. Fica extinto o Conselho da atual Superintendência da Moeda e do Crédito, e criado em substituição o Conselho Monetário Nacional, com a finalidade de formular a política da moeda e do crédito como previsto nesta lei, objetivando o progresso econômico e social do País.

Art. 3º. A política do Conselho Monetário Nacional objetivará:
I – Adaptar o volume dos meios de pagamento às reais necessidades da economia nacional e seu processo de desenvolvimento;
II – Regular o valor interno da moeda, para tanto prevenindo ou corrigindo os surtos inflacionários ou deflacionários de origem interna ou externa, as depressões econômicas e outros desequilíbrios oriundos de fenômenos conjunturais;
III – Regular o valor externo da moeda e o equilíbrio no balanço de pagamento do País, tendo em vista a melhor utilização dos recursos em moeda estrangeira;
IV – Orientar a aplicação dos recursos das instituições financeiras, quer públicas, quer privadas; tendo em vista propiciar, nas diferentes regiões do País, condições favoráveis ao desenvolvimento harmônico da economia nacional;
V – Propiciar o aperfeiçoamento das instituições e dos instrumentos financeiros, com vistas à maior eficiência do sistema de pagamentos e de mobilização de recursos;
VI – Zelar pela liquidez e solvência das instituições financeiras;
VII – Coordenar as políticas monetária, creditícia, orçamentária, fiscal e da dívida pública, interna e externa.

Art. 4º. Compete ao Conselho Monetário Nacional, segundo diretrizes estabelecidas pelo Presidente da República:
I – Autorizar as emissões de papel-moeda (Vetado), as quais ficarão na prévia dependência de autorização legislativa quando se destinarem ao financiamento direto pelo Banco Central da

República do Brasil, das operações de crédito com o Tesouro Nacional, nos termos do artigo 49 desta Lei.

O Conselho Monetário Nacional pode ainda autorizar o Banco Central da República do Brasil a emitir, anualmente, até o limite de 10% (dez por cento) dos meios de pagamentos existentes a 31 de dezembro do ano anterior, para atender as exigências das atividades produtivas e da circulação da riqueza do País, devendo, porém, solicitar autorização do Poder Legislativo, mediante Mensagem do Presidente da República, para as emissões que, justificadamente, se tornarem necessárias além daquele limite.

Quando necessidades urgentes e imprevistas para o financiamento dessas atividades o determinarem, pode o Conselho Monetário Nacional autorizar as emissões que se fizerem indispensáveis, solicitando imediatamente, por meio de Mensagem do Presidente da República, homologação do Poder Legislativo para as emissões assim realizadas:

II – Estabelecer condições para que o Banco Central da República do Brasil emita moeda-papel (Vetado) de curso forçado, nos termos e limites decorrentes desta Lei, bem como as normas reguladoras do meio circulante;

III – Aprovar os orçamentos monetários, preparados pelo Banco Central da República do Brasil, por meio dos quais se estimarão as necessidades globais de moeda e crédito;

IV – Determinar as características gerais (Vetado) das cédulas e das moedas;

V – Fixar as diretrizes e normas da política cambial, inclusive quanto a compra e venda de ouro e quaisquer operações em Direitos Especiais de Saque e em moeda estrangeira;

VI – Disciplinar o crédito em todas as suas modalidades e as operações creditícias em todas as suas formas, inclusive aceites, avais e prestações de quaisquer garantias por parte das instituições financeiras;

VII – Coordenar a política de que trata o art. 3º desta Lei com a de investimentos do Governo Federal;

VIII – Regular a constituição, funcionamento e fiscalização dos que exercerem atividades subordinadas a esta lei, bem como a aplicação das penalidades previstas;

IX - Limitar, sempre que necessário, as taxas de juros, descontos, comissões e qualquer outra forma de remuneração de operações e serviços bancários ou financeiros, inclusive os prestados pelo Banco Central da República do Brasil, assegurando taxas favorecidas aos financiamentos que se destinem a promover:
- recuperação e fertilização do solo;
- reflorestamento;
- combate a epizootias e pragas, nas atividades rurais;
- eletrificação rural;
- mecanização;
- irrigação;
- investimento indispensáveis às atividades agropecuárias;

X - Determinar a percentagem máxima dos recursos que as instituições financeiras poderão emprestar a um mesmo cliente ou grupo de empresas;

XI - Estipular índices e outras condições técnicas sobre encaixes, mobilizações e outras relações patrimoniais a serem observadas pelas instituições financeiras;

XII - Expedir normas gerais de contabilidade e estatística a serem observadas pelas instituições financeiras;

XIII - Delimitar, com periodicidade não inferior a dois anos, o capital mínimo das instituições financeiras privadas, levando em conta sua natureza, bem como a localização de suas sedes e agências ou filiais;

XIV - Determinar recolhimento de até 60% (sessenta por cento) do total dos depósitos e/ou outros títulos contábeis das instituições financeiras, seja na forma de subscrição de letras ou obrigações do Tesouro Nacional ou compra de títulos da Dívida Pública Federal, seja através de recolhimento em espécie, em ambos os casos entregues ao Banco Central do Brasil, na forma e condições que o Conselho Monetário Nacional determinar, podendo este:

a) adotar percentagens diferentes em função:
- das regiões geoeconômicas;
- das prioridades que atribuir às aplicações;
- da natureza das instituições financeiras;

b) determinar percentuais que não serão recolhidos, desde que tenham sido reaplicados em financiamentos à agricultura, sob juros favorecidos e outras condições fixadas pelo Conselho Monetário Nacional.

XV – Estabelecer para as instituições financeiras públicas, a dedução dos depósitos de pessoas jurídicas de direito público que lhes detenham o controle acionário, bem como dos das respectivas autarquias e sociedades de economia mista, no cálculo a que se refere o inciso anterior;

XVI – Enviar obrigatoriamente ao Congresso Nacional, até o último dia do mês subsequente, relatório e mapas demonstrativos da aplicação dos recolhimentos compulsórios (Vetado).

XVII – Regulamentar, fixando limites, prazos e outras condições, as operações de redesconto e de empréstimo, efetuadas com quaisquer instituições financeiras públicas e privadas de natureza bancária;

XVIII – Outorgar ao Banco Central da República do Brasil o monopólio das operações de câmbio quando ocorrer grave desequilíbrio no balanço de pagamentos ou houver sérias razões para prever a iminência de tal situação;

XIX – Estabelecer normas a serem observadas pelo Banco Central da República do Brasil em suas transações com títulos públicos e de entidades de que participe o Estado;

XX – Autoriza o Banco Central da República do Brasil e as instituições financeiras públicas federais a efetuar a subscrição, compra e venda de ações e outros papéis emitidos ou de responsabilidade das sociedades de economia mista e empresas do Estado;

XXI – Disciplinar as atividades das Bolsas de Valores e dos corretores de fundos públicos;

XXII – Estatuir normas para as operações das instituições financeiras públicas, para preservar sua solidez e adequar seu funcionamento aos objetivos desta lei;

XXIII – Fixar, até quinze (15) vezes, a soma do capital realizado e reservas livres, o limite além do qual os excedentes dos depósitos das instituições financeiras serão recolhidos ao Banco Central da República do Brasil ou aplicados de acordo com as normas que o Conselho estabelecer;

XXIV – Decidir de sua própria organização; elaborando seu regimento interno no prazo máximo de trinta (30) dias;

XXV – Decidir da estrutura técnica e administrativa do Banco Central da República do Brasil e fixar seu quadro de pessoal, bem como estabelecer os vencimentos e vantagens de seus funcionários, servidores e diretores, cabendo ao Presidente deste apresentar as respectivas propostas;

XXVI – Conhecer dos recursos de decisões do Banco Central da República do Brasil;

XXVII – aprovar o regimento interno e as contas do Banco Central do Brasil e decidir sobre seu orçamento e sobre seus sistemas de contabilidade, bem como sobre a forma e prazo de transferência de seus resultados para o Tesouro Nacional, sem prejuízo da competência do Tribunal de Contas da União.

XXVIII – Aplicar aos bancos estrangeiros que funcionem no País as mesmas vedações ou restrições equivalentes, que vigorem nas praças de suas matrizes, em relação a bancos brasileiros ali instalados ou que nelas desejem estabelecer-se;

XXIX – Colaborar com o Senado Federal, na instrução dos processos de empréstimos externos dos Estados, do Distrito Federal e dos Municípios, para cumprimento do disposto no art. 63, nº II, da Constituição Federal;

XXX – Expedir normas e regulamentação para as designações e demais efeitos do art. 7º, desta lei.

XXXI – Baixar normas que regulem as operações de câmbio, inclusive *swaps*, fixando limites, taxas, prazos e outras condições.

XXXII – regular os depósitos a prazo de instituições financeiras e demais sociedades autorizadas a funcionar pelo Banco Central do Brasil, inclusive entre aquelas sujeitas ao mesmo controle acionário ou coligadas.

§ 1º. O Conselho Monetário Nacional, no exercício das atribuições previstas no inciso VIII deste artigo, poderá determinar que o Banco Central da República do Brasil recuse autorização para o funcionamento de novas instituições financeiras, em função de conveniências de ordem geral.

§ 2º. Competirá ao Banco Central da República do Brasil acompanhar a execução dos orçamentos monetários e relatar a matéria ao Conselho Monetário Nacional, apresentando as sugestões que considerar convenientes.

§ 3º. As emissões de moeda metálica serão feitas sempre contra recolhimento (Vetado) de igual montante em cédulas.

§ 4º. O Conselho Monetário nacional poderá convidar autoridades, pessoas ou entidades para prestar esclarecimentos considerados necessários.

§ 5º. Nas hipóteses do art. 4º, inciso I, e do § 6º, do art. 49, desta lei, se o Congresso Nacional negar homologação à emissão extraordinária efetuada, as autoridades responsáveis serão responsabilizadas nos termos da Lei nº 1059, de 10/04/1950.

§ 6º. O Conselho Monetário Nacional encaminhará ao Congresso Nacional, até 31 de março de cada ano, relatório da evolução da situação monetária e creditícia do País no ano anterior, no qual descreverá, minudentemente, as providências adotadas para cumprimento dos objetivos estabelecidos nesta lei, justificando destacadamente os montantes das emissões de papel-moeda que tenham sido feitas para atendimento das atividades produtivas.

§ 7º. O Banco Nacional da Habitação é o principal instrumento de execução da política habitacional do Governo Federal e integra o sistema financeiro nacional, juntamente com as sociedades de crédito imobiliário, sob orientação, autorização, coordenação e fiscalização do Conselho Monetário Nacional e do Banco Central da República do Brasil, quanto à execução, nos termos desta lei, revogadas as disposições especiais em contrário.

Art. 5º. As deliberações do Conselho Monetário Nacional entendem-se de responsabilidade de seu Presidente para os efeitos do art. 104, nº I, letra "b", da Constituição Federal e obrigarão também os órgãos oficiais, inclusive autarquias e sociedades de economia mista, nas atividades que afetem o mercado financeiro e o de capitais.

Art. 6º. O Conselho Monetário Nacional será integrado pelos seguintes membros:
I – Ministro da Fazenda que será o Presidente;
II – Presidente do Banco do Brasil S.A.;

III – Presidente do Banco Nacional do Desenvolvimento Econômico;

IV – Sete (7) membros nomeados pelo Presidente da República, após aprovação do Senado Federal, escolhidos entre brasileiros de ilibada reputação e notória capacidade em assuntos econômico-financeiros, com mandato de sete (7) anos, podendo ser reconduzidos.

§ 1º. O Conselho Monetário Nacional deliberará por maioria de votos, com a presença, no mínimo, de 6 (seis) membros, cabendo ao Presidente também o voto de qualidade.

§ 2º. Poderão participar das reuniões do Conselho Monetário Nacional (VETADO) o Ministro da Indústria e do Comércio e o Ministro para Assuntos de Planejamento e Economia, cujos pronunciamentos constarão obrigatoriamente da ata das reuniões.

§ 3º. Em suas faltas ou impedimentos, o Ministro da Fazenda será substituído, na Presidência do Conselho Monetário Nacional, pelo Ministro da Indústria e do Comércio, ou, na falta deste, pelo Ministro para Assuntos de Planejamento e Economia.

§ 4º. Exclusivamente motivos relevantes, expostos em representação fundamentada do Conselho Monetário Nacional, poderão determinar a exoneração de seus membros referidos no inciso IV, deste artigo.

§ 5º. Vagando-se cargo com mandato o substituto será nomeado com observância do disposto no inciso IV deste artigo, para completar o tempo do substituído.

§ 6º. Os membros do Conselho Monetário Nacional, a que se refere o inciso IV deste artigo, devem ser escolhidos levando-se em atenção, o quanto possível, as diferentes regiões geoeconômicas do País.

Art. 7º. Junto ao Conselho Monetário Nacional funcionarão as seguintes Comissões Consultivas:

I – Bancária, constituída de representantes:
1. do Conselho Nacional de Economia;
2. do Banco Central da República do Brasil;
3. do Banco do Brasil S.A.;
4. do Banco Nacional do Desenvolvimento Econômico;

5. do Conselho Superior das Caixas Econômicas Federais;
6. do Banco Nacional de Crédito Cooperativo;
7. do Banco do Nordeste do Brasil S.A.;
8. do Banco de Crédito da Amazônia S.A.;
9. dos Bancos e Caixas Econômicas Estaduais;
10. dos Bancos Privados;
11. das Sociedades de Crédito, Financiamento e Investimentos;
12. das Bolsas de Valores;
13. do Comércio;
14. da Indústria;
15. da Agropecuária;
16. das Cooperativas que operam em crédito.
II – de Mercado de Capitais, constituída de representantes:
1. do Ministério da Indústria e do Comércio;
2. do Conselho Nacional da Economia.
3. do Banco Central da República do Brasil;
4. do Banco Nacional do Desenvolvimento Econômico;
5. dos Bancos Privados;
6. das Sociedades de Crédito, Financiamento e Investimentos;
7. das Bolsas de Valores;
8. das Companhias de Seguros Privados e Capitalização;
9. da Caixa de Amortização;
III – de Crédito Rural, constituída de representantes:
1. do Ministério da Agricultura;
2. da Superintendência da Reforma Agrária;
3. da Superintendência Nacional de Abastecimento;
4. do Banco Central da República do Brasil;
5. da Carteira de Crédito Agrícola e Industrial do Banco do Brasil S.A.;
6. da Carteira de Colonização de Banco do Brasil S.A.;
7. do Banco Nacional de Crédito Cooperativo;
8. do Banco do Nordeste do Brasil S.A.;
9. do Banco de Crédito da Amazônia S.A.;
10. do Instituto Brasileiro do Café;
11. do Instituto do Açúcar e do Álcool;
12. dos Banco privados;
13. da Confederação Rural Brasileira;

14. das Instituições Financeiras Públicas Estaduais ou Municipais, que operem em crédito rural;

15. das Cooperativas de Crédito Agrícola.

V – de Crédito Industrial, constituída de representantes:

1. do Ministério da Indústria e do Comércio;
2. do Ministério Extraordinário para os Assuntos de Planejamento e Economia;
3. do Banco Central da República do Brasil;
4. do Banco Nacional do Desenvolvimento Econômico;
5. da Carteira de Crédito Agrícola e Industrial do Banco do Brasil S.A.;
6. dos Banco privados;
7. das Sociedades de Crédito, Financiamento e Investimentos;
8. da Indústria.

§ 1º. A organização e o funcionamento das Comissões Consultivas serão regulados pelo Conselho Monetário Nacional, inclusive prescrevendo normas que:

a) lhes concedam iniciativa própria junto ao MESMO CONSELHO;

b) estabeleçam prazos para o obrigatório preenchimento dos cargos nas referidas Comissões;

c) tornem obrigatória a audiência das Comissões Consultivas, pelo Conselho Monetário Nacional, no trato das matérias atinentes às finalidades específicas das referidas Comissões, ressalvado os casos em que se impuser sigilo.

§ 2º. Os representantes a que se refere este artigo serão indicados pelas entidades nele referidas e designados pelo Conselho Monetário Nacional.

§ 3º. O Conselho Monetário Nacional, pelo voto de 2/3 (dois terços) de seus membros, poderá ampliar a competência das Comissões Consultivas, bem como admitir a participação de representantes de entidades não mencionadas neste artigo, desde que tenham funções diretamente relacionadas com suas atribuições.

CAPÍTULO III
Do Banco Central da República do Brasil

Art. 8º. A atual Superintendência da Moeda e do Crédito é transformada em autarquia federal, tendo sede e foro na Capital da República, sob a denominação de Banco Central da República do Brasil, com personalidade jurídica e patrimônio próprios este constituído dos bens, direitos e valores que lhe são transferidos na forma desta Lei e ainda da apropriação dos juros e rendas resultantes, na data da vigência desta lei, do disposto no art. 9º do Decreto-Lei número 8495, de 28/12/1945, dispositivo que ora é expressamente revogado.

Parágrafo único. Os resultados obtidos pelo Banco Central do Brasil, consideradas as receitas e despesas de todas as suas operações, serão, a partir de 1º de janeiro de 1988, apurados pelo regime de competência e transferidos para o Tesouro Nacional, após compensados eventuais prejuízos de exercícios anteriores.

Art. 9º. Compete ao Banco Central da República do Brasil cumprir e fazer cumprir as disposições que lhe são atribuídas pela legislação em vigor e as normas expedidas pelo Conselho Monetário Nacional.

Art. 10. Compete privativamente ao Banco Central da República do Brasil:

I – Emitir moeda-papel e moeda metálica, nas condições e limites autorizados pelo Conselho Monetário Nacional (Vetado).

II – Executar os serviços do meio-circulante;

III – determinar o recolhimento de até cem por cento do total dos depósitos à vista e de até sessenta por cento de outros títulos contábeis das instituições financeiras, seja na forma de subscrição de Letras ou Obrigações do Tesouro Nacional ou compra de títulos da Dívida Pública Federal, seja através de recolhimento em espécie, em ambos os casos entregues ao Banco Central do Brasil, a forma e condições por ele determinadas, podendo:

a) adotar percentagens diferentes em função

1. das regiões geoeconômicas;

2. das prioridades que atribuir às aplicações;

3. da natureza das instituições financeiras

b) determinar percentuais que não serão recolhidos, desde que tenham sido reaplicados em financiamentos à agricultura, sob juros favorecidos e outras condições por ele fixadas.

IV – receber os recolhimentos compulsórios de que trata o inciso anterior e, ainda, os depósitos voluntários à vista das instituições financeiras, nos termos do inciso III e § 2° do art. 19;

V – Realizar operações de redesconto e empréstimos a instituições financeiras bancárias e as referidas no Art. 4°, inciso XIV, letra "b", e no § 4° do Art. 49 desta lei

VI – Exercer o controle do crédito sob todas as suas formas;

VII – Efetuar o controle dos capitais estrangeiros, nos termos da lei;

VIII – Ser depositário das reservas oficiais de ouro e moeda estrangeira e de Direitos Especiais de Saque e fazer com estas últimas todas e quaisquer operações previstas no Convênio Constitutivo do Fundo Monetário Internacional;

IX – Exercer a fiscalização das instituições financeiras e aplicar as penalidades previstas;

X – Conceder autorização às instituições financeiras, a fim de que possam:

a) funcionar no País;

b) instalar ou transferir suas sedes, ou dependências, inclusive no exterior;

c) ser transformadas, fundidas, incorporadas ou encampadas;

d) praticar operações de câmbio, crédito real e venda habitual de títulos da dívida pública federal, estadual ou municipal, ações debêntures, letras hipotecárias e outros títulos de crédito ou mobiliários;

e) ter prorrogados os prazos concedidos para funcionamento;

f) alterar seus estatutos.

g) alienar ou, por qualquer outra forma, transferir o seu controle acionário.

XI – Estabelecer condições para a posse e para o exercício de quaisquer cargos de administração de instituições financeiras privadas, assim como para o exercício de quaisquer funções em órgãos consultivos, fiscais e semelhantes, segundo normas que forem expedidas pelo Conselho Monetário Nacional;

XII – Efetuar, como instrumento de política monetária, operações de compra e venda de títulos públicos federais;

XIII – Determinar que as matrizes das instituições financeiras registrem os cadastros das firmas que operam com suas agências há mais de um ano.

§ 1º. No exercício das atribuições a que se refere o inciso IX deste artigo, com base nas normas estabelecidas pelo Conselho Monetário Nacional, o Banco Central da República do Brasil estudará os pedidos que lhe sejam formulados e resolverá conceder ou recusar a autorização pleiteada, podendo (Vetado) incluir as cláusulas que reputar convenientes ao interesse público.

§ 2º. Observado o disposto no parágrafo anterior, as instituições financeiras estrangeiras dependem de autorização do Poder Executivo, mediante decreto, para que possam funcionar no País (Vetado).

Art. 11. Compete ainda ao Banco Central da República do Brasil;

I – Entender-se, em nome do Governo Brasileiro, com as instituições financeiras estrangeiras e internacionais;

II – Promover, como agente do Governo Federal, a colocação de empréstimos internos ou externos, podendo, também, encarregar-se dos respectivos serviços;

III – Atuar no sentido do funcionamento regular do mercado cambial, da estabilidade relativa das taxas de câmbio e do equilíbrio no balanço de pagamentos, podendo para esse fim comprar e vender ouro e moeda estrangeira, bem como realizar operações de crédito no exterior, inclusive as referentes aos Direitos Especiais de Saque, e separar os mercados de câmbio financeiro e comercial;

IV – Efetuar compra e venda de títulos de sociedades de economia mista e empresas do Estado;

V – Emitir títulos de responsabilidade própria, de acordo com as condições estabelecidas pelo Conselho Monetário Nacional;

VI – Regular a execução dos serviços de compensação de cheques e outros papéis;

VII – Exercer permanente vigilância nos mercados financeiros e de capitais sobre empresas que, direta ou indiretamente, interfiram nesses mercados e em relação às modalidades ou processos operacionais que utilizem;

VIII – Prover, sob controle do Conselho Monetário Nacional, os serviços de sua Secretaria.

§ 1º. No exercício das atribuições a que se refere o inciso VIII do artigo 10 desta lei, o Banco Central do Brasil poderá examinar os livros e documentos das pessoas naturais ou jurídicas que detenham o controle acionário de instituição financeira, ficando essas pessoas sujeitas ao disposto no artigo 44, § 8º, desta lei.

§ 2º. O Banco Central da República do Brasil instalará delegacias, com autorização do Conselho Monetário Nacional, nas diferentes regiões geoeconômicas do País, tendo em vista a descentralização administrativa para distribuição e recolhimento da moeda e o cumprimento das decisões adotadas pelo mesmo Conselho ou prescritas em lei.

Art. 12. O Banco Central da República do Brasil operará exclusivamente com instituições financeiras públicas e privadas, vedadas operações bancárias de qualquer natureza com outras pessoas de direito público ou privado, salvo as expressamente autorizadas por lei.

Art. 13. Os encargos e serviços de competência do Banco Central, quando por ele não executados diretamente, serão contratados de preferência com o Banco do Brasil S.A., exceto nos casos especialmente autorizados pelo Conselho Monetário Nacional.

Art. 14. O Banco Central do Brasil será administrado por uma Diretoria de cinco (5) membros, um dos quais será o Presidente, escolhidos pelo Conselho Monetário Nacional entre seus membros mencionados no inciso IV do art. 6º desta Lei.

§ 1º. O Presidente do Banco Central da República do Brasil será substituído pelo Diretor que o Conselho Monetário Nacional designar.

§ 2º. O término do mandato, a renúncia ou a perda da qualidade Membro do Conselho Monetário Nacional determinam, igualmente, a perda da função de Diretor do Banco Central da República do Brasil.

Art. 15. O regimento interno do Banco Central da República do Brasil, a que se refere o inciso XXVII, do art. 4º, desta lei, prescreverá as atribuições do Presidente e dos Diretores e especificará os casos que dependerão de deliberação da Diretoria, a qual será tomada por maioria de votos, presentes no mínimo o Presidente ou seu substituto eventual e dois outros Diretores, cabendo ao Presidente também o voto de qualidade.

Parágrafo único. A Diretoria se reunirá, ordinariamente, uma vez por semana, e, extraordinariamente, sempre que necessário, por convocação do Presidente ou a requerimento de, pelo menos, dois de seus membros.

Art. 16. Constituem receita do Banco Central do Brasil as rendas:

I – de operações financeiras e de outras aplicações de seus recursos;

II – das operações de câmbio, de compra e venda de ouro e de quaisquer outras operações em moeda estrangeira;

III – eventuais, inclusive as derivadas de multas e de juros de mora aplicados por força do disposto na legislação em vigor.

Capítulo IV
Das Instituições Financeiras

Seção I
Da Caracterização e Subordinação

Art. 17. Consideram-se instituições financeiras, para os efeitos da legislação em vigor, as pessoas jurídicas públicas ou privadas, que tenham como atividade principal ou acessória a coleta, intermediação ou aplicação de recursos financeiros próprios ou de terceiros, em moeda nacional ou estrangeira, e a custódia de valor de propriedade de terceiros.

Parágrafo único. Para os efeitos desta lei e da legislação em vigor, equiparam-se às instituições financeiras as pessoas físicas que exerçam qualquer das atividades referidas neste artigo, de forma permanente ou eventual.

Art. 18. As instituições financeiras somente poderão funcionar no País mediante prévia autorização do Banco Central da República do Brasil ou decreto do Poder Executivo, quando forem estrangeiras.

§ 1º. Além dos estabelecimentos bancários oficiais ou privados, das sociedades de crédito, financiamento e investimentos, das caixas econômicas e das cooperativas de crédito ou a seção de crédito das cooperativas que a tenham, também se subordinam às disposições e disciplina desta lei no que for aplicável as bolsas de valores, companhias de seguros e de capitalização, as sociedades que efetuam distribuição de prêmios em imóveis, mercadorias ou dinheiro, mediante sorteio de títulos de sua emissão ou por qualquer forma e as pessoas físicas ou jurídicas que exerçam, por conta própria ou de terceiros, atividade relacionada com a compra e venda de ações e outros quaisquer títulos, realizando nos mercados financeiros e de capitais operações ou serviços de natureza dos executados pelas instituições financeiras.

§ 2º. O Banco Central da República do Brasil, no exercício da fiscalização que lhe compete, regulará as condições de concorrência entre instituições financeiras, coibindo-lhes os abusos com a aplicação da pena (Vetado) nos termos desta lei.

§ 3º. Dependerão de prévia autorização do Banco Central da República do Brasil as campanhas destinadas à coleta de recursos do público, praticadas por pessoas físicas ou jurídicas abrangidas neste artigo, salvo para subscrição pública de ações, nos termos da lei das sociedades por ações.

Seção II
Do Banco do Brasil S.A.

Art. 19. Ao Banco do Brasil S.A. competirá precipuamente, sob a supervisão do Conselho Monetário Nacional e como instrumento de execução da política creditícia e financeira do Governo Federal:

I – na qualidade de Agente, Financeiro do Tesouro Nacional, sem prejuízo de outras funções que lhe venham a ser atribuídas e ressalvado o disposto no

a) receber, a crédito do Tesouro Nacional, as importâncias provenientes da arrecadação de tributos ou rendas federais e ainda o produto das operações de que trata o art. 49, desta lei;

b) realizar os pagamentos e suprimentos necessários à execução do Orçamento Geral da União e leis complementares, de acordo com as autorizações que lhe forem transmitidas pelo Ministério da Fazenda, as quais não poderão exceder o montante global dos recursos a que se refere a letra anterior, vedada a concessão, pelo Banco, de créditos de qualquer natureza ao Tesouro Nacional;

c) conceder aval, fiança e outras garantias, consoante expressa autorização legal;

d) adquirir e financiar estoques de produção exportável;

e) executar a política de preços mínimos dos produtos agropastoris;

f) ser agente pagador e recebedor fora do País;

g) executar o serviço da dívida pública consolidada;

II – como principal executor dos serviços bancários de interesse do Governo Federal, inclusive suas autarquias, receber em depósito, com exclusividade, as disponibilidades de quaisquer entidades federais, compreendendo as repartições de todos os ministérios civis e militares, instituições de previdência e outras autarquias, comissões, departamentos, entidades em regime especial de administração e quaisquer pessoas físicas ou jurídicas responsáveis por adiantamentos, ressalvados o disposto no § 5º deste artigo, as exceções previstas em lei ou casos especiais, expressamente autorizados pelo Conselho Monetário Nacional, por proposta do Banco Central da República do Brasil;

III - arrecadar os depósitos voluntários, à vista, das instituições de que trata o inciso III, do art. 10, desta lei, escriturando as respectivas contas;

IV - executar os serviços de compensação de cheques e outros papéis;

V - receber, com exclusividade, os depósitos de que tratam os artigos 38, item 3º, do Decreto-lei nº 2.627, de 26 de setembro de 1940, e 1º do Decreto-lei nº 5.956, de 01/11/43, ressalvado o disposto no art. 27, desta lei;

VI - realizar, por conta própria, operações de compra e venda de moeda estrangeira e, por conta do Banco Central da República do Brasil, nas condições estabelecidas pelo Conselho Monetário Nacional;

VII - realizar recebimentos ou pagamentos e outros serviços de interesse do Banco Central da República do Brasil, mediante contratação na forma do art. 13, desta lei;

VIII - dar execução à política de comércio exterior (Vetado);

IX - financiar a aquisição e instalação da pequena e média propriedade rural, nos termos da legislação que regular a matéria;

X - financiar as atividades industriais e rurais, estas com o favorecimento referido no art. 4º, inciso IX, e art. 53, desta lei;

XI - difundir e orientar o crédito, inclusive às atividades comerciais suplementando a ação da rede bancária;

a) no financiamento das atividades econômicas, atendendo às necessidades creditícias das diferentes regiões do País;

b) no financiamento das exportações e importações.

§ 1º. O Conselho Monetário Nacional assegurará recursos específicos que possibilitem ao Banco do Brasil S.A., sob adequada remuneração, o atendimento dos encargos previstos nesta lei.

§ 2º. Do montante global dos depósitos arrecadados, na forma do inciso III deste artigo o Banco do Brasil S.A. Colocará à disposição do Banco Central da República do Brasil, observadas as normas que forem estabelecidas pelo Conselho Monetário Nacional, a parcela que exceder as necessidades normais de movimentação das contas respectivas, em função dos serviços aludidos no inciso IV deste artigo.

§ 3º. Os encargos referidos no inciso I, deste artigo, serão objeto de contratação entre o Banco do Brasil S.A. e a União Federal, esta representada pelo Ministro da Fazenda.

§ 4º. O Banco do Brasil S.A. prestará ao Banco Central da República do Brasil todas as informações por este julgadas necessárias para a exata execução desta lei.

§ 5º. Os depósitos de que trata o inciso II deste artigo também poderão ser feitos nas Caixas Econômicas Federais, nos limites e condições fixadas pelo Conselho Monetário Nacional.

Art. 20. O Banco do Brasil S.A. e o Banco Central da República do Brasil elaborarão, em conjunto, o programa global de aplicações e recursos do primeiro, para fins de inclusão nos orçamentos monetários de que trata o inciso III, do artigo 4º desta lei.

Art. 21. O Presidente e os Diretores do Banco do Brasil S.A. deverão ser pessoas de reputação ilibada e notória capacidade.

§ 1º. A nomeação do Presidente do Banco do Brasil S.A. será feita pelo Presidente da República, após aprovação do Senado Federal.

§ 2º. As substituições eventuais do Presidente do Banco do Brasil S.A. não poderão exceder o prazo de 30 (trinta) dias consecutivos, sem que o Presidente da República submeta ao Senado Federal o nome do substituto.

Seção III
Das Instituições Financeiras Públicas

Art. 22. As instituições financeiras públicas são órgãos auxiliares da execução da política de crédito do Governo Federal.

§ 1º. O Conselho Monetário Nacional regulará as atividades, capacidade e modalidade operacionais das instituições financeiras públicas federais, que deverão submeter à aprovação daquele órgão, com a prioridade por ele prescrita, seus programas de recursos e aplicações, de forma que se ajustem à política de crédito do Governo Federal.

§ 2º. A escolha dos Diretores ou Administradores das instituições financeiras públicas federais e a nomeação dos respectivos Presidentes e designação dos substitutos observarão o disposto no art. 21, parágrafos 1º e 2º, desta lei.

§ 3º. A atuação das instituições financeiras públicas será coordenada nos termos do art. 4º desta lei.

Art. 23. O Banco Nacional do Desenvolvimento Econômico é o principal instrumento de execução de política de investimentos do Governo Federal, nos termos das Leis números 1628, de 20/06/1952 e 2973, de 26/11/1956.

Art. 24. As instituições financeiras públicas não federais ficam sujeitas às disposições relativas às instituições financeiras privadas, assegurada a forma de constituição das existentes na data da publicação desta lei.

Parágrafo único. As Caixas Econômicas Estaduais equiparam-se, no que couber, às Caixas Econômicas Federais, para os efeitos da legislação em vigor, estando isentas do recolhimento a que se refere o art. 4º, inciso XIV, e à taxa de fiscalização, mencionada no art. 16, desta lei.

Seção IV
Das Instituições Financeiras Privadas

Art. 25. As instituições financeiras privadas, exceto as cooperativas de crédito, constituir-se-ão unicamente sob a forma de sociedade anônima, devendo a totalidade de seu capital com direito a voto ser representada por ações nominativas.

§ 1º. Observadas as normas fixadas pelo Conselho Monetário Nacional as instituições a que se refere este artigo poderão emitir até o limite de 50% de seu capital social em ações preferenciais, nas formas nominativas, e ao portador, sem direito a voto, às quais não se aplicará o disposto no parágrafo único do art. 81 do Decreto-lei nº 2.627, de 26 de setembro de 1940. (Incluído pela Lei nº 5.710, de 07/10/71)

§ 2º. A emissão de ações preferenciais ao portador, que poderá ser feita em virtude de aumento de capital, conversão de ações ordinárias ou de ações preferenciais nominativas, ficará sujeita a alterações prévias dos estatutos das sociedades, a fim de que sejam neles incluídas as declarações sobre:

I – as vantagens, preferenciais e restrições atribuídas a cada classe de ações preferenciais, de acordo com o Decreto-lei nº 2.627, de 26 de setembro de 1940; (Incluído pela Lei nº 5.710, de 07/10/71)

II – as formas e prazos em que poderá ser autorizada a conversão das ações, vedada a conversão das ações preferenciais em outro tipo de ações com direito a voto.

§ 3º. Os títulos e cautelas representativas das ações preferenciais, emitidos nos termos dos parágrafos anteriores, deverão conter expressamente as restrições ali especificadas.

Art. 26. O capital inicial das instituições financeiras públicas e privadas será sempre realizado em moeda corrente.

Art. 27. Na subscrição do capital inicial e na de seus aumentos em moeda corrente, será exigida no ato a realização de, pelo menos, 50% (cinquenta por cento) do montante subscrito.

§ 1º. As quantias recebidas dos subscritores de ações serão recolhidas no prazo de 5 (cinco) dias, contados do recebimento, ao Banco Central da República do Brasil, permanecendo indisponíveis até a solução do respectivo processo.

§ 2º. O remanescente do capital subscrito, inicial ou aumentado, em moeda corrente, deverá ser integralizado dentro de um ano da data da solução do respectivo processo.

Art. 28. Os aumentos de capital que não forem realizados em moeda corrente poderão decorrer da incorporação de reservas, segundo normas expedidas pelo Conselho Monetário Nacional, e da reavaliação da parcela dos bens do ativo imobilizado, representado por imóveis de uso e instalações, aplicados no caso, como limite máximo, os índices fixados pelo Conselho Nacional de Economia.

Art. 29. As instituições financeiras privadas deverão aplicar, de preferência, não menos de 50% (cinquenta por cento) dos depósitos do público que recolherem, na respectiva Unidade Federada ou Território.

§ 1º. O Conselho Monetário Nacional poderá, em casos especiais, admitir que o percentual referido neste artigo seja aplicado em cada Estado e Território isoladamente ou por grupos de Estados e Territórios componentes da mesma região geoeconômica.

Art. 30. As instituições financeiras de direito privado, exceto as de investimento, só poderão participar de capital de quaisquer sociedades com prévia autorização do Banco Central da República do Brasil, solicitada justificadamente e concedida expressamente, ressalvados os casos de garantia de subscrição, nas condições que forem estabelecidas, em caráter geral, pelo Conselho Monetário Nacional.

Art. 31. As instituições financeiras levantarão balanços gerais a 30 de junho e 31 de dezembro de cada ano, obrigatoriamente, com observância das regras contábeis estabelecidas pelo Conselho Monetário Nacional.

Art. 32. As instituições financeiras públicas deverão comunicar ao Banco Central da República do Brasil a nomeação ou a eleição de diretores e membros de órgãos consultivos, fiscais e semelhantes, no prazo de 15 dias da data de sua ocorrência.

Art. 33. As instituições financeiras privadas deverão comunicar ao Banco Central da República do Brasil os atos relativos à eleição de diretores e membros de órgão consultivos, fiscais e semelhantes, no prazo de 15 dias de sua ocorrência, de acordo com o estabelecido no art. 10, inciso X, desta lei.

§ 1º. O Banco Central da República do Brasil, no prazo máximo de 60 (sessenta) dias, decidirá aceitar ou recusar o nome do eleito, que não atender às condições a que se refere o artigo 10, inciso X, desta lei.

§ 2º. A posse do eleito dependerá da aceitação a que se refere o parágrafo anterior.

§ 3º. Oferecida integralmente a documentação prevista nas normas referidas no art. 10, inciso X, desta lei, e decorrido, sem manifestação do Banco Central da República do Brasil, o prazo mencionado no § 1º deste artigo, entender-se-á não ter havido recusa a posse.

Art. 34. É vedado às instituições financeiras conceder empréstimos ou adiantamentos:

I – A seus diretores e membros dos conselhos consultivos ou administrativo, fiscais e semelhantes, bem como aos respectivos cônjuges;

II – Aos parentes, até o 2º grau, das pessoas a que se refere o inciso anterior;

III – As pessoas físicas ou jurídicas que participem de seu capital, com mais de 10% (dez por cento), salvo autorização específica do Banco Central da República do Brasil, em cada caso, quando se tratar de operações lastreadas por efeitos comerciais resultantes de transações de compra e venda ou penhor de mercadorias, em limites que forem fixados pelo Conselho Monetário Nacional, em caráter geral;

IV – As pessoas jurídicas, de cujo capital participem com mais de 10% (dez por cento);

V – Às pessoas jurídicas de cujo capital participem, com mais de 10% (dez por cento), quaisquer dos diretores ou administradores da própria instituição financeira, bem como seus cônjuges e respectivos parentes, até o 2º grau.

§ 1º. A infração ao disposto no inciso I deste artigo constitui crime e sujeitará os responsáveis pela transgressão à pena de reclusão de um a quatro anos, aplicando-se, no que couber, o Código Penal e o Código de Processo Penal

§ 2º. O disposto no inciso IV deste artigo não se aplica às instituições financeiras públicas.

Art. 35. É vedado ainda às instituições financeiras:
I – Emitir debêntures e partes beneficiárias;

II – Adquirir bens imóveis não destinados ao próprio uso, salvo os recebidos em liquidação de empréstimos de difícil ou duvidosa solução, caso em que deverão vendê-los dentro do prazo de um (1) ano, a contar do recebimento, prorrogável até duas vezes, a critério do Banco Central da República do Brasil.
Parágrafo único. As instituições financeiras que não recebem depósitos do público poderão emitir debêntures, desde que previamente autorizadas pelo Banco Central do Brasil, em cada caso.

Art. 36. As instituições financeiras não poderão manter aplicações em imóveis de uso próprio, que, somadas ao seu ativo em instalações, excedam o valor de seu capital realizado e reservas livres.

Art. 37. As instituições financeiras, entidades e pessoas referidas nos artigos 17 e 18 desta lei, bem como os corretores de fundos públicos, ficam obrigados a fornecer ao Banco Central da República do Brasil, na forma por ele determinada, os dados ou informes julgados necessários para o fiel desempenho de suas atribuições.

Art. 39. Aplicam-se às instituições financeiras estrangeiras, em funcionamento ou que venham a se instalar no País, as disposições da presente lei, sem prejuízo das que se contém na legislação vigente.

Capítulo V
Das Penalidades

Art. 42. O art. 2º, da Lei nº 1808, de 07 de janeiro de 1953, terá a seguinte redação: "Art. 2º Os diretores e gerentes das instituições financeiras respondem solidariamente pelas obrigações assumidas pelas mesmas durante sua gestão, até que elas se cumpram.
Parágrafo único. Havendo prejuízos, a responsabilidade solidária se circunscreverá ao respectivo montante."

Art. 43. O responsável pela instituição financeira que autorizar a concessão de empréstimo ou adiantamento vedado nesta lei, se o fato não constituir crime, ficará sujeito, sem prejuízo das sanções administrativas ou civis cabíveis, à multa igual ao dobro do valor do empréstimo ou adiantamento concedido, cujo processamento obedecerá, no que couber, ao disposto no art. 44, desta lei.

Art. 44. As infrações aos dispositivos desta lei sujeitam as instituições financeiras, seus diretores, membros de conselhos administrativos, fiscais e semelhantes, e gerentes, às seguintes penalidades, sem prejuízo de outras estabelecidas na legislação vigente:

I – Advertência.

II – Multa pecuniária variável.

III – Suspensão do exercício de cargos.

IV – Inabilitação temporária ou permanente para o exercício de cargos de direção na administração ou gerência em instituições financeiras.

V – Cassação da autorização de funcionamento das instituições financeiras públicas, exceto as federais, ou privadas.

VI – Detenção, nos termos do § 7º, deste artigo.

VII – Reclusão, nos termos dos artigos 34 e 38, desta lei.

§ 1º. A pena de advertência será aplicada pela inobservância das disposições constantes da legislação em vigor, ressalvadas as sanções nela previstas, sendo cabível também nos casos de fornecimento de informações inexatas, de escrituração mantida em atraso ou processada em desacordo com as normas expedidas de conformidade com o art. 4º, inciso XII, desta lei.

§ 2º. As multas serão aplicadas até 200 (duzentas) vezes o maior salário mínimo vigente no País, sempre que as instituições financeiras, por negligência ou dolo:

a) advertidas por irregularidades que tenham sido praticadas deixarem de saná-las no prazo que lhes for assinalado pelo Banco Central da República do Brasil;

b) infringirem as disposições desta lei relativas ao capital, fundos de reserva, encaixe, recolhimentos compulsórios, taxa de fiscalização, serviços e operações, não atendimento ao disposto nos arts. 27 e 33, inclusive as vedadas nos arts. 34 (incisos II a V), 35 a 40 desta lei, e abusos de concorrência (art. 18, § 2º);

c) opuserem embaraço à fiscalização do Banco Central da República do Brasil.

§ 3º. As multas cominadas neste artigo serão pagas mediante recolhimento ao Banco Central da República do Brasil, dentro do prazo de 15 (quinze) dias, contados do recebimento da respectiva notificação, ressalvado o disposto no § 5º deste artigo e serão cobradas judicialmente, com o acréscimo da mora de 1% (um por cento) ao mês, contada da data da aplicação da multa, quando não forem liquidadas naquele prazo;

§ 4º. As penas referidas nos incisos III e IV, deste artigo, serão aplicadas quando forem verificadas infrações graves na condução dos interesses da instituição financeira ou quando dá reincidência específica, devidamente caracterizada em transgressões anteriormente punidas com multa.

§ 5º. As penas referidas nos incisos II, III e IV deste artigo serão aplicadas pelo Banco Central da República do Brasil admitido recurso, com efeito suspensivo, ao Conselho Monetário Nacional, interposto dentro de 15 dias, contados do recebimento da notificação.

§ 6º. É vedada qualquer participação em multas, as quais serão recolhidas integralmente ao Banco Central da República do Brasil.

§ 7º. Quaisquer pessoas físicas ou jurídicas que atuem como instituição financeira, sem estar devidamente autorizadas pelo Banco Central da República do Brasil, ficam sujeitas à multa referida neste artigo e detenção de 1 a 2 anos, ficando a esta sujeitos, quando pessoa jurídica, seus diretores e administradores.

§ 8º. No exercício da fiscalização prevista no art. 10, inciso VIII, desta lei, o Banco Central da República do Brasil poderá exigir das instituições financeiras ou das pessoas físicas ou jurídicas, inclusive as referidas no parágrafo anterior, a exibição a funcionários seus, expressamente credenciados, de documentos, papéis e livros de escrituração, considerando-se a negativa de atendimento como embaraço à fiscalização sujeito à pena de multa, prevista no § 2º deste artigo, sem prejuízo de outras medidas e sanções cabíveis.

§ 9º. A pena de cassação, referida no inciso V, deste artigo, será aplicada pelo Conselho Monetário Nacional, por proposta do Banco Central da República do Brasil, nos casos de reincidência específica de infrações anteriormente punidas com as penas previstas nos incisos III e IV deste artigo.

Art. 45. As instituições financeiras públicas não federais e as privadas estão sujeitas, nos termos da legislação vigente, à intervenção efetuada pelo Banco Central da República do Brasil ou à liquidação extrajudicial.

Parágrafo único. A partir da vigência desta lei, as instituições de que trata este artigo não poderão impetrar concordata.

Capítulo VI
Disposições Gerais

Art. 46. Ficam transferidas as atribuições legais e regulamentares do Ministério da Fazenda relativamente ao meio circulante inclusive as exercidas pela Caixa de Amortização para o Conselho Monetário Nacional, e (VETADO) para o Banco Central da República do Brasil.

Art. 47. Será transferida à responsabilidade do Tesouro Nacional, mediante encampação, sendo definitivamente incorporado ao meio circulante o montante das emissões feitas por solicitação da Carteira de Redescontos do Banco do Brasil S.A. e da Caixa de Mobilização Bancária.

§ 1º. O valor correspondente à encampação será destinado à liquidação das responsabilidades financeiras do Tesouro Nacional no Banco do Brasil S.A., inclusive as decorrentes de operações de câmbio concluídas até a data da vigência desta lei, mediante aprovação especificado Poder Legislativo, ao qual será submetida a lista completa dos débitos assim amortizados.

§ 2º. Para a liquidação do saldo remanescente das responsabilidades do Tesouro Nacional, após a encampação das emissões atuais por solicitação da Carteira de Redescontos do Banco do Brasil S.A. e da Caixa de Mobilização Bancária, o Poder Executivo submeterá ao Poder Legislativo proposta específica, indicando os recursos e os meios necessários a esse fim.

Art. 48. Concluídos os acertos financeiros previstos no artigo anterior, a responsabilidade da moeda em circulação passará a ser do Banco Central da República do Brasil.

Art. 49. As operações de crédito da União, por antecipação de receita orçamentária ou a qualquer outro título, dentro dos limites legalmente autorizados, somente serão realizadas mediante colocação de obrigações, apólices ou letras do Tesouro Nacional.

§ 1º. A lei de orçamento, nos termos do artigo 73, § 1º inciso II, da Constituição Federal, determinará, quando for o caso, a parcela do déficit que poderá ser coberta pela venda de títulos do Tesouro Nacional diretamente ao Banco Central da República do Brasil.

§ 2º. O Banco Central da República do Brasil, mediante autorização do Conselho Monetário Nacional baseada na lei orçamentária do exercício, poderá adquirir diretamente letras do Tesouro Nacional, com emissão de papel-moeda.

§ 3º. O Conselho Monetário Nacional decidirá, a seu exclusivo critério, a política de sustentação em bolsa da cotação dos títulos de emissão do Tesouro Nacional.

§ 4º. No caso de despesas urgentes e inadiáveis do Governo Federal, a serem atendidas mediante créditos suplementares ou especiais, autorizados após a lei do orçamento, o Congresso Nacional determinará, especificamente, os recursos a serem utilizados na cobertura de tais despesas, estabelecendo, quando a situação do Tesouro Nacional for deficitária, a discriminação prevista neste artigo.

§ 5º. Na ocorrência das hipóteses citadas no parágrafo único, do artigo 75, da Constituição Federal, o Presidente da República poderá determinar que o Conselho Monetário Nacional, através do Banco Central da República do Brasil, faça a aquisição de letras do Tesouro Nacional com a emissão de papel-moeda até o montante do crédito extraordinário que tiver sido decretado.

§ 6º. O Presidente da República fará acompanhar a determinação ao Conselho Monetário Nacional, mencionada no parágrafo anterior, de cópia da mensagem que deverá dirigir ao Congresso Nacional, indicando os motivos que tornaram indispensável a emissão e solicitando a sua homologação.

§ 7º. As letras do Tesouro Nacional, colocadas por antecipação de receita, não poderão ter vencimentos posteriores a 120 (cento e vinte) dias do encerramento do exercício respectivo.

§ 8º. Até 15 de março do ano seguinte, o Poder Executivo enviará mensagem ao Poder Legislativo, propondo a forma de liquidação das letras do Tesouro Nacional emitidas no exercício anterior e não resgatadas.

§ 9º. É vedada a aquisição dos títulos mencionados neste artigo pelo Banco do Brasil S.A. e pelas instituições bancárias de que a União detenha a maioria das ações.

Art. 50. O Conselho Monetário Nacional, o Banco Central da República do Brasil, o Banco Nacional do Desenvolvimento Econômico, o Banco do Brasil S.A., o Banco do Nordeste do Brasil S.A. e o Banco de Crédito da Amazônia S.A. gozarão dos favores, isenções e privilégios, inclusive fiscais, que são próprios da Fazenda Nacional, ressalvado quanto aos três, últimos, o regime especial de tributação do Imposto de Renda a que estão sujeitos, na forma da legislação em vigor.

Parágrafo único. São mantidos os favores, isenções e privilégios de que atualmente gozam as instituições financeiras.

Art. 51. Ficam abolidas, após 3 (três) meses da data da vigência desta Lei, as exigências de "visto" em "pedidos de licença" para efeitos de exportação, excetuadas as referentes a armas, munições, entorpecentes, materiais estratégicos, objetos e obras de valor artístico, cultural ou histórico. Parágrafo único. Quando o interesse nacional exigir, o Conselho Monetário Nacional criará o "visto" ou exigência equivalente.

Art. 52. O quadro de pessoal do Banco Central da República do Brasil será constituído de:

I – Pessoal próprio, admitido mediante concurso público de provas ou de títulos e provas, sujeito à pena de nulidade a admissão que se processar com inobservância destas exigências;

II – Pessoal requisitado ao Banco do Brasil S.A. e a outras instituições financeiras federais, de comum acordo com as respectivas administrações;

III – Pessoal requisitado a outras instituições e que venham prestando serviços à Superintendência da Moeda e do Crédito há mais de 1 (um) ano, contado da data da publicação desta lei.

§ 1º. O Banco Central da República do Brasil baixará dentro de 90 (noventa) dias da vigência desta lei o Estatuto de seus funcionários e servidores, no qual serão garantidos os direitos legalmente atribuídos a seus atuais servidores e mantidos deveres e obrigações que lhes são inerentes.

§ 2º. Aos funcionários e servidores requisitados, na forma deste artigo as instituições de origem lhes assegurarão os direitos e vantagens que lhes cabem ou lhes venham a ser atribuídos, como se em efetivo exercício nelas estivessem.

§ 3º. Correrão por conta do Banco Central da República do Brasil todas as despesas decorrentes do cumprimento do disposto no parágrafo anterior, inclusive as de aposentadoria e pensão que sejam de responsabilidade das instituições de origem ali mencionadas, estas últimas rateadas proporcionalmente em função dos prazos de vigência da requisição.

§ 4º. Os funcionários do quadro de pessoal próprio permanecerão com seus direitos e garantias regidos pela legislação de proteção ao trabalho e de previdência social, incluídos na categoria profissional de bancários.

§ 5º. Durante o prazo de 10 (dez) anos, cotados da data da vigência desta lei, é facultado aos funcionários de que tratam os inciso II e III deste artigo manifestarem opção para transferência para o Quadro do pessoal próprio do Banco Central da República do Brasil, desde que:

a) tenham sido admitidos nas respectivas instituições de origem, consoante determina o inciso I, deste artigo;

b) estejam em exercício (Vetado) há mais de dois anos;

c) seja a opção aceita pela Diretoria do Banco Central da República do Brasil, que sobre ela deverá pronunciar-se conclusivamente no prazo máximo de três meses, contados da entrega do respectivo requerimento.

Capítulo VII
Disposições Transitórias

Art. 54. O Poder Executivo, com base em proposta do Conselho Monetário Nacional, que deverá ser apresentada dentro de 90 (noventa) dias de sua instalação, submeterá ao Poder Legislativo projeto de lei que institucionalize o crédito rural, regule seu campo específico e caracterize as modalidades de aplicação, indicando as respectivas fontes de recurso.

Parágrafo único. A Comissão Consultiva do Crédito Rural dará assessoramento ao Conselho Monetário Nacional, na elaboração da proposta que estabelecerá a coordenação das instituições existentes ou que venham a ser criadas, com o objetivo de garantir sua melhor utilização e da rede bancária privada na difusão do crédito rural, inclusive com redução de seu custo.

Art. 55. Ficam transferidas ao Banco Central da República do Brasil as atribuições cometidas por lei ao Ministério da Agricultura, no que concerne à autorização de funcionamento e fiscalização de cooperativas de crédito de qualquer tipo, bem como da seção de crédito das cooperativas que a tenham.

Art. 56. Ficam extintas a Carteira de Redescontos do Banco do Brasil S.A. e a Caixa de Mobilização Bancária, incorporando-se seus bens direitos e obrigações ao Banco Central da República do Brasil.

Parágrafo único. As atribuições e prerrogativas legais da Caixa de Mobilização Bancária passam a ser exercidas pelo Banco Central da República do Brasil, sem solução de continuidade.

Art. 57. Passam à competência do Conselho Monetário Nacional as atribuições de caráter normativo da legislação cambial vigente e as executivas ao Banco Central da República do Brasil e ao Banco do Brasil S.A., nos termos desta lei.

Parágrafo único. Fica extinta a Fiscalização Bancária do Banco do Brasil S.A., passando suas atribuições e prerrogativas legais ao Banco Central da República do Brasil.

Art. 58. Os prejuízos decorrentes das operações de câmbio concluídas e eventualmente não regularizadas nos termos desta lei, bem como os das operações de câmbio contratadas e não concluídas até a data de vigência desta lei, pelo Banco do Brasil S.A., como mandatário do Governo Federal, serão, na medida em que se efetivarem, transferidos ao Banco Central da República do Brasil, sendo neste registrados como responsabilidade do Tesouro Nacional.

§ 1º. Os débitos do Tesouro Nacional perante o Banco Central da República do Brasil, provenientes das transferências de que trata este artigo, serão regularizados com recursos orçamentários da União.

§ 2º. O disposto neste artigo se aplica também aos prejuízos decorrentes de operações de câmbio que outras instituições financeiras federais, de natureza bancária, tenham realizado como mandatárias do Governo Federal.

Art. 59. É mantida, no Banco do Brasil S.A., a Carteira de Comércio Exterior, criada nos termos da Lei nº 2.145, de 29 de dezembro de 1953, e regulamentada pelo Decreto nº 42.820, de 16 de dezembro de 1957, como órgão executor da política de comércio exterior (VETADO).

Art. 60. O valor equivalente aos recursos financeiros que, nos termos desta lei, passarem a responsabilidade do Banco Central da República do Brasil, e estejam, na data de sua vigência em poder do Banco do Brasil S.A., será neste escriturado em conta em nome do primeiro, considerando-se como suprimento de recursos, nos termos do § 1º, do artigo 19, desta lei.

Art. 61. Para cumprir as disposições desta lei o Banco do Brasil S.A. tomará providências no sentido de que seja remodelada sua estrutura administrativa, a fim de que possa eficazmente exercer os encargos e executar os serviços que lhe estão reservados, como principal instrumento de execução da política de crédito do Governo Federal.

Art. 62. O Conselho Monetário Nacional determinará providências no sentido de que a transferência de atribuições dos órgãos existentes para o Banco Central da República do Brasil se processe sem solução de continuidade dos serviços atingidos por esta lei.

Art. 63. Os mandatos dos primeiros membros do Conselho Monetário Nacional, a que alude o inciso IV, do artigo 6º desta lei, serão respectivamente de 6 (seis), 5 (cinco), 4 (quatro), 3 (três), 2 (dois) e 1 (um) anos.

Art. 64. O Conselho Monetário Nacional fixará prazo de até 1 (um) ano da vigência desta lei para a adaptação das instituições financeiras às disposições desta lei.
§ 1º. Em casos excepcionais, o Conselho Monetário Nacional poderá prorrogar até mais 1 (um) ano o prazo para que seja complementada a adaptação a que se refere este artigo.
§ 2º. Será de um ano, prorrogável, nos termos do parágrafo anterior, o prazo para cumprimento do estabelecido por força do art. 30 desta lei.

Art. 65. Esta lei entrará em vigor 90 (noventa) dias após data de sua publicação, revogadas as disposições em contrário.

Brasília, 31 de dezembro de 1964;
143º da Independência e 76º da República.

H. CASTELO BRANCO
Otávio Gouveia de Bulhões
Daniel Farraco
Roberto de Oliveira Campos

Este texto não substitui o publicado no DOU de 31.1.1965.

CONHEÇA TAMBÉM:

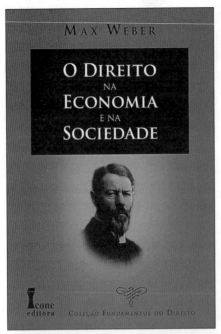
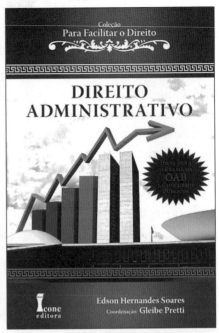
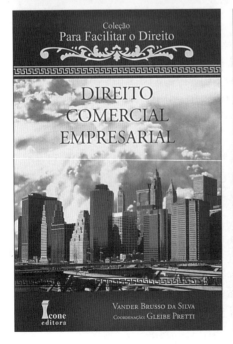
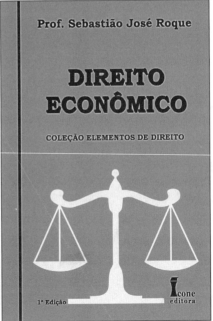

www.iconeeditora.com.br